DONDE CAIGA LA FLECHA

EMILIA LANDALUCE
ROSA BELMONTE

DONDE CAIGA LA FLECHA

ESPASA

© Rosa Belmonte, 2024
© Emilia Landaluce, 2024
© Editorial Planeta, S.A., 2024
Espasa, sello editorial de Editorial Planeta, S.A.
Avda. Diagonal, 662-664
08034 Barcelona

Primera edición: mayo de 2024

Preimpresión: MT Color & Diseño, S. L.

Depósito legal: B. 7.183-2024
ISBN: 978-84-670-7173-3

Espasa, en su deseo de mejorar sus publicaciones, agradecerá cualquier sugerencia que los lectores hagan al departamento editorial por correo electrónico: sugerencias@espasa.es

www.espasa.com
www.planetadelibros.com

Impresión: Gomez Aparicio
Impreso en España - *Printed in Spain*

PEFC Certificado

Este libro procede de
bosques gestionados
de forma sostenible

PEFC

PEFC/14-38-00305   www.pefc.es

A doña Emilia, claro, y a quienes todavía leen periódicos bellamente maquetados.
Y al campo.

A la espalda la escopeta,
entre sus galgos agudos,
caminando un cazador.

ANTONIO MACHADO

1

Las gomas de las medias apretaban a Migue Castillo las pantorrillas de unas piernas gordezuelas, casi gomosas, como si pudiesen rebotar contra la pared. La Migue tenía un aspecto simpático de *matrioshka* manchega. El pelo corto, tintado de un negro negrísimo, y una piel morena, densa como el cuero, que delataba años de sol y viento frío en el Campo de Montiel. La Migue iba vestida como muchas señoras de su pueblo. Falda por la rodilla, camiseta de viscosa y un mandil impoluto prendido al pecho por dos imperdibles. Aquella mañana, como otras tantas desde que supo por la tele de la liberación de Sito Pérez hacía unos meses, pasaba por delante de la casa, que estaba al lado de la suya y que había sido de don Alfonso Pérez, muerto hacía muchos años y de quien el pueblo guardaba buen recuerdo por haber sido un buen alcalde. Franquista, pero... Migue sospechaba que alguien había estado revolviendo en la casa, pero no había conseguido ver nada. Tan solo a las hijas de don Alfonso, que iban a echar un vistazo un par de veces a la semana como habían hecho durante los veintipico años que habían pasado. Había un olor que enseguida le resultó familiar. «Butano», se dijo ella tras aspirar un par de veces frunciendo la nariz.

Sacó el móvil del mandil y llamó a su hijo Fede, que era guardia civil. En cuanto llegó, intuyó lo que pasaba. Tiró la puerta abajo y llamó al cuartel de Villanueva de los Infantes. En diez minutos llegaron un par de coches patrulla todoterreno y no tardaron en acordonar la zona.

Unas horas después, Migue y otros vecinos curiosos vieron a los agentes y a la secretaria judicial sacar una bolsa de plástico grande en una camilla.

Federico salió un momento y le susurró a la madre: «Es ese desgraciado. Se ha matado el muy hijo de puta. Con el daño que ha hecho».

Migue pensó que tenía que volver a taparse las canas por si las televisiones y los periodistas iban al pueblo a hacer el reportaje. El resto de las vecinas pensó lo mismo. Y el resto de los vecinos, porque a los hombres también les gustaba el caso que hacen los medios.

Sin embargo, el hallazgo del cadáver de Sito Pérez no despertó el interés que esperaba la Migue y al cabo de dos o tres días dejó de ponerse el traje de chaqueta de las bodas para salir a la calle. Poco después, leía en el ordenador de su nieto el artículo que le había buscado. No podía entender que su hijo no le hubiera contado lo que sí sabía aquel periodista, un tal Ángel Rojo. Claro que, por entonces, aquel agosto de 2017, todo el mundo estaba más pendiente de los atentados en Cataluña que de otra cosa. Aquella furgoneta que atropelló a las personas que paseaban por las Ramblas y que fue el siniestro preludio del simulacro de referéndum del 1 de octubre.

«... El asesino de Alba y Sonia fue hallado muerto colgado de una soga. Como si tuviera miedo de fallar en su intento o que la viga cediese, ingirió también varias cajas de medicamentos y dejó abierto el gas. Estaba determinado a no fallar en su propósito y por eso se puso en medio de un fuego cruzado que incluía ahorcamiento, sobredosis y asfixia...». Migue pensó que aquel pobre desgraciado nunca había tenido pinta de hacer daño a una mosca, ni siquiera a sí mismo.

2

A Socorro Núñez siempre le había dado rabia no haber podido escribir sobre la muerte de Sito Pérez porque la habían mandado a Barcelona ese verano a cubrir los atentados. El caso siempre le había interesado, no solo el asesinato por el que Sito había sido condenado, sino su suicidio, que a ella le parecía perfecto para incluir en su serie de crímenes sin resolver. Consideraba que el suicidio no había quedado claro y que merecía la pena escribir de ello siete años después.

Siempre que la periodista preparaba un reportaje seguía los mismos pasos. Escribía a documentación para que le mandaran todo lo publicado al respecto. El departamento de documentación era de los más efectivos de *El Matinal* y respondía casi al instante a los requerimientos de los periodistas que se molestaban en escribirles. La fórmula de Socorro solía ser educada pero apremiante. «Buenas tardes, perdonad que os moleste. ¿Me podríais enviar los artículos/reportajes sobre los crímenes de El Teatino? Me interesan sobre todo las piezas sobre el hallazgo de los cuerpos y la investigación. También querría que me mandarais la crónica del juicio y los análisis sobre la sentencia que condenó a Sito Pérez como autor de los asesinatos. Y después, los artículos que se publicaron a los diez años del suceso, a los veinte. Y los perfiles que publicamos sobre Pérez cuando fue excarcelado en 2017. Y el obituario que escribió Ángel Rojo cuando murió a las pocas semanas. Muchas gracias».

El equipo de documentación lo integraban cinco personas, vestigio de lo que había sido una sección de casi quince, acostumbradas a bucear por un archivo centenario como el de *El Matinal*. Y en el que no todo estaba digitalizado, aunque no era el caso en el crimen de El Teatino, la finca manchega donde se descubrieron los cadáveres. A la media hora, Socorro recibió el correo con lo que había pedido. Se había empeñado en hacer una serie semanal sobre crímenes sin resolver que se publicarían cada domingo a partir de año nuevo y el único que le faltaba era ese. Los titulares se los sabía. Había pedido los PDF para ver las fotos con las que habían elegido ilustrar los artículos. «Dos niñas halladas muertas en una finca de Villanueva de los Infantes». Luego, en una tipografía muy negra, «Sonia y Alba fueron violadas brutalmente». «Brutalidad en la tierra de don Quijote». En los noventa, pensó Socorro, se escribía así. Si había una violada, se decía y no se ponía eso de signos de violencia sexual. La primera crónica era del 7 de enero de 1995, el día posterior al de Reyes. Muy buen día para encontrar a dos niñas muertas. «Un pastor halló los cadáveres en una zanja». Parecía que quien lo hubiese hecho no se había esforzado demasiado por ocultarlo, como si quisiera que los encontrasen...

El redactor, el célebre Andrés de Juni, detallaba las tropelías que les habían hecho a las niñas. Desde «empalarlas», una palabra que también se decía entonces, a introducirles en la boca algo tan grande que les había fisurado la mandíbula. También contaba que eran niñas poco desarrolladas, con el pecho liso.

Después comenzaba una sucesión de artículos lacrimógenos y cargados de detalles morbosos. Andrés de Juni, redactor de sucesos de *El Matinal* durante aquella época, había acudido a Almedina, el pueblo manchego de donde eran Alba y Sonia, para entrevistar a las familias de las niñas y recabar el testimonio de los vecinos. Socorro imaginaba el trance y el mal trago que debió de pasar aquel periodista teniendo que hacer ese trabajo tan duro. Había quien decía que De Juni era un pillo. Y que tenía pocos escrúpulos a la hora de abordar a los familiares cercanos de las víctimas en su peor momento y que le soltaran la frase clásica «clamando justicia» retributiva: «Que les hagan a los asesinos lo mismo que le han hecho a mi niña. Que se acabe eso de los derechos humanos». El ojo por ojo. La ley del talión del Código de Hammurabi. Y después, algunas palabras estremecedoras de las madres. La hiel que les subía por el esófago de la rabia, el vacío de la casa sin las niñas y esas camitas pequeñas que, contaban, nunca desharían porque las sábanas aún olían a ellas. Que a una le gustaba el helado de vainilla y a la otra el de fresa. Que eran muy buenas y que ya les dejaban ir a los recados solas porque en el pueblo se conocía todo el mundo. Que también acompañaban a los padres en la huerta o a la madre cuando tenía que coser. Y las mochilas rosas, el abrigo de piel sintética de Sonia y el de lana verde fluorescente que era de Alba. Los zapatitos en la ventana de su cuarto para que los Reyes no pasaran de largo. Las botas de agua llenas de barro en la entrada. La leche con galletas y las copas de coñac que siempre les dejaban. Ese año, no. De Juni sabía tocar todas las fibras sensibles. Escribió todo lo que le habían contado. Las muñecas que les habían comprado, el juego de operación —sácale un huesito y el corazón, cantaban en la tele—, una bufanda, las orejeras a juego con el abrigo rosa... Y todo se había quedado perfectamente envuelto y sin abrir en un armario.

A Socorro se le encogía el corazón porque recordaba bien ese día. Terrinches, el pueblo de su madre, su pueblo, estaba a apenas veinte minutos de Almedina, y ella solo era un poco mayor que Alba y Sonia, que tenían diez años cuando las mataron. Tan solo habían pasado dos años desde que encontraron a las niñas de Alcàsser y, para entonces, aún se vivía la psicosis que se había creado en torno a aquel asesinato. Además, lo que les habían hecho a Alba y Sonia recordaba a las salvajadas que habían sufrido las niñas de Alcàsser. Y como sucedió con ellas, era más fácil pensar que el autor no había podido ser un piltrafilla como Miguel Ricart y un criminal de poca monta como Antonio

Anglés, sino una sociedad macabra de pederastas y sádicos que hacían lo que les apetecía porque podían pagarlo sin que les costara nada, salvo mucho dinero.

Con las niñas Alba y Sonia (lo de «las niñas de» dejó de ser una fórmula aceptable en los medios) se pensó lo mismo y La Mancha no estaba lejos de Levante y algunos colgados haciendo el indio con tiza habían hecho correr el rumor de una extraña actividad de sectas satánicas en la zona. Ya se sabe, estrellas pintadas y supuestos caracteres en arameo, aunque, en realidad, eran garabatos de alucinados pasados de drogas haciendo el gamberro. Pero las fábulas de brujería y conspiración encuentran siempre buenos caladeros y los incautos caen en sus redes de cuentos de pedofilia, poder e impunidad. Como si los ricos no tuvieran nada mejor que hacer que violar y matar niños.

La Guardia Civil solo había tardado unas semanas en detener a Sito Pérez. Fue visto rondando en su motillo por la huerta del padre de una de las niñas en Almedina. Y él era de Carrizosa. ¿Qué hacía merodeando entonces por Almedina, a casi treinta kilómetros de su pueblo? Sito Pérez, de treinta y nueve años, era una presa fácil. El clásico «tonto del pueblo» al que los niños se dejaban de acercar cuando cumplían diez años. ¿Y las niñas? Pues eran los padres los que no dejaban que se acercaran a él porque lo veían un tío raro, aunque supuestamente inofensivo. O eso era lo que decía su familia.

Pérez era el único hijo varón del último alcalde franquista de Carrizosa. Tenía dos hermanas mayores que preferían darle dinero que hacerle más caso o meterle en su casa. Le ponían un plato en cada comida y regalos en Navidad. Y le hacían firmar papeles para créditos y cesiones. Se habían comprometido con el padre a ocuparse del «pobre Sito» y, sobre todo, a que no pudiera dejar nada a alguien que no fuera de la familia. No hubiera sido extraño que algo así pasara. Era un caramelo para cualquiera que le cayera en gracia, como sabían los habituales del bar, acostumbrados a beber a su costa, o las prostitutas que trabajaban la comarca. Sito frecuentaba Las Infantas Cachondas, el club de alterne que estaba en Villanueva de los Infantes (de ahí lo de Infantas) y en particular a una prostituta que se llamaba Daisy Cifuentes, pero que era más conocida como la Cachucha y hacía con el pobre Sito lo que quería.

Y todas estas cosas se iban contando en los artículos de Andrés de Juni. También que la Cachucha decía que Sito le pedía siempre a las chicas más jóvenes del club. Que quería que parecieran niñas. «Incluso una vez me pidió si le podíamos rasurar el pubis a una de las chicas». La Cachucha, por supuesto, nunca hubiese pronunciado pubis, pero esa fue la palabra que puso en sus labios Andrés de Juni. Aquello y las huellas de Sito en los zapatos y en la ropa de una de las niñas, pelos y semen en sus cuerpos sirvieron para que lo detuvieran. También dos colillas de Gitanes encontradas junto a ellas. Y todo eso le sentenció para sus paisanos, porque Sito había presumido durante la Navidad del cartón de Gitanes que le había regalado un francés al que le había servido de secretario en una cacería.

El resto lo hicieron los medios de comunicación.

Las hermanas de Sito basculaban entre el deber que les había impuesto su padre de defender a su hermano y el desdén de sus paisanos. Más que desdén, odio visceral. Si les hubieran dejado, lo habrían despellejado vivo (o eso era lo que se musitaba en el casino de Almedina, al que antes de que pasara todo solían acudir los padres de Alba y Sonia).

Socorro miraba la pantalla mientras se liaba un cigarrillo. Las declaraciones de Sito eran desordenadas. Estaba claro, así lo probaban las pruebas que obtuvo la policía que estuvo presente en el momento en que las niñas fueron violadas y asesinadas. Los resultados eran concluyentes, pese a que en aquellos años los análisis de ADN, que llevaban utilizándose en España desde 1989, se aceptaban con ciertas reticencias porque no tenían la fiabilidad casi perfecta que se conseguiría apenas unos años después. Los análisis de los forenses bastaron para sentarle en el banquillo como único autor del crimen, aunque él siempre decía que no había estado solo esa noche, que un chaval al que nunca había visto en el pueblo le había convencido para subirse en un coche e irse a beber a un cortijo en el que nunca había estado y que tampoco sabía ubicar. Y que se habían metido mucho (a Sito le encantaban las drogas) y que también habían bebido. A partir de ahí, todo resultaba confuso porque ni siquiera recordaba haber recorrido la carretera que separaba Carrizosa de Almedina. Ni encontrarse con las niñas. «Ni mucho menos echarse los cigarros en El Teatino». La policía no le creyó porque el coche de Sito, un Lada Niva que conocía todo el pueblo, había desaparecido y lo encontraron quemado en un basurero que había en el término de Villahermosa. La policía dio por hecho que Sito se había encargado de que ardiera.

Las teorías de la conspiración sobre el asesinato de Alba y Sonia no calaron demasiado en la opinión pública. Era como si, después de Alcàsser, la ciudadanía se hubiera cansado de buscarle tres pies al gato. Si es que algún caso puede ser igual que otro. De nada sirvió lo que contaba Sito, ni que le hablara a la Guardia Civil de aquel misterioso chico del que no recordaba nada. Las hermanas habían explicado a la policía que desde niño había tenido amigos imaginarios y a veces lo veían hablar solo, ensimismado. Y también que cuando hacía alguna trastada o se metía en algún embrollo culpaba a aquellos amigos que solo veía él.

Eso no le venía mal a nadie. Si declaraban loco a Sito, sus hermanas podrían al fin incapacitarle para desposeerlo de lo que le había dejado su padre y así evitar que la Cachucha lo convenciera de casarse en la cárcel y acabara embarazada en un vis a vis. Claro que, si lo declaraban demente, la pena quedaría anulada. Pero la breva no cayó.

El juicio fue higiénico y eficaz. Lo condenaron pese a que parecía casi imposible que alguien recorriera sin que lo vieran —ni se cruzaran con él— los veintiocho kilómetros que separaban Carrizosa de Almedina. Ni tampoco lo vieran cuando se llevó a las niñas a El Teatino, a veinticinco kilómetros de donde las había raptado. Nadie recordaba muy bien la última vez que se las había visto. Las niñas ya eran mayores para andar solas por el pueblo y las dos se habían citado para ver la pequeña cabalgata —con tractores tirando de carrozas y Baltasares teñidos de betún— que organizaba el Ayuntamiento. Había pruebas y ninguna indicaba que hubiera actuado con otra persona. El resto de los artículos escritos tras la condena que le mandaron de documentación era una sucesión de recordatorios. Los diez años de Sito en la cárcel. Una entrevista a los padres de Alba y Sonia a los veinte años del asesinato.

Cuando lo pusieron en libertad en 2017 con sesenta y un años ni un solo reportero trató de entrevistarle, al contrario de lo que le había pasado a Miguel Ricart cuando lo soltaron por la derogación de la doctrina Parot. A la salida de la cárcel de Morón de la Frontera no había ni una sola cámara ni nadie que hubiese tratado de fotografiarlo. Así que tomó un taxi y después se subió a un tren que le llevaría a Madrid, donde se evaporó hasta que apareció muerto en su casa de Carrizosa, a donde había vuelto, aunque sus vecinos no se hubieran enterado. Era lo más prudente que podía hacer la familia. No lo iban a dejar morir como un perro en Madrid, pero las hermanas tampoco querían que sus paisanos supieran que su Sito, el violador y asesino de niñas, había vuelto al pueblo. O que el cuento le llegase a Cadillo, que es como llamaban al padre de Sonia, y se lo llevara para cobrarse sus ojos y sus dientes. Al fin y al cabo, su hermano se lo merecía y ellas siempre decían que no querían volver a saber nada de él, aunque siempre se preocuparían de alimentarlo y de darle todo lo que necesitaba. Sus medicinas para la cabeza, la compra... Pero a condición de que nadie en Carrizosa supiera que estaba allí. Y

Sito había cumplido. No se había dejado ver, pese a que los vecinos sospecharan que en la casa había algo de movimiento.

Socorro siguió enfrascada en la lectura de artículos. El obituario de Ángel Rojo, un periodista un poco más joven que ella al que había desplazado como primera firma de sucesos de la sección de Nacional, era duro y efectivo, escrito con cierta visceralidad, pero también con datos que la policía le había filtrado. Sito Pérez se había suicidado con una sobredosis de pastillas para dormir y se había dejado abierto el gas para asegurarse de morir por si colgarse de la soga no era suficiente. Nadie se preocupó en darle más vueltas de las deseables a la muerte del desgraciado de Sito Pérez. Una soga, pastillas y gas. Tres suicidios en uno.

Socorro subrayó todos los datos importantes de la muerte de Sito Pérez porque ese, precisamente, era el caso sin resolver que más le interesaba. La policía había mostrado sus dudas de que se tratara de un suicidio pese al gas abierto, que estuviera colgado y las pastillas. Sin embargo, tras algunas pesquisas —básicamente, hablar con las hermanas de Pérez y con los padres de las niñas—, dejaron de investigar. ¿A quién le podía interesar la muerte de aquel pobre diablo? «Bien muerto está después de lo que les hizo a las niñas Sonia y Alba», dijeron en el pueblo.

A Socorro siempre le había fascinado la historia de Sito, pero en aquel momento Eduardo García, ya director del periódico, la había mandado a los atentados de las Ramblas. Hubiera dado igual porque Rojo, lo reconocía Socorro, era buen periodista y la Guardia Civil tampoco había dedicado demasiado tiempo al caso. Era lo normal. Los periódicos, como las fuerzas de seguridad del Estado, estaban centrados en lo que pasaba en Cataluña, que desembocaría en el referéndum ilegal del 1 de octubre y a lo que, además, se unía un atentado en el que habían muerto dieciséis personas. Socorro detestaba la política, pero Pepe

Ciempozuelos, el subdirector de Nacional, le había prometido que solo tendría que escribir de los atentados y de todo lo que atañera a las víctimas y a los terroristas. No fue así, porque también le mandaron escribir sobre la manifestación en la que pitaron al rey. Y luego otros artículos sobre fraudes, como el de un desaprensivo que pedía dinero en un *crowdfunding* para pagar la operación cerebral de un nieto que había quedado en coma tras los atentados. Para que todo quedara más creíble, utilizaba la foto de una niñita texana a la que habían operado de corazón.

Los artículos sobre la muerte de Sito Pérez eran cortos. Ni siquiera el *Lanza* o *La Crónica de Ciudad Real* le habían dedicado más de un breve. «Hallado muerto Sito Pérez, el asesino de las niñas Alba y Sonia». Y esos temas de los que apenas había nada publicado eran lo que más le gustaba investigar a Socorro. Los refritos, que es como llamaban los periodistas al corta y pega de varios artículos sin aportar novedades, no era precisamente lo que quería conseguir con aquella serie sobre crímenes sin resolver en la que estaba enfrascada.

Socorro guardó en una carpeta algunos perfiles de Sito Pérez, también la primera crónica que pudo localizar del hallazgo de las niñas en El Teatino, en Villanueva de los Infantes, y, tras pensárselo un poco, el obituario de Ángel Rojo.

Su colega había cubierto durante algunos años los sucesos para *El Matinal*, pero después se había ido especializando en la información de Madrid y los jefes consideraron que era mejor mandarle a hacer información local, ya que las páginas de la comunidad estaban siempre bien surtidas de publicidad y era una de las ediciones más vendidas. Ángel Rojo siempre era el primero en enterarse de todo lo que le llegaba a la policía y la Guardia Civil: desde suicidios y accidentes de coche a discotecas con líos, denuncias, robos en joyerías, reyertas entre bandas... De hecho, acababa de publicar buenas historias sobre una pareja de mataviejas en una residencia de ancianos madrileña que a Socorro le hubiera encantado cubrir, pero ella había decidido irse de vacaciones y tomar distancia después de un verano de mucho trabajo.

A Socorro no le debería haber importado, ya que quien estaba en Nacional, la sección importante, era ella, pero le daba rabia porque Ángel Rojo era un poco más joven y, de alguna manera, según le habían contado, había sabido jugar bien sus cartas para lograr la categoría (y lo más importante, el sueldo) de redactor jefe. Pero Ángel, pensaba Socorro, no tenía culpa alguna de que sus jefes lo valoraran más que a ella, que nunca había tenido narices de reclamar nada porque pensaba que bastaba con hacer bien su trabajo para que se lo reconocieran. A Ángel le ayudaba que era un tipo simpático, hablaba idiomas y era de los que iban haciendo niños a incautas que se atontaban con sus poemas de Gil de Biedma o cuando les contaba lo buen padre que era con sus hijos, la pequeña Greta y Germán, un trasto en el colegio porque era hiperactivo y superdotado. Era verdad que Ángel Rojo tenía un piquito de oro para tirarse el rollo y que conseguía todo lo que se proponía con un aire de falsa modestia que a muchos les podría resultar prepotente. Y también era mono, con su pelito corto negro en el que ya asomaban algunas canas y la barba de unos pocos días.

Lo último que vio Socorro antes de apagar el ordenador fueron las fotos de Alba y Sonia el día de su primera comunión que habían publicado los medios. Pensó con un escalofrío en el terror de las niñas en el instante en el que comenzó todo. Ese momento en el que se dieron cuenta de lo que ese hombre iba a hacerles. Sito Pérez, un malo tonto, un tonto malo. O algo peor...

3

Pepe Ciempozuelos, el subdirector, llamó a Socorro a su despacho. Acababa de volver de vacaciones y quería preguntarle qué tal había pasado la redactora el verano. Sobre todo, porque era la primera vez desde que la conocía que había decidido cogerse unas semanas en agosto. Para Socorro aquel verano había sido muy fructífero en lo profesional. Llevaba tiempo publicando una serie de reportajes semanales sobre niños desaparecidos que eran muy seguidos y habían hecho de ella una de las caras más recurrentes de las secciones de sucesos en la televisión. Un año antes, sus crónicas sobre el asesinato de Aldara Ortiz de la Vega y las violaciones de la Costa de la Luz habían conseguido cientos de suscripciones y le habían valido muchas felicitaciones. También que las televisiones volvieran a llamarla para las tertulias de los matinales, donde había estado vetada tras unos comentarios malinterpretados en las redes. Y ahí había vuelto a instalarse.

Socorro pensó que su jefe le daría una palmadita en la espalda por el buen trabajo. Sin embargo, Pepe parecía incómodo cuando entró en su despacho.

—¿Así que te has ido de vacaciones? Nunca las coges en agosto.

La periodista se quedó algo sorprendida por el recibimiento de Pepe, que no dejaba de hacer girar su bolígrafo entre los dedos. Él no era precisamente el tío más simpático, más bien era mohíno, un pelín triste, pero siempre había sido cariñoso y atento con Socorro. Incluso cuando consideraba que no había hecho bien su trabajo. Pero aquel tampoco era el caso porque sus crónicas de los niños desaparecidos tenían muchos lectores, y *El Matinal* se había adelantado a todos sus competidores gracias en parte a que Socorro sabía cómo contar aquellas historias y cómo hacer entender el desasosiego de los padres, pese a que hubieran pasado en algunos casos cuarenta años. La periodista se atrevió por fin a hablar con desgana:

—Decidí cogerme unos días para recuperarme. Ten en cuenta que trabajé casi dos semanas sin librar y tenía bastantes festivos acumulados.

—Si a mí me parece fenomenal que te hayas tomado unos días después de la paliza que te has metido. Lo necesitabas. Y bueno, me parece bien que hayas cogido fuerzas porque...

El tono de Pepe empezó a incomodar a Socorro. Sonaba apagado, como si no le apeteciera decirle lo que le iba a soltar a continuación.

—¿Me quieres dar malas noticias?

Pepe le sonrió y se apoyó en el respaldo de la silla.

—No, tranquila. Es que, en estas tres semanas, los datos de tráfico de tu caso han terminado de convencer a Ignacio Lequerica y a Eduardo de que hay que redimensionar la sección de sucesos e incluirla en una nueva sección que va a ser la gran apuesta del periódico. Tú no puedes con todo y hemos pensado que te vendría bien contar con ayuda y apoyo.

Socorro se sintió aliviada. Y enseguida decidió que recomendaría para el puesto a María Casares, una redactora veinteañera que le había demostrado buena cabeza cuando la había ayudado en el caso de Aldara.

—O sea, que queréis que forme un equipo...

El tono de Pepe no podía resultar más lúgubre.

—No que lo formes... De hecho, hemos pensado que Ángel Rojo se ponga al frente de sucesos... Bueno, no solo. Va a ascender a subdirector de sociedad. Se trata de coordinar esfuerzos para que así puedas publicar más artículos y echar una mano en internet. Tenemos que subir la calidad de la información de la web, que cada vez es más importante.

Socorro cerró los ojos incrédula.

—¿Ángel Rojo? ¿Mi jefe?

—No lo veas así. Con Ángel podrás centrarte más en los artículos y dejar que él se pelee por ti con el resto. Y, además, te quitará rollos de trabajo, burocracia... Si lo miras bien, en realidad, todo son ventajas para ti. Podrás escribir más, que es lo que te gusta. —La periodista no sabía muy bien qué decir. Pepe prosiguió para tratar de convencerla de que el cambio era bueno—: Si te digo la verdad, yo también me he enterado hoy. Al parecer Ignacio Lequerica llamó a Eduardo a Sotogrande y tomaron algunas decisiones. Y una de ellas te afecta a ti, claro. Pero no te lo tomes por donde quema, que te conozco. Bien mirado, es un reconocimiento... por cómo has estado al pie del cañón este verano. Hasta he visto que te anuncian como estrella en la tertulia de uno de esos programas nuevos.

A Socorro no le gustaba cuando intentaban venderle algo como si fuera medio tonta o incauta. O peor aún: que no consideraran que llevaba trabajando mucho tiempo en el periódico y que sabía cómo funcionaban las cosas. Antes te castigaban a picar la cartelera y la tele y ahora te enterraban en internet.

—A ver, un reconocimiento sería que me hubieran puesto a mí al frente de la sección en vez de a Rojo. Y que me dejaran formar equipo... ¿Y dices que esto lo decidió Ignacio Lequerica?

—Eduardo te dirá que fue él porque a los directores no les suelen gustar las injerencias de los dueños, pero supongo que sí. No lo veas como una degradación. Siéntete orgullosa de que el cambio haya sido a raíz de todo lo que se han leído tus crónicas. Y tú misma estuviste en casa de las hermanas de Ignacio el verano pasado cuando cubrías el asesinato de la chica esa, Aldara se llamaba, ¿no? Y te llevaste bien con el dueño. Y, por lo que me ha dicho el director, también con su mujer, que es tu admiradora, al parecer.

Socorro comprendió que era mejor que no siguiera insistiendo si quería que Pepe no se sintiera acorralado y se viera obligado a contestarle de malos modos. Sabía que su paciencia, si bien era mucha, no era infinita, así que bajó la cabeza.

—Entonces la nueva serie para las páginas de Nacional que estaba preparando... ¿la hablo con Rojo o contigo?

Pepe suspiró porque sabía que Socorro le estaba enredando.

—A ver si te enteras. Yo sigo siendo tu jefe y el de todos, pero me gustaría que el primer filtro de tus historias lo hiciera Ángel. Voy a tener que trabajar más, porque quieren que sea el nuevo vicedirector. Y no puedo atenderte como lo hacía antes. Arriba, los jefes, ya sabes, han decidido que en local Rojo hace poco para lo que le pagan y que tiene que estar más implicado en la redacción. Que se le ha subido la falta de trabajo a la cabeza y se ha acomodado a lo fácil.

Socorro frunció los labios. No le gustaba cómo sonaba aquello, pero no quería meterse en más líos de los que su timidez le permitía gestionar, así que se volvió para enfilar la salida del despacho de Pepe.

—Y una última cosa. —La periodista volvió a cruzar la mirada con su jefe. Pepe al fin se sinceró—: Ya sabes cómo es esta profesión. Un día estás de moda y tus temas abren a cinco columnas la portada y a veces no merecen más que un breve. Solo te voy a dar un consejo: llévate bien con Ángel. Es buen periodista y sabe lo que hace.

Socorro no se dio por vencida.

—¿Y la serie que estoy preparando para este año?

Pepe parecía resignado a hacer suya una decisión que era claramente impuesta desde la dirección.

—Pues si procede, le haremos hueco en Nacional. Pero hay que reforzar el periódico entero y es precisamente para lo que va a servir tu serie de artículos. ¿De qué me dices que trataba?

—Pues ya he hecho inocentes condenados y niños desaparecidos.

Pepe le sonrió. Sabía que había pocas periodistas con el pundonor de Socorro y sus ganas de hacerlo siempre bien.

—Y mucha gente los leyó.

Socorro tomó carrerilla.

—Pues la serie de este año quiero que vaya sobre crímenes sin resolver. Ya sabes: el asesinato de la bibliotecaria, el pianista de Salamanca asesinado, el Unabomber español, el extraño suicidio de Sito Pérez...

Pepe carraspeó.

—Pero eso fue un suicidio. ¿No? Ahí no se quedó nada sin resolver.

Socorro no pudo evitar contradecirlo.

—El caso simplemente se dio por cerrado, pero nadie lo miró a fondo. Acuérdate de que fue en verano de 2017, y salvo el obituario de Sito Pérez que escribió Ángel Rojo... el asunto no tuvo ningún tipo de seguimiento.

—... Precisamente Ángel Rojo. También es casualidad. Si vas a enmendarle su trabajo, no te olvides de que es tu jefe y de que te puede joder la vida. Ya sabes que tiene un altísimo concepto de sí mismo.

La periodista no pudo evitar titubear, pero siempre había confiado en Pepe.

—Exactamente. De ahí que tema que la historia no le vaya a gustar. En cualquier caso, en confianza, siempre has dicho que era un poco gilipo...

Pero eso no arredró al nuevo vicedirector, que ya había decidido.

—Pues más vale que le convenzas. Es una buena historia para empezar la serie de los crímenes sin resolver. Sobre todo, porque... ¿cuándo se encontraron a las niñas muertas?

—Pues el día de Reyes de 1995.

—Perfecto entonces para publicarlo cerca del aniversario.

Socorro le sonrió. Estaba a punto de puntualizarle algo cuando Pepe le señaló la puerta.

—Y tira ya, que tengo muchísimo lío.

4

Socorro solo le pudo contestar con un «sí, sí» que incluso ella hubiera calificado de pusilánime. En cuanto cerró la mampara de cristal, sintió que se había tragado demasiadas palabras. Se fue directa al ordenador. Apenas dos minutos antes, le había llegado un correo electrónico de Ángel Rojo en el que se le presentaba como si no hubieran estado trabajando en la misma redacción durante casi veinte años. «Querida Socorro, me parece que a estas alturas ya te habrán dicho que vamos a colaborar más estrechamente. Me gustaría que en cuanto pudieras, habláramos. Mi despacho siempre estará abierto para ti. Siempre te he admirado. Dame un toque en cuanto puedas». A Socorro, la última babosería le supo a impertinencia. Como si la periodista no supiera que Ángel Rojo había cuestionado la preparación de Socorro cuando comprobó que le había desplazado como periodista estrella de sucesos del periódico. Ángel ponía en duda que tuviese las suficientes fuentes y contactos. Consideraba que le faltaba descaro y no creía que tuviera la necesaria mano izquierda para tratar con policías, guardias civiles y personajes de las cloacas. Incluidos los encargados de hacer los contratos de los periodistas en Editasa, la matriz de *El Matinal*. Quizás se lo recordaría si se veía obligada, aunque le jodía admitir que tampoco en eso le reconocían lo bien que lo hacía.

Socorro llegó a sucesos tras una serie de éxitos periodísticos en la sección de *Domingos*. A la periodista a veces le parecía que todo en el diario se hacía por impulsos según le diera a la dirección, por lo general bastante caprichosa y amante de la improvisación. Y en aquella ocasión, Eduardo García, que había sustituido al ya casi mítico —bordeaba los noventa años— Santos Armestos al frente de *El Matinal*, pensó que reforzar las áreas de interés humano atraería a nuevos lectores al periódico. Y al mismo tiempo, decidió que todos los días debería haber una página de *people* (así llamaba García a lo que toda la vida había sido prensa rosa, crónica social o cotilleo), porque los datos en internet de este tipo de informaciones siempre lideraban el tráfico del periódico. Y si funcionaba en internet, debería pasar lo mismo en papel. Y para reforzar la sección de sucesos en Nacional decidió sacar a la prometedora Socorro Núñez de las garras de su antiguo jefe Anastasio Correa para que se forjara en otros temas más allá de los crímenes y las violaciones. Sin embargo, aquello no funcionó y, rápidamente, Socorro se quedó encasillada en los sucesos un poco por decisión propia. A ella no le interesaban ni la política ni la geopolítica, que implicaban informar sobre terrorismo. Y tampoco sentía predilección por la economía como para informar sobre corrupción, escándalos o delitos de guante blanco. A ella le gustaba hablar con los implicados, entender sus motivos y sobre todo tenerlos al alcance de la mano. No le iban las filtraciones, casi siempre interesadas, ni mucho menos aspiraba a ejercer de opinadora o columnista. Ella lo que quería era contar la verdad sin matices, una declaración de intenciones algo pretenciosa que, a medida que fue avanzando su carrera, ella misma reconoció como imposible. ¿Y qué era la verdad? La verdad era «lo factual», como le solía insistir Oriol Prada, el columnista estrella del periódico, que le mandaba correos corrigiéndole todo lo que consideraba que estaba mal en sus artículos (para él, casi todo). El periodista catalán tenía fama de puñetero y no pocos enemigos. Por lo general, explicaba él, periodistas idiotas que se creían más de lo que eran, lo que era muy difícil porque no eran nada más que periodistas. Principalmente en relación a las informaciones que escribían para los lectores de los periódicos en los que trabajaban.

Oriol le había dicho el año anterior, cuando habían intimado más, que Ángel Rojo era un habitual de esa nada y que parte —en realidad, gran parte— de sus informaciones eran producto de las cloacas del Estado, ese desagüe de las instituciones por donde se evacuaban los detritos. Y ya se sabe que con la porquería se hace el estiércol con el que se abona la tierra, lo que no implicaba que lo que saliera de la cloaca fuera necesariamente «mierda», aunque siempre oliera mal. Por eso mismo, también había periodistas que creían que nadar en las cloacas era necesario para saber la verdad, aunque fuera parcial o interesada. «La basura solo interesa a los bobos», decía Oriol con la superioridad que da el éxito, la edad, el reconocimiento o simplemente saber que con gente como él se extinguía el oficio tal y como él lo entendía. En los últimos años se había visto desplazado por una nueva hornada de periodistas/tuiteros que hacían de las cosas más comunes de la existencia humana un suceso extraordinario. Como follar con una mujer de otra raza, echarse una novia formal, organizar una boda, lidiar con una suegra y, al final —el cenit de muchos—, tener un hijo y sustituir las horas de PlayStation por las tareas propias de su sexo... consistentes en esperar en el sofá a que su mujer volviera de trabajar y le hiciese la cena. Y eso que la mayoría iba de feministas y se jactaban de ofrecerse a hacer la compra los sábados, dando siempre el coñazo a aquellas señoras que se veían obligadas a escuchar la perorata de un tipo que dedicaba media hora a comprar cien gramos de mortadela italiana. Y así, encontraban inspiración para otro artículo más.

Ángel Rojo, le había contado Oriol, era de ese tipo de hombres, pero por lo menos no era de ese tipo de periodistas. O quizás fuera una especie algo peor, porque su única pretensión, la obsesión, era lograr relevancia y clics —pinchazos— en internet. Y que luego eso se transformara en colaboraciones, tertulias y programas de televisión, la forma en la que muchos periodistas se veían obligados a complementar un sueldo que no había aumentado en los últimos veinte años. Las televisiones habían comenzado con cierto retraso a replicar el modelo fallido de la prensa y lo que ahora buscaban eran espectadores oportunistas atentos a la última novedad del momento, aunque fuera una tontería viral y sin ningún tipo de relevancia que solo servía para rellenar minutos de televisión y de vida de los espectadores. Por eso hacían piezas de la nada, se recreaban en hipótesis sin fundamento y se escandalizaban por cosas que no procedían. Rojo era experto en ese tipo de chorradas. Desde un «menor de cinco años» (así lo había puesto él) que lideraba una banda de camellos, a pisos patera de cincuenta metros en Madrid en los que llegaban a convivir quince personas y servían de burdel con camas calientes. Y, por supuesto, había otro tipo de sucesillos, historias humanas, con las que se buscaba cierto estupor. Un tiroteo en una discoteca a la que solía acudir el sobrino del rey; un banquero al que le había dado un viagrazo y se había quedado pajarito en su picadero; el prostíbulo ambulante que habían organizado en un camión de la feria camuflado entre coches de choque; esas *raves* ilegales que tanto molestaban a los vecinos de los pueblos, aunque luego ningún cámara lograse arrancarles una sola crítica de la fiesta... Y Ángel Rojo, con sus dos teléfonos, proveía de estas noticias a *El Matinal*, su periódico, y a los programas de televisión que le habían fichado y que le pagaban un tanto al mes. «Porquerías y paparruchas», solía despachar Oriol sus informaciones. Evidentemente, no le caía bien porque Rojo era amigo de todos los columnistas jóvenes que poco a poco le iban comiendo terreno a Oriol.

5

Casi nadie se había fijado en la cara de Socorro cuando salió del despacho. La periodista tenía fama de seca y de seguir un régimen monacal en el trabajo. Trabajo, trabajo y diversiones ya muy contadas. No siempre había sido así. Cuando llegó a la redacción hizo pandilla con algunos de los periodistas que entraron con ella y habían salido muchas veces juntos. Entonces Socorro era joven, una mocita, como decía su madre, y era apetecible y muy guapa. Todo lo guapa que era Socorro, y con veintipico años, que siempre ayuda. En esa época flirteó con algunos, pero nunca se atrevió a ir a más porque no se fiaba de cómo reaccionaría el sujeto al saber que era la hija de Antonia, la empleada del hogar de las Lequerica, accionistas del periódico, y que ese era el motivo por el que había entrado a trabajar allí. Seguro que, al principio, cuando parece que el amor lo puede todo y que nada importa, eso habría dado igual. Pero el amor entre periodistas, cuando acababa, solía hacerlo mal, y no quería que las habladurías llegaran demasiado lejos. A los cuarenta y un años, Socorro era consciente de que en ese caso ella dejaría de ser la hija de su madre para ser la enchufada por ser la hija de «la chacha» —así de crudo lo dirían— de las Lequerica, las dueñas del diez por ciento del periódico, las bisnietas del fundador de *El Matinal*. Y eso molestaba mucho a Socorro, que sabía que ni siquiera las señoras de su madre utilizarían nunca la palabra chacha o criada. En todo caso, muchacha, que es de suponer que en cierta época sería como decir ahora la chica, término que Socorro también miraba con cierto recelo. ¿Por qué la chica o la muchacha? Acaso, pensaba, la gente con servicio no cumplía años. Su madre había llamado a Pincho y Pila señoritas antes de que la edad las hiciera señoras. «Antonia, ya estamos un poco talluditas para lo de señorita», le dijo Pila cuando cumplió treinta y cinco años.

En cierto modo, a Socorro le gustaba que la molestaran justo lo necesario. Al llegar a la redacción aquella mañana había saludado con la cabeza a algunos de los redactores con los que antes salía. Era lo normal. Ellos no le perdonaban su frialdad y ella que hubieran seguido con sus vidas. Incluso que se hubieran casado. La única que se había presentado en su mesa para saludarla era María Casares, la joven que le había echado una mano el año anterior y, desde que se habían hecho amigas, Socorro había recuperado cierta popularidad entre sus compañeros. A María sí que la miraban. Era una de esas guapas simpáticas a la que todo parecía salirle bien sin esfuerzo. Desde lograr destacar en la redacción (eso fue gracias a la actuación de Socorro) a que hasta una camiseta de talla mastodóntica le quedara bien. Pero eso no sorprendía a Socorro, que andaba perseguida por una nube negra del paso del tiempo, porque a la edad de María todo quedaba bien. Y si no te quedaba bien, al menos no parecías una ridícula vestida de joven.

María se había puesto unos vaqueros y una camisa fina de cuadros remangada a la altura del brazo. No iba vestida demasiado llamativa ni con ropa evidentemente cara. En eso no se parecía a otras redactoras de su edad que iban por la redacción como si acabaran de salir de una boda. Las dos periodistas chocaron la mano cuando María se acercó a la mesa de Socorro. María la saludó encantada.

—¡Por fin has vuelto! ¿Has descansado estos días?

Socorro se levantó y le dio un abrazo algo desabrido. Le había cogido cariño a María y valoraba su valía, pero, al mismo tiempo, como le pasaba a cualquier mujer, envidiaba su juventud y lo que le quedaba por vivir.

—Pues ya ves. Muy bien. De vuelta.

María se atrevió a preguntar de más.

—¿Has estado por ahí con Luis Gordon?

Socorro se sonrojó. María era la única que estaba al corriente de que llevaba casi un año viéndose con el bodeguero al que había conocido en El Puerto cuando lo de Aldara, un tema sobre el que Socorro era muy reservada.

—Calla, no digas sandeces. ¡No ves que está casado y aquí todo el mundo tiene muy mala baba! —susurró. Pero nadie estaba escuchando la conversación entre las dos porque la mayoría estaba atenta a la rueda de prensa del presidente del Gobierno.

María reculó muerta de risa. Conocía a la reportera y le gustaba así, hosca, clara. Siempre crudísima. Decidió preguntarle por su madre, Antonia, a la que conocía desde aquel verano en El Puerto. Socorro empezó a ponerse nerviosa. María le había prometido que nunca contaría a nadie de la redacción su singular parentesco con las Lequerica.

—Pues ahí anda. Ya sabes. Con sus cosas.

María se dio cuenta de que algo le pasaba. Hacía tiempo que había descubierto que Socorro había dejado demasiadas cosas de lado por el trabajo. Y María no podía culparla porque para ella, el periodismo, su carrera, era su pasión, como a veces enfatizaba con cierta emoción a sus amigas, que ni siquiera eran capaces de pagar los cinco euros, ¡mucho menos que una copa!, que costaba suscribirse a la versión online de *El Matinal* para leer sus artículos. Socorro se dio cuenta de que había hecho sentirse incómoda a María y le hizo un gesto para tranquilizarla. De buena gana le hubiera dicho que la habría recomendado para reforzar la sección de sucesos.

—Oye, has estado con Ciempozuelos, ¿te ha dicho algo? Se rumorea que va a haber cambios.

Socorro no tenía demasiadas ganas de hablar de ese tema porque estaba dolida con que la hubieran relegado en favor de Rojo, y no le apetecía darle a María más explicaciones de su decepción porque no hubieran pensado en ella. Seguía con el ceño fruncido, concentrada en su pantalla y con cara de estar de muy mal humor.

—¿Pero por qué estás tan mustia? Has triunfado este verano.

—Sí, en Broadway. Tampoco te pases.

—No me paso. Has hecho un montón de suscripciones con la serie de los niños. Además, has sido ejemplo de cómo se tratan estos asuntos delicados. Con datos y sin sensacionalismo, pero hablando con las familias.

—¿Pero qué ejemplo? ¿Qué dices?

—Por lo menos has sido un ejemplo para mí.

A Socorro le faltó darle un manotazo azorada como Tom Hanks en *Big* cuando Elizabeth Perkins hace un avance amatorio.

—Anda, hija, pareces de una película de Antena 3. Pero tienes razón, en el último año se me han quitado muchas tonterías de encima con las Lequerica. Y mi madre... Pero ya te he dicho mil veces que eso es un asunto del que aquí no saben nada, no se habla de eso.

—Ya, ya, pero estamos solas. No te preocupes, que de mi boca ni ha salido ni saldrá nada de tu interesantísima vida.

—Anda, vete un poquito a la mierda.

La periodista volvió a centrarse en su ordenador y en la manía que le tenía a Ángel Rojo. María volvió a intentar sonsacarle:

—¿Y contarán contigo si hay cambios? Después de todo lo que has sacado este verano con lo de los niños desaparecidos... —La joven notó que el humor comenzaba a nublarse en su colega. No era un buen día para tratar de sonsacar a Socorro Núñez, así que cambió de tercio—: Te quería preguntar si tienes planes para comer.

Socorro no los tenía, pero tampoco le apetecía estar dos horas a solas con María en el chino del barrio.

—Voy a tomar algo en el comedor. Es que no me apetece salir del chino con el olor y eso. Otro día vamos.

María sonrió como lo hacen esas personas guapas que siempre parece que se acaban de lavar los dientes.

—Te tomo la palabra. Y a ver si puedes hacer algo para que se fijen en mí...

Socorro la miró sombría y le sonrió. Maldita juventud la suya. Lo mejor de tener veinticinco años como María era que tenía tanto tiempo que hasta podía permitirse perderlo.

6

El único que aún tenía el teléfono de Andrés de Juni era otro histórico del periódico, Pacón Sánchez-Mesta, con el que tenía una tertulia torista en la que ponían a caldo todo lo que había en la llamada fiesta nacional. Desde los toros sin casta a la casta de toreros que calificaban de «mafiosos» y las descastadas que salpicaban los tendidos con el escotazo como mostrador. Socorro marcó el teléfono de Pacón y enseguida notó su voz de cazalla y tabaco negro con esa viveza que da la guasa continua y el choteo de esa vida que, se sabía desde siempre, no iba en serio.

—Pero si es nuestra Margarita Landi particular. ¿En qué te puedo ayudar? ¿Necesitas que le toquemos las narices a alguien?

Pacón era de la corte habitual de Pincho y Pila y, como Oriol, se había visto relegado por el afán de Eduardo García de darle nuevos aires al periódico.

—Pues es que te quiero pedir el teléfono de Andrés de Juni.

—Joder, pues no sé si se habrá muerto, porque no he sabido de él en todo el verano. Te lo mando. ¿Alguna novedad? ¿Todo bien en el periódico?

A Socorro no le apetecía mentirle.

—Pues ahí vamos. Aún tengo que decidir dónde me dejan los cambios que quieren hacer.

—Mal asunto... A mí, lo mismo me quitan otra columna. Vete a saber por dónde salen estos okupas.

Pacón, el otro periodista estrella del periódico, había coincidido en la redacción de Madrid algunos años con

Ángel Rojo (le llamaba Melchor Rodríguez por el sindicalista apodado el Ángel Rojo que salvó a tantos de la muerte en el bando republicano), contaba cómo había comenzado a ganarse su reputación. «Al parecer llamaba por teléfono a la policía y decía: "Pero ¿qué ha pasado? ¡Qué fuerte! ¿no?". Y los polis y los picoletos, como si Rojo supiera lo que estaban investigando, le rajaban todo con un montón de detalles más. Y luego se pasaba muchas horas en los bares que frecuentan la policía y la Guardia Civil para invitarles a copas, y les conseguía entradas para el Teatro Real a los médicos del anatómico forense. Y con los políticos y altos cargos hacía lo mismo, pero a otros niveles: les conseguía mesas en discotecas y botellas de champán con bengalitas. Alardeaba de que conocía a todos los porteros por sus contactos en la poli. Pero también esos mismos contactos le habían metido en buenos líos. Una vez, por un soplo equivocado, a punto estuvimos de publicar que Zapatero había muerto de un golpe de calor. Menos mal que Miriam, la veterana de Nacional que tiene buena relación con él, le mandó un mensaje. Me contaron que estuvieron a punto de darle al botón de publicar la noticia con el obituario».

Socorro eso no lo veía tan mal. Todos los periodistas hacían un poco lo mismo. También ella había dedicado muchas horas a ganarse a policías a los que ya podía llamar amigos, incluso algo más que amigos. Ese había sido el caso de Sergio Navarro, al que sus jefes en el Ministerio del Interior habían decidido premiar con un ascenso después de que desenmascarase al responsable del asesinato de Aldara. Socorro se apuntó mentalmente que debía llamarle para quedar, aunque había muchas cosas que no acababan de gustarle de él, había decidido dejar de lado ciertos comportamientos de Sergio para tratar de aprovechar la situación en la que su nuevo puesto la dejaba. No podía desperdiciar esa oportunidad y también sabía, como le había dicho un viejo agente del CESID del que se había hecho amiga, que al enemigo había que tenerlo en la faja. Y a Socorro todavía no le hacía falta faja porque tenía cuerpo de pajarito, pero le había explicado aquel militar que era una frase que solía decir Franco y, por lo tanto, suponía que debía de referirse al fajín militar.

Pacón siempre llamaba okupas a la dirección del periódico desde que Santos Armestos, el legendario director, había sido relevado y ni Oriol ni él hubieran sido siquiera considerados como candidatos a sucederle.

—Ya me dirás si Andrés de Juni sigue vivo. Era un pícaro, pero de los buenos.

Socorro vio el contacto que le acababa de llegar. En la foto que lo acompañaba se podía ver a De Juni con una botella de Anís del Mono con su leyenda. «Es el mejor. La ciencia lo dijo y yo no miento», ponía en su estado de WhatsApp. Vio que estaba en línea y marcó.

El teléfono dio dos tonos y al otro lado escuchó esa voz metálica de las personas que han sido operadas de las cuerdas locales. Socorro cogió carrerilla.

—Hola, Andrés, perdone que le moleste. Soy Socorro Núñez, periodista de *El Matinal*. ¿Tiene un momento?

Le había hablado de usted como siempre hacía cuando se dirigía a la gente mayor que ella, aunque luego ya les soltase la retahíla habitual.

—Hombre, creo que te llaman la Landi. Que fumas cigarrillos de liar en lugar de pipas. Qué alegría hablar contigo, pero no me llames de usted porque los dos somos periodistas. Y ya sabes, perro no come a perro, y los colegas de profesión nos tuteamos. ¿Qué se cuece por ahí? ¿Sigue la bruja francesa con su niño mimado? ¿No han hundido el periódico?

Socorro no contestó a sus preguntas.

—Andrés, mira, es que estoy haciendo un reportaje sobre Sito Pérez, el culpable del crimen de El Teatino, y como tú trataste el tema y cubriste el juicio con el de la sección de tribunales, quería saber si me podrías contar algo de lo que te acordaras. Y que me ayudases a poner en perspectiva lo que le pasó a Sito Pérez cuando le encontraron muerto en agosto de 2017.

La periodista pudo percibir la mueca de satisfacción que se le dibujaba a Andrés de Juni al otro lado del teléfono. A todos los periodistas retirados les gustaba recuperar el pulso del periodismo, aunque solo fuera por unos minutos.

—Sito Pérez era un pobre diablo, pero también un hijoputa mimado y quizás por eso hizo lo que hizo. Cuando hablabas con él era de los que le preguntabas ¿la «m» con la «e»? y te respondía «pe», y lo veías incapaz de haber hecho ese tipo de salvajadas por las que lo condenaron. Aunque las hizo tan mal que lo pillaron enseguida. Anda que dejar en el suelo dos colillas de esos cigarros tan finústicos que fumaba ese fin de semana. Es de idiota. O de subnormal.

—Subnormal, retrasado —ella tendría que escribir neurodivergente— eran las palabras más utilizadas para describir a Sito.

—Bueno. El animal de Tony King con Rocío Wanninkhof también se dejó una colilla y fíjate lo que tardaron en cogerlo. Vaya asunto feo ese, por cierto...

—Ahí la prensa, los medios en general, estuvimos fatal —dijo ella.

—Menos mal que a mí no me pilló por ahí porque lo hizo la delegación desde Málaga. Es verdad que en lo de Tony King fue una sola colilla, pero el idiota de Sito Pérez dejó dos, una al lado de la otra. Y se había pasado una semana presumiendo del cartón de Gitanes que le había regalado un francés al que le hizo de secretario en una cacería a finales de diciembre de 1994. Eso no se le ocurre a nadie.

—No había por dónde cogerlo.

—Y luego las cosas que contaba la prostituta esa del club de Infantes que le obligaba a hacer... Cosas de retorcido. Tenía fijación por las niñas pequeñas, decía, y eso creo que no lo escribí, que «olían a nuevecitas, no a pis y a pescado como las viejas». Me daban ganas de vomitar mientras me lo contaba la Cachucha. ¿Qué habrá sido de esa mujer? Era una cubana de armas tomar. Me parece que se casó con el Lonetas, que tenía un taller mecánico en Infantes, al poco del asesinato. En alguna libreta vieja aún debo de tener su número. El fijo, claro, que en esa época casi no había móviles. Si quieres, te mando una foto de los cuadernos, pero lo mismo no te enteras de nada porque siempre escribía a toda velocidad y a veces no entiendo ni yo la letra que tengo.

Socorro escuchaba al otro lado del teléfono el ruido de los papeles. «Aquí está —le escuchó decir—. El Teatino...».

De repente Andrés calló.

—... Qué viejo soy, Dios mío. Cómo pasa el tiempo.

Socorro decidió que no debía dejarle caer en la melancolía.

—Me encantaría conocerte. Le digo a Pacón que a ver cuándo organiza algo para que nos veamos.

—Me encanta la idea. ¿Has estado en la Hermandad de Antiguos Caballeros Legionarios de Madrid? Yo iba mucho con Peregrina Millán-Astray, y ponen un cocido buenísimo.

Socorro no sabía muy bien quién era la tal Peregrina. Le sonaba a algo de la guerra o franquista. Algo de la Legión quizás, pero no estaba segura.

—Me encantará —mintió.

—Te mando lo que tengo del caso y que pienso que te pueda servir.

Y enseguida le llegaron fotos de su cuaderno con apuntes de los teléfonos de las casas de los padres de las niñas, de las hermanas de Sito Pérez, del propio Sito, de la Cachucha y de otras mujeres con nombre como Brenda, Conny... Socorro las guardó entre sus archivos y le mandó a Pacón un mensaje para confirmarle que su amigo seguía vivo y, de paso, darle las gracias y avisarle de que estaba encargado de organizar una comida en la Hermandad de Antiguos Caballeros Legionarios. A ser posible cuando hubiera cocido.

Socorro estaba contenta. Podría trabajar en el caso de Sito Pérez antes de viajar a La Mancha.

Eso mismo era lo que pensaba cuando decidió que ya era el momento de ir a ver a su despacho a Ángel Rojo. Al enemigo hay que tenerlo cerca. En ese instante, le llegó una convocatoria con el asunto «Nueva sección *Vida*». Era de Rojo. La reunión sería a las cinco de la tarde, en apenas hora y media.

7

El despacho de la directora de *Juglar*, el suplemento cultural que se editaba con *El Matinal*, era el más bonito de la redacción. Pincho Lequerica, la hermana del actual presidente de la empresa, no había conseguido el puesto de su hermano porque a su padre ni se le pasó por la cabeza que ella, una mujer, fuera la sucesora.

Había dejado a medio hacer el primer número de septiembre en la última semana de julio que habían trabajado antes de darle vacaciones a la redacción de *Juglar*, y aquel lunes, su primer día, se entretenía mirando las previsiones de lo que se publicaría en *El Matinal* al día siguiente. Aún no había ningún tema claro, salvo las ruedas de prensa del presidente y las páginas dedicadas a comunicación en las que se anunciaban cambios en la redacción de *El Matinal*. Pincho se llevó una sorpresa cuando vio que habían ascendido a Ángel Rojo a subdirector de sociedad y que habían metido a Socorro en el equipo a cargo del periodista. No entendió que Eduardo García, el director, hubiera decidido hacer algo así después del buen trabajo de Socorro en el último año. Ponerle por encima a alguien como Rojo era minusvalorar el esfuerzo de la redactora de sucesos y parecía estar en contra de los nuevos criterios consistentes en nombrar mujeres por aquello de la paridad cosmética. Así que decidió llamar a García a su teléfono móvil para preguntarle por su decisión y, si era posible, ayudar a reconducir la situación de Socorro, a la que tenía tanto aprecio profesional como cariño porque la conocía desde niña.

La primera vez que lo intentó, Eduardo rechazó la llamada en el primer tono, algo que molestó mucho a Pincho, acostumbrada a que las personas que trabajaban en *El Matinal* la atendieran al instante. Le mandó un escueto mensaje con esa fórmula que, sabía, siempre halagaba a los directores. «Director, me llamas enseguida. He visto en las previsiones los nuevos nombramientos y quería que me contaras». Eduardo vio el mensaje, pero tardó en contestar, aunque la mayor de las Lequerica podía ver que estaba conectado y leyendo su teléfono. No escribiría hasta dos horas después. «Te llamo en cuanto pueda, que me han metido en un rollo de *marketing* horroroso». Pero Pincho no se lo terminó de creer porque a lo largo de la mañana, todas las veces que miró el teléfono pudo ver que Eduardo estaba en línea. ¿Y acaso eso no significaba que podía meterle un telefonazo para hablar cinco minutos, ¡dos!, y explicarle los cambios y cómo afectaban a Socorro? Lo que no pensaba hacer era presentarse en su despacho. Para eso estaba el teléfono.

La directora de *Juglar* caminaba nerviosa de un extremo a otro de su despacho. Se sentía impotente, frustrada, sensación que le resultaba natural desde que su padre eligió a su hermano Ignacio como sucesor, aunque Pincho tuviera más vocación periodística y fuera más inteligente. De hecho, pese a estar en su burbuja cultural, tenía el periódico entero en la cabeza. Fue corresponsal en París y periodista cultural, hasta que fundó *Juglar*, el suplemento de *El Matinal* desde el que contaba qué se escribía, qué se pintaba, qué se representaba en el teatro o en la ópera. Y, sobre todo, qué se debía leer, qué se debía ir a ver y todo eso que a un prescriptor se le presumía. El despacho lo había llenado de plantas y de muebles de los años veinte que sin duda rescató de alguna de las mudanzas de los despachos del periódico. Algunas cosas que habían pertenecido a cada uno de los Lequerica, sus ancestros. También le gustaba tener uno de los bustos que Benlliure había hecho de Ignacio Lequerica Beigbeder, su bisabuelo, el fundador del periódico. Pincho acumulaba muchos libros, más de los que podía leer. Sobre la mesa un montón con las novedades que le mandaban las editoriales y que solía repartir entre la redacción de *El Matinal*. Ella apenas conservaba ninguna de aquellas obras, salvo las que le interesaban. Además, la mayoría de los autores extranjeros ya los había leído antes de que los tradujeran del inglés o del francés. En las estanterías con las que Pincho había forrado su despacho también había libros, pero solo los que consideraba que valían la pena o los que tenían alguna referencia que para ella era valiosa para escribir, leer o simplemente recordar. Por supuesto, la mayoría de las veces no tenía que ver con el éxito de ventas del autor. A Pincho le gustaba apostar por algún escritor que le gustaba y darle el tratamiento editorial que ella consideraba merecido, aunque vendiera poco o fuera minoritario. La relevancia no dependía del interés del gran público y, como decía el «If» de Kipling, que tenía en un marco de plata sobre su mesa, había que tratar el triunfo y el fracaso, dos impostores, de la misma manera. Y esa era una frase que su bisabuelo había subrayado en el impreso enmarcado que ella había reproducido. El original, claro, lo tenía Ignacio Lequerica en la mesilla de noche. Primo de Rivera tenía el mismo poema en la pared de su despacho.

Con el cabreo decidió llamar a su hermano, que aún no había vuelto de Sotogrande porque quería pasar unos días más con su madre, que ya estaba algo mayor.

—Ignacio, ¿puedes hablar un segundo?

Él le contestó que estaba justo tomando algo «con mamá». A Pincho le ponía enferma que cuando hablaba con una de ellas, su hermanastro se refiriera así a Arianne, la mujer con la que se había casado su padre a los pocos meses de que muriese su madre. Era la madre de Ignacio, su mamá, no la de Pincho y Pila. ¿Por qué no la llamaba «mi madre» en lugar de «mamá»?

—Saluda a Arianne de mi parte —dijo ella muy seca.

Ni se despidió al colgar. Sabía que Ignacio nunca hablaba con libertad cuando estaba con ella. Tampoco sabía muy

45

bien si su hermano había tenido algo que ver en el ascenso de Rojo y en que Socorro se quedara postergada. Lo sospechaba —y sospechaba el motivo—, pero no pensaba que Ignacio, por lo general bastante bobón, fuera capaz de modificar la estructura del periódico sin hablar con ella y por un simple capricho personal. El interés periodístico por encima de todo (incluso de la propia empresa) había sido siempre la manera de pensar de la familia Lequerica respecto a su periódico. El éxito de *El Matinal*, solía decir su fundador, residía en una serie de equilibrios entre beneficios empresariales e informaciones. El editor debía ser un contrapeso necesario al director. Y el director debería serlo a los subdirectores y redactores jefes, como estos para los redactores. Y así, en la competencia de intereses y ganas de publicar, se cimentaba ese equilibrio que durante años había hecho de los periódicos un negocio influyente y rentable. El lema que el fundador había hecho grabar en un azulejo en la vieja sede de *El Matinal* rezaba: «De la bonanza de esta empresa dependen el presente y el futuro de cuantos en ella trabajan».

Por eso pensó que no creía que su hermano fuera a tomar ninguna decisión respecto a la organización de *El Matinal* sin contar con una de sus periodistas principales. Durante el verano, los artículos de Socorro habían estado entre los más leídos y las televisiones le habían dado mucha difusión. Era una firma respetada, algo hosca y ceniza, eso sí, pero una estrella. Incluso la mujer de Ignacio se lo había comentado la última vez que el matrimonio había ido a El Puerto a cenar a casa de las hermanas Lequerica.

Por fin, tres horas después de que le hubiera mandado el mensaje, Eduardo García la llamó con el habitual tono condescendiente, como si Pincho fuera un mueble feo que nadie sabía en dónde colocar, aunque se le tuviera cariño porque había sido de una tía soltera.

—Hola, Pincho. ¿Cómo llevas el número de *Juglar* del sábado?

Pincho esperaba ya esa pregunta porque, aunque ella y su hermana Pila eran las hermanas del propietario, sabía que el director del periódico estaría tenso y querría marcar territorio, como hacía cada año al principio de curso. A Pincho no le gustaba un pelo la forma en la que se comportaba Eduardo García, entre el desdén por un diario centenario y cierto regocijo morboso por saberse sucesor de alguno de los mejores periodistas de España.

—Pues ya sabes que, como siempre, dejé más o menos hecho el primer número de *Juglar* antes de irnos en julio. Solo hay que imprimir... Y de eso ya os encargáis vosotros.

—Fantástico. A ver si este año vais algo mejor en internet, que nos vendría muy bien.

A Pincho no se le pasaron por alto las palabras de Eduardo, pero estaba tranquila porque las hermanas Lequerica controlaban la mayoría de *Juglar*, el suplemento cultural que se daba los sábados con *El Matinal*, y era el día que mejor funcionaba el periódico. ¿Internet? Como había dicho su padre, que había muerto hacía veinte años, «a ver si se pasa ya la maldita moda de internet».

—Bueno, ya hablaremos de eso cuando tengas un rato. Te quería preguntar sobre el nombramiento de Ángel Rojo. Es bastante sorprendente considerando la política de nombramientos actual.

Pincho tomó aire mientras esperaba lo que García tendría que decirle. Por supuesto, tenía previstas cada una de las explicaciones que le dio Eduardo porque no podían ser más manidas, aunque él se empeñase en hacer pomposa la sarta de vulgaridades que le estaba soltando. De hecho, ya las había oído antes, pero decidió dejarle hablar porque le fascinaba prestar atención a las personas a las que les encantaba escucharse, y ese era el caso de Eduardo García.

—Mira, Pincho, el otro día hablando con tu hermano en Sotogrande decidí que ahora debemos centrarnos en hacer más contenidos de segunda velocidad y reportajes, y hemos resuelto ascender a Rojo y que se encargue desde sociedad de montar un equipo para organizar un suplemento al que se va a llamar *Vida*, con este tipo de temas que funcionan tan bien en internet, pero por los que debemos acostumbrar a la gente a pagar. ¿Cuál ha sido el asunto más leído este verano, aparte de la serie de los niños desaparecidos? El del hijo del actor que cortó al cirujano ese en trocitos en Tailandia. O el lío ese de Bertín con todas esas novias que le han salido. Hay que hacer un periódico mejor cada día, que aporte valor añadido a lo que ya se publica en internet, y para eso tenemos que incorporar a la nueva sección a las mejores firmas: ya sabes, Socorro Núñez, Gabriela Dueñas, Diego Alarcón, Fiona Portocarrero... Y algunos más... Quizás aquella chica, María Casares, que la conocerás porque la mandamos el año pasado a cubrir la obra de teatro de tu hermana Pila a El Puerto. Y luego se quedó con Socorro con lo del asesinato y lo hizo francamente bien.

—Y Socorro también. Por eso te quería preguntar por qué no la has puesto a ella al frente de sociedad o, por lo menos, del suplemento ese nuevo. Tiene la edad perfecta y experiencia. Coño, y es mujer, que luego no tenéis a casi nadie para cuando vienen las ministras a hacerse la foto. Al final, casi siempre me tengo que poner yo.

El director hizo una pausa que a Pincho le pareció sumamente incómoda. Y pensó que seguramente a Eduardo también.

—Pues la verdad es que Ángel tiene más experiencia en dirigir equipos y además ya tiene sueldo de redactor jefe y no se lo subiremos al nombrarlo subdirector. Por otro lado, no podemos prescindir de la firma de Socorro para que se encargue de la sección, con la carpintería que conlleva, porque ella está para otras cosas. A ella hay que mandarla a escribir reportajes, que es lo que se le da bien.

—Ella es una de las mejores reporteras que tenemos y...

El director quiso acabar cuanto antes con la conversación. Se notaba que no le apetecía entrar en detalles con la mayor de las hermanas Lequerica.

—Y precisamente por eso hay que hacerle escribir más —la interrumpió—. Su firma es de las que Google Discover tiene más en cuenta para las recomendaciones y ya sabes que eso es fundamental para el tráfico. Durante este verano hemos abierto un par de veces sus crónicas de los niños desaparecidos y han arrasado en lectores y clics. Siendo jefa no podría escribir tanto. Se la comería la organización, la burocracia. Por otra parte, Socorro es un poco rara, no tiene muchas habilidades sociales. Y ya sabes que hay que tenerlas para dirigir equipos, sobre todo, si son de periodistas.

Ante eso —el tráfico—, el argumento indiscutible en los discursos sobre *El Matinal* en los últimos tiempos, Pincho supo que era mejor no replicar nada. Por fin se atrevió a preguntar lo que más le interesaba. Ya averiguaría más tarde lo que era Google Discover.

—¿Y mi hermano está de acuerdo en lo de la nueva sección?

Eduardo guardó silencio durante varios segundos que a Pincho se le hicieron interminables.

—Él, ya sabes, apoya mis ideas para el periódico. Vivimos tiempos difíciles y cada vez hay menos margen de ensayo y error. Y los accionistas de Timanfaya... Ya me gustaría a mí hacer las cosas como las hacías tú, que te podías gastar un dineral para mandar a alguien a seguir a Pol Pot o pagar a Lanzmann para que escribiera algo después de que filmara *Shoah*. O comprar los reportajes del *The New Yorker* para guardarlos en un cajón y que no los publicara la competencia, aunque nosotros tampoco fuéramos a hacerlo.

Pincho se vio obligada a recordarle a Eduardo quiénes eran su hermana y ella.

—Pues qué te voy a contar que no sepas —volvió a interrumpirla el director—. A saber cuánto tiempo llevas sin que te den un dividendo.

—La publicidad en *Juglar* sigue yendo bien y tenemos superávit en las cuentas. En publicidad siempre nos dicen que lo hacemos bien...

Eduardo carraspeó de nuevo.

—Pues si hicierais mejores números en internet, tendríais más lectores y ayudaríais a que *El Matinal* tuviera más tráfico. Además, mucha de la publicidad que tenéis es institucional.

La mayor de las Lequerica tragó saliva espesa. Sabía que no podía replicar a Eduardo porque se pondría con uno de esos discursos que probaban que él o el buen periodismo eran ya algo destinado a morir, o bien que nadie tenía ni idea de lo que había que hacer para que eso no pasara. Así que como decía Tallulah Bankhead, si una cosa tiene solución, para qué te vas a preocupar, y si no la tiene..., para qué te vas a preocupar. Decidió ser cordial y bajar la cabeza. No quería que Eduardo se enfadara y que su conversación se filtrase a algún confidencial que pudiese publicar medias verdades como que su hermana, Pila, estaba deseando vender su porcentaje en *El Matinal*. Así que puso su tono más untuoso.

—Director... Muchas... —Él quiso cortar de nuevo su discurso. Se notaba que no quería seguir hablando con ella, pero ella no le dejó—: Gracias por llamarme. A ver si me paso por tu despacho un día que estés más libre y charlamos de lo que quieras de *Juglar*.

Eduardo García se puso muy ufano. Pincho notó que disfrutaba de la situación porque sabía que estaba atada de pies y manos.

—Tenemos una nueva herramienta para medir el tráfico que le vamos a explicar a la redacción la semana que viene y que creo que os podría venir muy bien.

A Pincho se le escapó una carcajada. Le dijo que se refería a algo más social.

—Nunca te hemos invitado a cenar a casa.

—Ya sabes que estoy deseando conocer una de las famosas cenas que hace tu hermana Pila a las que todavía, en estos años que llevo de director, nunca me habéis invitado. Por cierto, tu hermana ya debe de andar de caza, ¿no?

Pincho no le respondió y colgó apresuradamente. Se refería a una cena tranquila para hablar de *Juglar*. A ver cómo convencía a Pila de que había que convidar al servil (Pila decía «lameculos») de Eduardo García.

En su despacho, el director ya hablaba con Ángel Rojo, que había estado todo el tiempo escuchando su conversación con Pincho. «Se ha cortado», le había dicho. A Ángel no le había gustado un pelo que el director le tuviera que dar explicaciones de los motivos por los que le había nombrado a él en lugar de a Socorro. Decidió que, a partir de entonces, desconfiaría de ella.

8

Fiona Portocarrero almorzaba en el jardín de su casa en Puerta de Hierro. Parecía mentira que estuviera tan cerca de Madrid. El casi otoño soleado, la lasaña de calabacines, el café recién molido, pero ya descafeinado a esas horas, le hacían maldecir a Ángel Rojo. Hacía un día en que daba asco salir de su casa. De esa casa que estaba en España, pero podía estar en el campo inglés. Sobre todo la parte de atrás, donde la hiedra cubría la fachada. Además, le encantaba estar sola. No tenía ninguna sensación de nido vacío desde que sus hijos estaban internos. Y su marido no solía venir a comer a casa. Ella tenía que salir porque la habían convocado a una reunión en *El Matinal*. Fiona solía trabajar en casa o donde demonios estuviera la persona importante a la que estuviera entrevistando. Por eso, porque viajaba mucho y viajar cada vez era más antipático, apreciaba estar en su jardín asilvestrado. Libre. Había hecho ejercicio antes de comer. Fue a ducharse y vestirse para llegar a tiempo al periódico. A ver con qué salía ese tipo.

Diego Alarcón, con cazadora de cuero y unos vaqueros anodinos que lo mismo podría haber llevado un inmigrante recién llegado en patera, miró con cierto desprecio a unos modernos que salían de lo que había sido un taller mecánico y ahora no sabía qué era. Algo artístico, una galería, pero también parecía una casa, como aquella de la chica soldadora de *Flashdance*. Carabanchel, su barrio de toda la vida, se estaba convirtiendo en un lugar lleno de forasteros con bigote y zapatones y chicas de pelo azul que habían encontrado allí una especie de Soho. Viviendas más grandes por las que podían pagar. Viviendas o locales disfrazados de viviendas, a saber si el Ayuntamiento estaba al tanto. La gentrificación de los cojones. Ya podían haber elegido Usera. Menos mal que La Casa de los Minutejos, con esa oreja metida entre dos rebanadas de pan de molde finísimo, seguía en su sitio. Alguna vez, acodado en la barra, había llegado alguna de esas modernas para reservar una mesa. «Señorita, aquí no se reserva, se viene y ya está». Y Diego se sentía reconciliado con el barrio del que no pensaba irse. Solo para ir al pueblo en verano y en ese preciso instante para acercarse al periódico.

Gabriela Dueñas, una señora de mediana edad, pero todavía de armas tomar y dar, se despidió de los perros en su piso de Mirasierra. Como todas las personas con perro, se dirigió a los dos *cavalier king Charles* y les habló. Les dijo que se portaran bien, que volvía pronto. No sabía para qué la habían convocado, pero, por la experiencia que tenía en el periódico y, en particular, con los muchos jefecillos tontorrones que había conocido, suponía que sería para la enésima pérdida de tiempo e ideas peregrinas. Para otra reunión que no serviría para nada. Reunión y pérdida de tiempo eran sinónimos. O quizás la habían llamado para echarla, cualquiera sabía. Pero no le preocupaba esa posibilidad, tenía los suficientes recursos y prestigio como para que se la rifaran en las televisiones y radios. Y habría que ser idiota para echarla precisamente a ella. A su agenda y a esa inteligencia periodística con la que dosificaba sus apreciadas informaciones. Aunque a alguno de esos jefecillos tontorrones que no veían el periódico en su totalidad le parecieran más importantes las noticias sobre el PP o el PSOE que una de ella sobre el empresario que salía con la hija de un antiguo ministro.

A Ángel Rojo lo habían colocado en el despacho más pequeño de todos los que había en la redacción, pero no le importaba. Tenía la mesa atestada de periódicos impresos, carpetas de archivos y libros... También de regalos del día del padre de hacía mil años y una foto con Uri Geller de cuando regresó a España años después de lo de Íñigo para aparecer en *El hormiguero*, que destacaba junto a otra con Perico Delgado.

Socorro entró en el despacho de su nuevo jefe con cierta precaución. Allí ya estaban Diego Alarcón y Gabriela Dueñas, la periodista que siempre sabía todo de todos; para ciencia y salud habían cogido a Pedro Viciano, que siempre le había caído bien a Socorro porque nunca se metía en problemas y era riguroso. Tampoco era de los que se tiraba el rollo y detestaba pontificar de la nada. Sobre todo, si no se la sabía. Y también estaba Berta García, que alternaría los temas de educación en la sección de Nacional con artículos más intelectuales. A saber: si el móvil reducía la capacidad de aprendizaje de los alumnos; si el empeño en la enseñanza bilingüe era beneficioso; la educación en los diferentes países... En realidad, se dijo Socorro, ¿qué habría hecho ella si hubiera tenido que dirigir a periodistas de perfiles tan diferentes y con intereses tan opuestos? El sueldo de subdirector que le darían a Rojo estaría bien, pero en aquel despacho ridículo se dio cuenta de que de haber sido nombrada no ya subdirectora, sino simple jefa de aquel misterioso nuevo suplemento, se quedaría sin tiempo para escribir. Y su firma era el principal patrimonio, lo más importante, para un periodista. Además, ¿a ella qué más le daba si los niños veían porno en lugar de estudiar o si el ministro tenía un amante? Socorro pensó que quizás, y de momento, estaba mejor donde estaba. Así podría seguir yendo a las televisiones en lugar de tener que cuadrar días libres, bajas... Estaba barruntando su propia gestión de la ruina, que era como Pila llamaba a la situación en la que estaban la mayoría de los periódicos.

—Buenas tardes —dijo Socorro—. ¿Y esta reunión es para...?

Ángel Rojo, con una chaqueta y un niqui blanco, la interrumpió, aunque lo último que pretendía hacer Socorro era decir nada relevante.

—... Anunciaros que vais a formar parte de la sección definitiva del periódico: *Vida*. Y que os quede bien claro el nombre porque están preparando una gran campaña de publicidad. ¿Cuáles son los dilemas de Bertín con sus novias? *Vida*. ¿La violencia de género? *Vida*. ¿La esperanza de la fusión nuclear? *Vida*. ¿La entrevista a Peterson? *Vida*. ¿Las luchas intestinas del feminismo? *Vida*. Y a vosotros también os hemos elegido, a vosotros porque sois la vida de este periódico, esa...

En ese momento, pese al éxtasis en el que parecía que Ángel Rojo pretendía sumirlos con su discursito, todos escucharon tres golpecitos en la puerta de cristal que les hicieron volverse a mirar. Fuera estaba Fiona Portocarrero, alias la Milady, que se encargaba de hacer las entrevistas más sesudas del periódico. Desde Condoleezza Rice o Donald Trump (antes de ser presidente) a Uribe, Aznar, González... y los líderes de los principales partidos políticos, aunque estos siempre trataban de resistirse a concedérselas por la mordacidad y mala leche de sus preguntas. A su favor tenía mucho más que en contra: un físico espectacular de más de cincuenta y las buenas relaciones de su marido, Jorge Pérez de la Mata, el duque de Portocarrero, al que había conocido en una cacería en Inglaterra cuando ella trabajaba en *The Times*.

—Perdonad —dijo ella con un acento inglés apenas perceptible—. Es que había mucho tráfico y... ¡Hola, Ángel!

Ángel Rojo se licuó por la emoción de que una persona como Fiona Portocarrero le dirigiera la palabra y que encima tuviera que estar a sus órdenes. Era la prepotencia del mínimo poder, la que tienen los examinadores de autoescuela, los funcionarios de la Administración que solventan algún trámite ridículo, algunos teleoperadores que te atienden cuando se estropea el wifi de casa, los seguratas del supermercado que nunca llegaron a policía... Más allá de este gusto por las ínfulas, Rojo era de esos a los que, además, les encantaba hacerse el magnánimo.

—No te preocupes, Fiona. Qué alegría que hayas podido venir por la tarde a la redacción.

—No te preocupes. Con los niños ya internos en el colegio de Inglaterra, puedo venir más, aunque tampoco veo la necesidad. Porque, por otro lado, nunca lo he hecho... ¿Eso va a cambiar?

Ángel Rojo carraspeó y puso una voz hueca.

—Bueno, tú estás para otras cosas. Ya sabes: entrevistas de portada, análisis internacionales... Para aquello que requiere estar en la redacción ya tenemos a otra gente.

Fiona bajó sus ojos azules y sonrió tímida. No le gustaba que le dijeran eso delante de otros colegas de profesión. Sabía que cualquier favoritismo generaba siempre animadversión. Le salió una bordería porque se la podía permitir.

—Entonces no encuentro la razón por la que nos has hecho venir, salvo que quieras presentarte como nuestro jefe...

Ángel le sonrió de una forma sibilina.

—Exactamente, por eso os he convocado aquí a todos. Bueno, a todos no, porque Socorro no estaba incluida en el mail de la sección ya que pensé que seguiría de vacaciones, pero, como la he visto esta mañana, le he enviado un correo.

Socorro se encogió de hombros sintiéndose aliviada por haber elegido ese día para volver de vacaciones. La periodista se conocía muy bien y sabía que sus días de descanso habrían sido una tortura si se hubiera enterado de que la sección donde la habían colocado se había reunido en su ausencia.

—A ver, quieren que *Vida* sea el corazón del periódico —prosiguió Rojo—. Una especie de suplemento diario que incluya todo lo que requiera una vuelta más que la actualidad, la famosa segunda velocidad de la que siempre se habla, aunque nunca se ponga en práctica para dar valor añadido al lector y que le merezca la pena pagar por el periódico.

Las caras de la flamante redacción de *Vida* eran de incredulidad. No era la primera vez que les soltaban aquel discurso motivacional y decían aquello de los «temas de segunda velocidad», que básicamente eran los que no se podían hacer por teletipos y eran exclusivos del medio. No solo se trataba de noticias, las famosas exclusivas, sino que también podían ser enfoques, la escritura...

—Así que cada día debemos ofrecer opciones de temas nuevos al periódico. Y que sirvan de portada. Por ejemplo, si tú, Fiona, pudieras entrevistar a..., no sé, Bill Gates. O tú, Gabriela. ¿No se te ha ocurrido nunca entrevistar a Marta Ortega, la hija de Amancio? O a Carolina de Mónaco, que me parece que merece más atención que Tamara Falcó... ¿No se te ha ocurrido porque...? Te digo que eso no solo se leería mucho, sino que, además, así nos distinguiríamos de otros competidores.

Fiona y Gabriela se miraron. Por supuesto que se les había ocurrido, pero eso era un imposible, ya que... Gabriela era muy cáustica y sabía dominar perfectamente sus canales de información para explotarlos al máximo desde la lealtad al periódico. Pincho, que la conocía desde joven, siempre decía que, si en vez de dedicarse a la prensa del corazón hiciera política, sería la periodista más respetada y codiciada de España. Llevaba unos trajes de licra de colores que dejaban entrever una sensualidad poderosa.

—Mira, Ángel, como a cualquier periodista, por supuesto que se nos ha ocurrido entrevistar a Marta Ortega, a Amancio o a cualquiera de Zara o de Chanel, pero es que no es fácil convencer a esa gente de salir en los medios. ¿Para qué coño van a querer salir en los periódicos? Y menos cuando nosotros queremos sacarlos a la luz... ¿Cómo es eso que dicen siempre Pincho y Pila Lequerica?

Fiona intervino con desgana porque la conversación comenzaba a darle pereza.

—*Pour vivre heureux, vivons cachés* —dijo en perfecto francés. Y tradujo—: Para ser felices, vivamos escondidos. Vamos, que no les gusta salir en los medios ni que nadie sepa de ellos. —Se notaba que a Fiona la estaban poniendo nerviosa las tonterías que estaba soltando Rojo—. No sé... ¡Justo hoy Putin me ha cancelado una entrevista! ¿Crees que Eduardo la hubiera dado de portada?

Socorro hubiera querido intervenir, pero estaba tan dolida por haber sido relegada que prefirió callar y no entrar con mal pie a su jefe.

Habló Diego Alarcón, que era uno de esos periodistas por el bien que siempre acababa demasiado implicado en las causas que motivaban sus artículos.

—Lo que no pienso hacer es basura ni nada sensacionalista.

A Ángel le salió también la mala leche.

—Por favor, no me digas que esos niños maltratados y violados que sacas cada semana no son sensacionalistas. ¿Y los curas que te la tienen jurada y escriben cartas al director a diario para quejarse de tu falta de respeto por algo tan básico como la presunción de inocencia? Eso sí que es hacer mal periodismo.

Diego se calló porque no le apetecía tener que rebatir a Ángel. No era la primera vez que estaba en una situación así. Tampoco le hacía falta. Le iba muy bien con los libros y con sus intervenciones en televisión. Rojo prosiguió con el funcionamiento de la sección.

—Y la publicación del suplemento en papel se complementará, por supuesto, con un continuo seguimiento de la versión digital del periódico y con apoyo de todos los formatos: podcast, vídeo... Una redacción 360 (pero pronunciado tres sesenta).

Gabriela no pudo evitar reírse, aunque notó que lo que realmente le salía era vomitar. Aquello era lo de siempre, esos lugares comunes que sonaban bien, pero para los que nunca había recursos realistas. La redacción llevaba años regodeándose en esas mismas gilipolleces que ahora pronunciaba Ángel como si estuviera descubriéndoles el fuego.

—Hijo, Ángel, y para contarnos lo de siempre, ¿nos has hecho venir por la tarde? Lo de la redacción 360 suena a Paquita Salas. O al año 2010, cuando vino el gurú ese de Nueva York que le trajeron a Santos. Si hubiera sabido lo que nos ibas a soltar, no habría cancelado mi comida en Lucio con otros compañeros de la que siempre saco muchos temitas para publicar. Por otro lado, ya sabes que yo no tengo tiempo de hacer web porque las exclusivas se consiguen fuera de la redacción, no tecleando aquí historietas que se pueden sacar de agencias.

Rojo le dedicó entonces una sonrisa amplísima.

—Para que lo sepáis, vosotros solo tendréis que subir a la web vuestros temas. Para la actualización de noticias están las secciones del periódico y dos personas de apoyo que aún están por definir. Gente joven con ganas, como... ¡María Casares! Tú la conoces, ¿verdad, Socorro?

La periodista carraspeó, sorprendida, pero no sabía aún si eso era una buena noticia.

—Sí, tiene mucha vocación, pero creo que lo que le hace falta es foguearse... Hacer trabajo de campo. Tiene muchas ganas de hacer cosas y condenarla a hacer internet...

Ángel volvió a sonreír como el gato de Cheshire en *Alicia en el País de las Maravillas*.

—Una chiquita como ella lo que necesita es fajarse en internet y quitarse cuanto antes las ínfulas de Oriol Prada, que bastante coñazo es... Ni que fuera Kapuściński. ¿Algo más?

Socorro se calló, y Ángel aprovechó su turbación para mostrar toda la bordería de la que era capaz.

—Por otra parte, si quieres que tenga tiempo de salir fuera de la redacción, tú puedes cogerle el turno de internet, aunque ella no tiene tu experiencia. Otra cosa que os quiero recordar, sobre todo a los que vais a las televisiones: *El Matinal* es el medio que os paga el sueldo y es fundamental que prioricemos las informaciones para el periódico. No quiero veros dar en la tele una información que podría dar el periódico. De hecho, yo he abandonado mis colaboraciones para centrarme en *Vida*.

Ninguno se atrevió a decir nada más. Rojo prosiguió su monólogo sin darse cuenta del intercambio de miradas entre los periodistas que debía dirigir y que, por supuesto, evidenciaba que no le tenían ningún respeto.

—Pues ahora voy a crear un grupo de WhatsApp para que nos coordinemos y que estemos siempre en contacto. De momento, seguiréis cada uno en donde estáis sentados porque se quiere que estéis empotrados en vuestras secciones para que podáis estar al tanto de la actualidad. Ya os he dicho que es importante que vengáis al periódico.

Fiona levantó la mano como si fuera una alumna aplicada.

—Yo es que nunca he tenido sitio en la redacción. Siempre mandé los textos desde casa hasta que me instalaron el programa que me permitía meter los textos en maquetas...

—Aunque la mayoría trabajáis fuera de la redacción la mayor parte del tiempo —la interrumpió Ángel Rojo—, se espera que paséis por el periódico un par de días a la semana para despachar conmigo. Y esa presencialidad, mínima para algunos, sí que es importante. Las cabezas piensan mejor juntas.

Diego preguntó cuándo se suponía que se iba a empezar a publicar el suplemento.

—La semana que viene. Espero vuestras propuestas cada día a partir de mañana. El lunes que debutemos deberíamos tener un pelotazo. Algo de portada. —Y volvió a dirigirse a Fiona—: ¿Lo de la entrevista a Putin crees que es irrecuperable? —Fiona lo miró incrédula, porque, evidentemente, había sido una broma—. Aún hay tiempo para buscar una alternativa. Tu marido es amigo de los Botín, ¿no? ¿Crees que la banquera nos daría una entrevista?

Ella ni le miró mientras recogía sus cosas y se dirigía a la puerta.

—Lo intentaré, pero creo que Jorge, mi marido, se lleva mejor con Bill Gates. U Obama, que como juega al golf...

Ángel no captó la ironía.

—Pues cualquiera de esas entrevistas que me propones me parece cojonuda. Seguro que Eduardo se pone muy cachondo cuando sepa en lo que estás. —Se dirigió entonces a Socorro—: Tú quédate un rato. ¿Vale? Me gustaría hablar contigo.

Despidió al resto de los periodistas y se quedaron a solas.

A Socorro se le anudó el estómago. ¿Qué querría Ángel Rojo de ella? Sabía que él debía estar disfrutando de la situación, aunque no pudiera expresarlo. Se sentó en la silla que Gabriela había dejado vacía y que era precisamente la que estaba frente a la mesa.

—Tú dirás, Ángel.

Adoptó una actitud sumisa que sabía que era la adecuada para tratar con aquel manojillo de nervios que solo el poder había relajado.

—La verdad es que para mí también ha sido una sorpresa el ascenso y que me encargaran la jefatura de *Vida*, la que parece que va a ser la sección estrella del periódico. Y por supuesto, que te pusieran bajo mis órdenes. Y más sabiendo que eres el ojito derecho de Pepe y de Anastasio, que siempre te pone por las nubes, pese a que todos conocemos lo complicado que es. Pero esto es lo que hay...

Aunque nunca hubiera querido volver a trabajar con él, le emocionaba saber que Anastasio hablaba tan bien de ella. Dejó hablar a Rojo para evitar meter la pata antes de tiempo.

—Mira, me gusta lo que haces, pero, como dice Eduardo, y creo que el presidente Lequerica también lo piensa, puedes dar mucho más. Y en especial si consideras tus capacidades y lo que has demostrado. Tu firma cotiza mucho en las recomendaciones de Google y queremos que estés más presente. Te colocas siempre entre lo más buscado de Google Discover.

Socorro no se esperaba eso.

—¿Escribir más? Pero si...

—Quiero decir que además de tus temas, necesitamos que estés más presente en el día a día. Que escribas otras cosas, aparte de los asuntos que sueles investigar. Lo único que quiero es que escribas de sucesos a diario. No pienses que meterte en esta sección es degradarte. Más bien lo contrario.

La periodista se quedó muy intrigada por lo que eso querría decir. Así que bajó la cabeza.

—Oye, ¿y puedo seguir con mis series? Sabes que funcionan siempre muy bien...

Ángel volvió a dirigirle una sonrisa tan amplia que a Socorro le dio muy mala espina.

—Claro, pero sin descuidar el día a día del periódico, que ya te he dicho que es muy importante para la dirección. ¿Tienes alguna serie en mente?

Socorro decidió inventarse una mentira a medias para evitar que Ángel quisiera desactivarla.

—Ya se la comenté a Pepe y le ha parecido una idea estupenda.

—Pues él manda más que yo, así que poco tengo que decir, pero te ruego que la próxima vez me la expliques a mí primero antes de irle con el cuento a ningún otro.

Socorro le replicó que cuando se lo comentó no sabía que Ángel sería su nuevo jefe. Él resopló. Se notaba que estaba impaciente.

—¿De qué se trata?

—Pues sería de crímenes sin resolver en España. Los más mediáticos de la historia. La pareja de divorciados que recibió un paquete-bomba en Torrepacheco y se sospechó de los ex sin que se llegara a probar nada; el cadáver en Pontevedra en el que se trató de simular que había sido una violación; lo de la bibliotecaria a la que drogaron y se cayó por una ventana; el crimen de Macastre, que llegaron a relacionar con Alcàsser por algunas coincidencias; la muerte de Sito Pérez que, ya sabes, porque lo escribiste tú, que la policía fue incapaz de concluir las causas por las que murió ese monstruo.

Ángel frunció los labios.

—Me gusta la idea y seguro que funciona muy bien. Lo único con lo que tengo dudas es en lo de Sito Pérez. La Guardia Civil no le dio mucha bola porque era un indeseable y estábamos ante uno de los peores momentos de la Cataluña del diecisiete, pero yo creo que fue un suicidio porque ese tipo no tenía ya razones para vivir y cualquiera de sus vecinos le hubiera matado. Eso, o bien ese bobo confundió la sacarina con los Orfidales y se le fue de las manos masturbándose colgado de la soga con el gas abierto. Ya sabes que en los foros de los conspiranoicos se dijo que había sido asfixia erótica. Era un poco retrasado o... ¿cómo se dice ahora?

Socorro ya había logrado aprendérselo después del cambio en la Constitución que había sustituido el término «disminuido» por «persona con discapacidad».

—Lo que menos ofende creo que es «con diversidad funcional». Pues eso. Los tengo bastante avanzados, pero me gustaría irme unos días a La Mancha para investigar y hablar con los familiares. Si quieren, claro, que con estas cosas nunca es fácil.

Se notaba que Ángel había hecho mucho periodismo de sucesos porque parecía compungido cuando hablaba de las familias de las víctimas.

—Es lo normal. Piensa que si la policía no descubrió nada en su día, tampoco tú vas a averiguar mucho más. Solo te doy un consejo: no enredes mucho con las familias de las niñas de Almedina. Siguen con la matraca de que Sito no actuó solo y no quiero desviar el foco del reportaje. El asesinato de Alba y Sonia se resolvió porque había muchas pruebas contra Pérez y fue condenado... No los líes y tampoco les hagas tener esperanzas de que se va a reabrir el caso. Los padres de una niña muerta nunca vuelven a descansar.

Socorro negó con la cabeza. No era su intención. Sonrió. La conversación no había ido tan mal como ella había supuesto. Quizás aquello no era una humillación, sino una oportunidad de hacer cosas nuevas y de aprender algo más de internet.

—Gracias, Ángel. Creo que *Vida* es una gran idea.

—Y va a ser la sección que más van a mimar desde la dirección y la propiedad. Ignacio Lequerica está tan entusiasmado que van a hacer una campaña de publicidad con vuestras fotos. En plan «Tu vida» y cosas de esas. Es ingenioso, ¿verdad? Se nos ha ocurrido al director y a mí.

Socorro asintió y se despidió de Rojo. Ahora debería ordenar toda la información que tenía de los casos y rematar los artículos que había estado escribiendo durante sus vacaciones. En cuanto pudiera se iría a La Mancha para investigar sobre el caso cerrado en falso del suicidio de Sito Pérez.

En realidad, pensó Socorro, la conversación con Ángel Rojo no había ido nada mal. Por lo menos no le había recitado nada de Gil de Biedma. Tampoco ella era su tipo.

9

Carrizosa, Villanueva de los Infantes, Villahermosa, Terrinches y Almedina son pueblos del Campo de Montiel situados a apenas veinte minutos en coche uno de otro. El Campo de Montiel es una comarca de La Mancha localizada entre Sierra Morena y la sierra de Alcaraz. La tierra rojiza está salpicada de encinas, alcornoques, olivos, viñas, retamas, chaparros y siembras. En primavera salen los nazarenos y las amapolas entre el trigo y los cardos se yerguen orgullosos con su flor morada. Y en verano, cuando el campo se seca, se hace quebradizo y delicado, elegante. En el castillo de la Estrella en Montiel tuvo lugar un cambio dinástico mediante el cual Enrique de Trastámara se convirtió en Enrique II tras matar a Pedro el Cruel con la ayuda de Bertrand du Guesclin. Sus palabras son tan famosas como aquellas de Aristóteles, que si era amigo de Platón, lo era más de la verdad: «Ni quito ni pongo rey, pero ayudo a mi señor».

En La Mancha pasan muchas cosas porque parece que no pasa nada. Hay algo eterno en el paisaje, en el aire, en las personas que viven allí, que pueden tener pocos años, pero parecen haber vivido más de un siglo. O cien.

No hay otro sitio del mundo con tanta claridad como La Mancha. Es una claridad extraña, afilada, que se respira. Quizás los forasteros lo entiendan tan poco como los paisanos. El aire no es transparente, es claro, y más que hablar de la luz se podría hablar de claridad. Quizás por ese motivo los manchegos sean tan mohínos, austeros, sabedores de lo imprescindible y odiadores de lo que ellos llaman pasantes y cuentistas. La claridad del aire de La Mancha afila la mirada de sus habitantes. Los pueblos salpican la comarca. Los campanarios de las iglesias marcaban antes el camino de los visitantes. Las más bonitas son las de Infantes y Villahermosa, pero Almedina, erigida sobre una colina, tiene dos puntos de interés para el visitante: la fuente de la entrada, donde Socorro había visto lavar a las mujeres hasta hacía pocos años; y las calles que conducen a la iglesia adornadas por reproducciones de Fernando Yáñez de la Almedina, la celebridad local, más conocido como el Da Vinci de la zona porque viajó a Italia en el Renacimiento y habría recibido lecciones del propio Leonardo. El Prado tiene algunas de sus obras, pero también hizo retablos en Valencia y en Cuenca. Los locales están orgullosos de aquel paisano y han llamado a la colección de reproducciones «museo al aire libre». El crítico Elías Tormo, ministro de Instrucción Pública y Bellas Artes en la época de Berenguer, dijo que era el «más exquisito pintor del Renacimiento en España».

Hasta la deslocalización de las empresas a China y otros países con mano de obra barata, la principal fuente de riqueza del pueblo, aparte de la caza y la agricultura, era la confección de ropa. En aquella agua calcárea de Almedina, presumía uno de los propietarios de los talleres, se lavaban los vaqueros de Levi's y otras marcas hasta que alcanzaban ese desgaste que se había puesto de moda. Después, muchos hombres y mujeres supervisaban el trabajo y vigilaban los remaches y los dobladillos o el refuerzo de las perneras. Pero antes del cambio de milenio las cosas empezaron también a cambiar y la mayoría de las marcas se llevaron sus producciones. Desde entonces, la población de los pequeños pueblos del Campo de Montiel había bajado, lo que acrecentó el regusto amargo que dejó el asesinato de Sonia y de Alba. La confianza y la familiaridad son vitales entre los vecinos de pueblos tan pequeños, y aunque al final el culpable resultó ser de Carrizosa, las familias de Almedina se plegaron en sí mismas. El temor a los desconocidos, a los forasteros, no duró mucho. A los dos años, los niños volvieron a correr libres por las calles y a hacer recados a sus madres.

Durante los escasos días que transcurrieron desde la aparición de Sonia y Alba en El Teatino hasta la detención de Sito Pérez, Socorro se levantaba temprano para ser la primera en leer el periódico cuando lo traían de Terrinches. O los periódicos. Entonces tenía doce años, unos pocos más que aquellas niñas, y miraba con una pizca de morbo cualquier artículo al respecto. El interés era normal. A los doce años le quemaba la boca del estómago cuando leía, sin entender demasiado bien, lo que les habían hecho a las niñas. Seguramente porque no hay nada que produzca mayor excitación que el miedo. Podía haber sido yo. ¿Y si me hubiera tocado a mí?, pensaba Socorro cuando repasaba cómo se había producido el secuestro. Ella también andurreaba sola por el campo y construía trampas para pájaros y «hoteles de hormigas». También iba sola a las perreras para dar de comer a los perros y alimentar a los dos hurones que Pila Lequerica se había empeñado en criar para poder tirar los conejos en los majanos. A Socorro le fascinaba ver cómo les cortaban los dientes para que no pudieran matar a los conejos que tuvieran la mala suerte de toparse con ellos en las intrincadas galerías que se formaban entre ese montón circular de piedras que eran los majanos. Y a menudo, los forasteros pasaban por los caminos públicos que atravesaban la finca de las Lequerica. Solían ser cazadores de fuera, despistados que buscaban el coto que habían arrendado. O bien, incautos que iban a curiosear aquella casa que había salido alguna vez en las revistas. Podía haber sido yo, pensaba la niña Socorro cuando leyó por primera vez aquellas crónicas de *El Matinal*, el único periódico que llegaba a la casa de El Lanchar cuando las Lequerica no estaban. Y cuando se lo dijo a su madre, Antonia la abrazó muy fuerte, pero también le dijo que se quitara esas tonterías de la cabeza. No sirvió de nada. El hombre del saco, el temor a los desconocidos siempre ha existido, aunque como Socorro sabría muchos años después por sus artículos, muchas —la mayoría— de las agresiones sexuales se cometen por conocidos o familiares. A Pincho, la mayor de las Lequerica, le divertía la temprana obsesión de la niña de su empleada por los sucesos y llegaba de Madrid con un montón de hojas de periódicos recortadas —ella las llamaba páginas— con todo lo que se había publicado sobre el caso en el resto de los periódicos. Y las semanas que duró la investigación, tras apagar la luz, Socorro se quedaba con los ojos abiertos en la oscuridad atenta a los golpes de las ramas en la ventana, que la sobresaltaban cuando soplaba el viento. O el ruido de las lechuzas. O el crujir de las viejas maderas de las vigas. ¿Y si venían a por ella?

Socorro no quedó muy conforme con la resolución del caso. La detención de Sito Pérez unas semanas después de que aparecieran las niñas fue una sorpresa también para ella. Aquel pobrecito no hubiera sido capaz de llegar a la casa de El Lanchar en la que vivían Socorro y Antonia. Cuando años más tarde vio *Matar a un ruiseñor*, Robert Duvall le recordó a Sito.

La conversación con Ángel Rojo había animado a Socorro a empezar cuanto antes la serie. Al día siguiente les pidió a las secretarias que le alquilaran un coche para pasar el día en Almedina. A la periodista no le gustaba postergar los malos tragos y prefería no retrasar las entrevistas más duras sobre el suicidio de Sito Pérez. Pese a que Almedina estaba a poco más de quince minutos de Terrinches, su pueblo, sabía que era imposible dormir allí. La casa que su madre y ella habían heredado de su padre estaba casi en ruinas, y en la vida se le hubiera ocurrido quedarse a dormir en El Lanchar, la finca de las Lequerica y donde vivía su madre, en lugar de ir al pueblo. Y en El Lanchar estaba Pila, que siempre aprovechaba esos días de septiembre para tirar las palomas.

De Madrid a Almedina se tardaba algo más de dos horas y, afortunadamente, los días aún eran largos, por lo que sería más fácil hablar con los vecinos para localizar a Antonio —Toni— Álvarez, al que llamaban Cadillo, el padre de Sonia.

Almedina era de una belleza eremita, austera, simple. El suelo cárstico era rojo, y sobre una de las colinas se erigía el pueblito, que no tenía más de quinientos cincuenta habitantes. El paisaje que rodeaba Almedina resultaba marciano, como un desierto de inusitada belleza salpicado de retamas, genistas y cardos. Y también algunos chaparros y zarzas que salían de los hondos de las cárcavas que tallaban los cerros, en los que la piedra tapizaba el suelo arcilloso. El suelo, por lo general, no era bueno, aunque había algunas parcelas ricas y abundante pasto, y algunos pastores, ya todos rumanos, los alquilaban para dar de comer a las ovejas. En algunos llanos, también había tierra buena para la aceituna, la viña y la huerta. Lo cierto era que, en los últimos años, el campo de Almedina, como el de otras localidades, se había convertido en algo que se hacía un poco por obligación —por honrar memorias de los ancestros o de la cooperativa de San Gregorio— más que en un trabajo productivo. Ahora ya no había confecciones, ni nada que pudiera dar un futuro ni ganas de vivir en Almedina a los pocos jóvenes que elegían quedarse en el pueblo. También había algunos gitanos que subsistían de la venta ambulante y de otras actividades como la caza, trabajillos, albañilería...

En los cuadernos de Andrés de Juni había visto la dirección de los padres de las niñas y pensó que Cadillo estaría quizás en El Casino o en su huerta, que estaba justo en la salida del pueblo. Por la hora, lo más probable era que estuviera en la huerta partiéndose el lomo para no partirse la cabeza. El calor ya daba tregua en las tardes y Socorro imaginaba que, cuando te asesinan a una hija, el tiempo no sirve para curar heridas y tampoco para evitar que la casa, el bar o los amigos se te caigan encima. Y ahí, donde había marcado Andrés con un mapita pintado a mano, estaba lo que parecía la huerta de Cadillo. Como no podía ser de otra manera, el tipo estaba con la azada cavando la tierra, no supo ver Socorro para qué. Dejó el coche un poco pasado el camino que daba acceso a la huerta. No quería que Cadillo la viera bajarse del coche y que intuyera a qué venía. Lo que menos le apetecía era que ese pobre hombre pensara que era otro periodista que quería ordeñarle las lágrimas. Cadillo no había cambiado demasiado desde las últimas fotografías que publicaron sobre él hacía casi veinte años. El poco pelo que entonces le quedaba había dejado de ser rubio y el bigote lo traía descuidado. También se le veían las canas que le sobresalían de la camisa que asomaba bajo el mono verde de trabajo. Socorro se aproximó y vio que llevaba un cinturón de tractorista rojo para protegerse los riñones. Al ver que se acercaba, el hombre se quitó los guantes y caminó hacia ella. No quiso darle la mano, pero hizo un gesto a modo de saludo que ella interpretó como hostil.

—Tienes cara de periodista. Eres la periodista esa, ¿no?

Socorro se quedó extrañada y solo acertó a titubear un «¿Cómo?». Ni siquiera se esforzó en presentarse.

—Te he visto en la tele alguna vez. No dices tantas tonterías como los otros, pero comprenderás que no piense lo mejor de la gente como tú. —Ella no supo cómo responder a sus palabras. Él prosiguió—: Eres de Terrinches, la hija del comunista Rosario Núñez.

Socorro pensó que quizás conocería a su padre. No se lo preguntó, pero él pareció leer su mente. Cadillo hablaba con una cadencia extraña, como si estuviera colocado. Que te maten una hija, pensó ella, te deja tocado para siempre.

—Alguna vez le vi antes de que muriera —continuó él—. Sería poco antes de lo de mi hija. Me acuerdo de que le gustaba la caza, como a mí antes de que se llevaran a mi niña.

La periodista solo pudo asentir en silencio; apenas recordaba a su padre, tan solo cuando murió y ese olor a tabaco frío de sus dedos, incluso cuando ya el cáncer de pulmón lo sentenció a muerte. Hacía muchos, muchos años que nadie le hablaba de él. Ni siquiera su tía, que vivía en Albacete y tras la muerte de su hermano no había querido volver a saber nada de su viuda y su hija. Era como si su padre no hubiese existido.

—La verdad es que lo que estoy investigando es...

—No sé qué puedo decirte de mi hija que no haya dicho ya —la interrumpió Cadillo—. El cuarto de Sonia sigue igual que estaba la última noche que durmió, aunque las sábanas ya no huelen a ella, sino a rancio y a polvo. Y mi mujer tampoco ha querido desenvolver los regalos; ni siquiera cuando al año siguiente nuestra hija pequeña pidió casi lo mismo a los Reyes.

A la periodista le dio pudor pensar que aquello que le estaba diciendo Cadillo, esa pena que no acababa, era una manera perfecta de empezar el artículo sobre el suicidio de Sito.

—Supongo que ese tipo de cosas es lo que buscas. Es lo que os interesa a los periodistas; luego lo de que cojan al culpable, os da más igual.

—Pero a Sito Pérez lo cogieron.

—Ya sabes lo que pienso de eso. Que ese retrasado no pudo hacer todo lo que hicieron a Alba y a Sonia... Si hasta él mismo dijo que le recogió un tipo al que no conocía y que no se acuerda de nada. Y si vienes a decirme que se hizo justicia con esos años que el desgraciado pasó en la cárcel, ahórratelo. Ni siquiera me alegré de que se suicidara. Solo espero que se ahorcase antes de que el gas lo adormeciera. O las pastillas... No sé, que sufriera, si es que era el único culpable de matar y violar a mi hija. Pero... ¿Y si no fue él?

Socorro entendió que Rojo tenía razón al desaconsejarle que fuera a ver a los padres.

—¿Sabes qué? No dejo de pensar en el maldito 5 de enero. Como ya teníamos los regalos de las niñas envueltos, me fui a cazar conejos porque habían dejado el pelo. Supongo que sabes lo que es porque eres de aquí. Es cuando los dueños de los cotos dejan cazar los conejos y las liebres a los del pueblo. Y estuve bebiendo con los forasteros. Y pensar que mientras yo me lo pasaba bien, a mi pobre niña la estaban...

Se dio cuenta de que era mejor que no siguiera hablando con aquel hombre tan roto. Y mejor ni intentarlo con la madre de Alba, que se había quedado viuda hacía dos años. No quería volver a enfrentarse a otra mirada de reproche como la que le había dedicado el padre de Sonia. Y ni mucho menos a esa sensación tan desagradable de pensar en cómo la tragedia de Cadillo le serviría de adorno en sus páginas.

—Entonces, ¿qué es lo que quieres saber? —le preguntó Cadillo—. Espero que entiendas que lo único a lo que aspiro es a que los días se me pasen rápido y que los fines de semana mi niña me traiga a mi nieta de Ciudad Real. Se ha empeñado en llamarla Sonia. A su madre y a mí nos hizo ilusión, pero, claro, piensas que la otra nunca...

Socorro se dio cuenta de que, aunque lo que le fuera a contar Cadillo pudiera ayudarla a cuestionar que Sito Pérez se hubiera suicidado, era irresponsable que volviera a creer que las cosas podían cambiar. O peor aún, que pensara que su artículo serviría para reabrir el caso. En los últimos años, Socorro se había decepcionado mucho de su profesión y sabía que rara vez sucedían ese tipo de cosas. Además, esto lo intuía, los españoles ya se habían cansado de leer que ese hombre seguía pidiendo lo mismo que en los últimos veinte años. «Justicia». No tendría clics.

Socorro presintió que la carroña le sabría amarga, así que inventó cualquier excusa para despedirse. Le dio las gracias. Cadillo se secó el sudor con la manga del mono.

—Tendría más o menos tu edad, ¿sabes?

El mal cuerpo le duró todo el camino de vuelta a Madrid.

10

Lo que más le gustaba tirar a Pila Lequerica eran las palomas en septiembre, durante lo que llamaban media veda. Era su momento favorito del año porque se instalaba sola en la finca de las hermanas y cazaba desde el amanecer hasta media mañana. Comía después ligero y luego se volvía a poner hasta que ya anochecía. En los ratos muertos, al mediodía, cuando no cazaba y pensaba, se dedicaba a trabajar. El verano, con tanta cena y otros rollos en El Puerto de Santa María, siempre la dejaba atontada. El alcohol y las servidumbres sociales le robaban tiempo de ser productiva. Por eso, sabía que las dos semanas de caza, vida sana y abstinencia le sentaban muy bien antes de reincorporarse al ritmo de la vida social madrileña y de la temporada. Alternaba los días de caza en El Lanchar con algún rececho de algún venado en Los Manantiales, otra finca que tenían las Lequerica en Sierra Morena y que reservaban para la caza mayor y la montería que organizaban una vez al año y que alguna vez vendían para que Los Manantiales les costara menos. Ya se sabe el viejo dicho sobre el campo: una finca es susceptible de mejorar hasta la total ruina de su propietario.

La caza tiene su propio vocabulario. Como lo tienen las clases sociales británicas según Nancy Mitford. Un lenguaje «U» (*upper class*) y «No U» (*no upper class* o *middle class*). Algo que la Mitford novelista reelaboró y enriqueció a partir del profesor de lingüística Alan Ross con el ensayo que se incluyó en *Noblesse Oblige*. Aunque se le atribuya a ella.

La gente como Pila y Pincho no decía cazar palomas, sino que las tiraban. Y tampoco disparaban, tiraban. A Pila, se reía ella, también se la habían tirado muchos, aunque la cazadora en realidad casi siempre fuera ella. Pero Pila y Pincho eran demasiado educadas para corregir a alguien que dijese «caza bien» en lugar de «tira bien». Aunque se dieran cuenta. En su mundo tampoco se preguntaba: «¿Qué has cazado?». Sonaba mejor: «¿Has tirado?». O «¿Qué has matado?». A la menor de las hermanas Lequerica, que ese «matar» no hubiera sido sustituido por algún eufemismo más acorde a los tiempos la reconciliaba un poquito con un presente que, por lo general, le solía asquear. A Pila le gustaba decir que era una reliquia de otros tiempos más prósperos. De cuando era más importante vivir la vida que contar lo que se vivía. A ella, por supuesto, también le había gustado siempre comer en restaurantes bonitos, pero iba por la comida, no a hacerse una foto. Y menos a hacérsela al plato. Por eso no comprendía las redes sociales y ciertos automatismos heredados de estas que habían adoptado los periódicos, también el de su familia. Quizás por eso le costaba entender algunos códigos en los que se movía su hermana en *El Matinal* y sus desvelos por el tráfico en internet, un tema sobre el que volvía recurrentemente cuando le preocupaba la situación del periódico. A Pila todos esos desvelos le darían igual si su hermana, la persona a la que más quería en el mundo, no sufriera tanto por el devenir de *El Matinal*. Ella era partidaria de vender su parte al mejor postor antes de que las acciones continuaran devaluándose por la depreciación de las cabeceras. Pero Pincho nunca había querido ni oír hablar de ello. Su vida era *Juglar* y *El Matinal*, algo que Pila era incapaz de comprender porque, cuando tuvo que hacerlo, su padre eligió a su hermano Ignacio en vez de a Pincho para continuar al frente de *El Matinal*. Afortunadamente, ellas contaban con la herencia que les había dejado Sonsoles, su madre, y su tío Alfonso, que les reportaba cada año unas rentas que les habían permitido no tener que vender su porcentaje en Editasa, aunque nunca habría sido por mucho dinero, porque en el testamento de su padre quedó bien claro que el único que podía comprar esas acciones era su hermano Ignacio. Pero esa misma condición, al parecer, no era válida para su hermano, porque cuando vendió el treinta y nueve por ciento de *El Matinal* al grupo de prensa regional Timanfaya ni siquiera les dio a sus hermanas derecho de tanteo, pese a que tenían dinero de sobra para comprarlo. Eso hubiera significado que ellas controlarían el periódico, lo que no podía permitir Ignacio bajo ningún concepto. Y las hermanas lo sabían, su padre tampoco lo hubiera querido. Las quería, sí, pero su debilidad era Ignacio, el hijo que había tenido con Arianne Bernard a los pocos meses de la muerte de Sonsoles, la madre de las Lequerica. Sus hijas nunca perdonaron a don Ignacio que hubiera sido infiel a su madre, a quien habían visto llorar y desfondarse montando a caballo como si huyera del demonio. Las hermanas Lequerica tardaron mucho en ser conscientes de que su hermano Ignacio no tenía culpa alguna de lo mal que se hubiera portado su padre. Por eso le acabaron queriendo, porque no era un mal bicho como su madre Arianne. Desgraciadamente para él, no había mamado la mala leche de ella y tenía un talante pusilánime.

Ignacio padre siempre decía que los periódicos no eran lugar para mujeres. Los periodistas eran demasiado pendencieros y arriesgados, y las periodistas o el periodismo llamado femenino... mejor no hablar de ello. Como decía aquel famoso entrenador tan carca a propósito del fútbol femenino: ni fútbol ni femenino.

Pila estaba de acuerdo con que los periódicos sí que eran un lugar para hombres porque allí había conocido a algunos de sus amantes. No le resultaba difícil y no solo porque fuera la hija del jefe, sino porque era guapísima, divertida y vividora; quizás demasiado para algunos hombres. Los periodistas eran lo único que a Pila Lequerica le gustaba de los periódicos. Ella no había estudiado carrera y, desde joven, instruida por su tío Alfonso, había aprendido a ocuparse de las fincas de las Lequerica que incluían algunas hectáreas alrededor de Madrid que acababan de declarar urbanizables y cuya venta Pila estaba ultimando.

En eso estaba pensando cuando José Mari Segundo, el ingeniero que tenían contratado para llevar la agricultura y la burocracia de las fincas (la PAC, el papeleo, el personal, las reuniones con los concejales de urbanismo...), llegó al salón de la casa de El Lanchar donde a Pila le gustaba trabajar durante la media veda. Las paredes gruesas de la casa manchega garantizaban que se estuviera fresco incluso cuando el sol del mediodía apretaba, aunque a principios de septiembre, el calor comenzaba ya a declinar. Segundo usaba siempre camisas de cuadros con pantalón beige y solía llevar una libreta y bolígrafos en el bolsillo para apuntar las indicaciones de Pila y las cosas que debía decirle. O bien, lo que veían los guardas. Que se había roto la malla, una tubería estropeada, que había que echar de comer algo diferente...

Segundo le pidió un café a Susi, una de las mujeres que trabajaban en la casa de El Lanchar. La menor de las Lequerica ya iba por el segundo expreso. Estaba a punto de irse porque había un bebedero en una higuera donde las palomas comenzaban a entrar a las cuatro de la tarde, cuando el sol estaba alto y hacía mucho calor.

—Doña Pila —saludó Segundo al entrar—, ¿qué tal se ha dado la mañana?

Pila chasqueó la lengua, que indicaba cierta satisfacción moderada. Los seis perros, seis *teckels*, que estaban con ella en el sofá levantaron la cabeza. Oli y Buga, los más viejos, gruñeron, pero los más jóvenes se bajaron y fueron a saludar a José Mari moviendo sus rabos.

—Pues ya sabes. Los vecinos tiran tanto alrededor de la finca que molestan a las palomas y cada vez entran menos. Y desde que ya no se pueden tirar las tórtolas... Pues las comidas tienen menos interés.

Segundo sonrió. Ya sabía por Juan, uno de los cuatro guardas de El Lanchar, que doña Pila había matado casi cuarenta palomas en un paso que no había fallado en los últimos cincuenta años.

—Bueno, ya sabe cómo están las cosas. Aquí ya no tiramos las tórtolas, pero nadie dice nada de que en Marruecos las dejen matar cuando crían...

Pila sonrió. A ella hubo una época en la que le gustaba ir a esas cacerías en Marruecos en compañía de algunos de los amigos del tío Alfonso que tanto la habían mimado, pese a que le sacaran varias décadas. Le encantaba ir a Fez, a Tarudant a cazar... y rematar con un par de noches en Marrakech para ir de compras y bañarse en la piscina de La Mamounia, antes de que se convirtiera en un lugar de gente pesadísima que acarreaba a todos lados las memorias de Churchill. Eran otros tiempos. Entonces se viajaba menos, pero se viajaba mejor porque era un privilegio para pocos. Luego ya se inventó el turismo de cualquier tipo y cuando aquellas cacerías se hicieron demasiado comerciales y murió su tío, decidió dejar de ir a Marruecos. Tampoco le divertía cazar sin él y sus amigos, que era lo poco que quedaba de esa Europa de la que ella formaba parte residual y que estaba casi extinta. Y, además, no le parecía bien tirar las tórtolas cuando estaban criando.

Las cosas de la finca divertían a Pila, pero esos días la venta de Las Seguidillas monopolizaba su pensamiento. Tenía cita con una importante universidad que quería comprarle los terrenos en los alrededores de Madrid que acababan de declarar urbanizables. Estaban de camino al aeropuerto, por lo que durante muchos años los habían sembrado de cebada y de esas vallas publicitarias por las que pagaban extraordinariamente bien. Las Lequerica no eran lo que se dice unas grandes terratenientes, pero habían tenido la suerte de que las fincas estaban muy bien situadas y nunca se habían visto obligadas a vender nada porque les habían sabido sacar rédito económico. En unas tenían lavanda; en otras, amapolas para que las farmacéuticas fabricaran analgésicos; y luego, en Andalucía, trigo, algodón y remolacha.

Segundo le tendió una carpeta.

—Esto es lo que se saca al año en carteles y derechos en Las Seguidillas. La verdad es que le puede pedir lo que quiera a los de la universidad, porque les renta un muy buen dinero y los terrenos están en una situación inmejorable. A quince minutos del centro sin tráfico. Aunque supongo que eso es lo que dicen de cualquier solar a la venta en Madrid, pero, en este caso, es verdad.

A Pila le gustaba ponerse romántica, pero le solía durar poco.

—No creas que me hace demasiada gracia vender algo que no necesitamos vender, pero... la verdad es que es un pelotazo. Y supongo que no tener necesidad de hacerlo, también es una buena manera de que ellos aumenten el precio.

José Mari Segundo rio ante la sinceridad de su jefa. Se conocían muy bien. Llevaba trabajando con ella casi treinta y cinco años, cuando su padre, amigo de confianza de su tío, Alfonso Fernández de Córdova, le recomendó al terminar la carrera de ingeniero agrónomo en Ciudad Real. Las dos hermanas no tenían ni idea de llevar el campo y les hacía falta alguien de quien fiarse y en el que pudieran delegar las tareas menos agradecidas de la gestión.

Y José Mari no solo recibía un sueldo muy bueno. También trataba como iguales a otros gestores de grandísimas extensiones de terreno por el volumen de facturación de las fincas de las hermanas. Tío Alfonso había tenido razón porque Pincho y Pila habían hecho buenas migas con aquel muchacho bueno y capaz, aunque algo burrote, que apuntaba todo y jamás dejaba nada al azar ni a la improvisación. Las hermanas Lequerica habían asistido a su boda, a los bautizos de sus hijos... y eso precisamente era lo único que no entendía Pila Lequerica de su hombre de confianza. «Mira que apellidándote Segundo no haber llamado a tus dos hijos Felipe y Carlos». José Mari siempre replicaba que no quería que lo pasaran mal en el colegio ni que estuvieran condicionados por las burlas. El Hechizado, aducía, no era un buen mote. Ni a finales del siglo XVII ni en la actualidad. Pila suponía que esas eran cosas de la mujer, a la que respetaba y quería, pero a la que nunca había entendido. ¿Cómo había podido preferir que sus hijos fueran cualquier cosa de ciudad en vez de ingenieros de campo? O simplemente saber de campo, que no hacía falta ser ingeniero para saber de campo. Qué diferente era trabajar a la luz del sol en lugar de hacerlo bajo el halógeno y que las manos olieran a romero y tomillo y no a plástico y moqueta. Otra de las ventajas que trabajar con las Lequerica tenía para Segundo era que podía seguir pasando gran parte del tiempo en su pueblo, Villanueva de los Infantes, que estaba a veinte kilómetros de El Lanchar.

Pila siempre se quedaba tranquila después de estar con José Mari. Le daba confianza y tranquilidad y sabía que era, junto a Antonia, la madre de Socorro, el más fiel y leal de sus empleados. Los dos se respetaban, aunque la cocinera de las Lequerica entendiera que, de alguna manera, Segundo era también un señor al que había que servir la mesa y al que había que llamar de usted. La menor de las Lequerica carraspeó.

—¿Quieres una copa de algo?

—No, gracias, porque luego me tengo que ir a Ciudad Real a ver en qué andan los chicos y mi mujer. Y me toca conducir, claro.

Susi dejó una tacita con café y Pila le acercó el azucarero.

—¿No tiene sacarina?

—Pues no, porque, dependiendo del periódico que leas, dicen que es cancerígena o no. Y como la obsesiva de mi hermana los devora todos... La verdad es que yo tampoco he entendido lo que dice la OMS, que me parece tan inútil como la ONU. Yo tomo azúcar moreno, aunque ahora he leído que es blanca y la tintan...

—Como para creerse algo.

—Sobre todo si lo publican los periódicos.

Pila sonrió con cierta amargura. Siempre sonaba así cuando hablaba de la prensa, el negocio de su familia. José

Mari estaba repasando su libreta y vio de repente el recuadro con el que siempre marcaba las cosas importantes.

—Por cierto, me han llamado de Los Manantiales para decirme que hay un venado viejo que puede tener más de doscientos puntos. Es grande y viejo, tiene como una joroba, y lo llaman el Camello...

Hoy, un venado de doscientos puntos no estaba considerado como un gran trofeo, pero sí lo era desde la perspectiva de las Lequerica, que entendían la caza como algo natural en la que la intervención del hombre y del artificio debía ser casi mínima, sin llegar a ridiculeces demasiado en boga. «A esta edad no me voy a poner a tirar con arco», argumentaba Pila a los hijos de amigos cazadores que se habían apuntado a esta modalidad tras —¡paradójicamente!— comprarse un rifle con anteojo que permitía matar un corzo a cuatrocientos metros. Pila siempre usaba dos 300 Holland & Holland que tenían más de cien años. Incluso en las monterías usaba un *express* sin anteojo para tirar con el punto los jabalíes en los cortaderos. Le hacía ilusión utilizar los rifles que habían sido del padre de su madre, al que casi no había podido conocer porque murió cuando Pincho y ella apenas sabían hablar.

A Pila se le iluminó la cara. Era la primera vez en muchos años que la finca tenía un venado así de grande.

—¿Va a ir usted? Al parecer, se le entra bien por el camino del cortijo de los gañanes y dice el guarda que es un pavo, medalla de oro.

—Claro que voy a ir yo. Antes hubiéramos invitado al rey viejo, pero parece que este ya no caza... O no le dejan, vete tú a saber.

—No creo que pueda.

—Ni que deba. Le pondrían a parir y para qué va a complicarse en explicar cosas que la gente ya no entiende y que ve arcaicas.

José Mari asintió. A veces pensaba que era el único con el que Pila abandonaba esa frivolidad que utilizaba como cómoda impostura para que no le complicaran la vida con naderías.

—Pues ya me dirá cuándo le viene bien ir a Los Manantiales para el rececho del venado. El guarda, ya sabe cómo es, está muy nervioso porque piensa que más adelante no se verá.

Pila se levantó. Iba vestida con unos pantalones estrechos verdes y una camisa de manga larga del mismo color. Encima, un chaleco de lona de Holland con las hombreras de cuero y espuma por dentro para amortiguar el culatazo de la escopeta, porque el cuerpo de Pila, aunque ella se lo negase, empezaba ya a ser frágil y sus huesos cada vez eran más quebradizos. Para tirar palomas siempre se vestía de verde, marrón claro, beige, azul marino... Las palomas veían mucho y era importante camuflarse con el rastrojo pajizo y las hojas de los chaparros.

—Iré a Los Manantiales en dos días. Diles que iré con dos perros a los que estoy enseñando a cobrar. Si consiguiera que ladrasen a muerto... para rastrear a los animales, sería al fin una dueña de perros feliz, pero son inútiles. Con lo bueno que era Oli de joven.

Y el perro viejo, al oír su nombre, levantó la cabecita del sofá con un ladrido agudo y muy débil, como si hubiera entendido lo que acababan de decir de él. Segundo le acarició la cabeza y Oli le marcó el dedo gordo con sus dientecitos ya endebles. El encargado de la finca siguió hablando con su jefa como si nada. Él no era de hacer numeritos.

—De acuerdo. Lo dejo dicho.

—También deja claro que no me quedaré a dormir, así que no organicen nada para cenar. En todo caso, una tapa de jamón, de queso... Y el fin de semana volveré aquí para ponerme por la mañana y tirar las palomas. Con lo que nos hemos gastado en echar de comer para que haya, más vale que no pierda ni una tirada.

El repicar de las patitas de los seis *teckels* siguieron los pasos de su ama. De repente, uno empezó a ladrar y los otros le siguieron. Pila les abrió la puerta para que fueran a armar el escándalo a la calle. Caminó hasta el armero, donde ya habían limpiado las tres escopetas del 20 con las que había tirado por la mañana. Y le pidió a Manolo, como se llamaba el chico que hacía también las funciones de jardinero, que se las pusiera en el Land Rover con una caja de cartuchos.

José Mari se rio.

—¿No son doscientos cincuenta muchos cartuchos para una tarde como esta?

Pila bostezó. No había podido echarse la siesta y se había levantado a las seis de la mañana.

—¿Y si sale un puesto bueno y me quedo sin cartuchos? Prefiero que sobren...

José Mari sonrió. Siempre le había sorprendido que la gente considerara a Pila una guapa superficial que no se enteraba de las cosas del periódico, pero la menor de las Lequerica se enteraba de todo; incluso de cosas, como las de *El Matinal*, de las que no quería saber nada.

Esa tarde mató ochenta palomas y se trajo un cubo lleno de higos. También le picaron en la cara dos avispas de las que se amontonaban en las cabezas de las palomas muertas. Aún era verano, y con el calor era lo normal.

11

A pesar de la advertencia de Ángel Rojo, Socorro no había podido evitar la sensación de estar alimentando la impresión de Cadillo de que sus preguntas podrían volver a abrir el caso del asesinato de su hija y de su amiga. Era lo típico. No había respuestas cuando te violaban y te mataban a una hija. De ahí que los padres parecieran siempre como estatuas en el instante en el que el corazón de su hija se paró. O peor aún, cuando la habían perdido de vista porque la secuestraron.

Sin embargo, la experiencia le había probado a la periodista que era conveniente desconfiar de lo que pensaran las víctimas, sus padres o su familia, a veces convenía dudar. David Requeijo había sido el protagonista de una de las entregas más exitosas de Socorro sobre inocentes condenados. Al concejal de Robledo de Chavela devenido en diputado le habían metido en la cárcel por abuso de menores. A pesar de que la víctima, el chico, alegara que le había mentido cuando le había dicho que tenía dieciocho años la noche que le conoció —aunque finalmente se probara que solo tenía quince—, no le ayudó. Era un sudanés guapo y potente, con una dentadura de marfil, que parecía un titán. ¿Quince años? ¡Si parecía y sabía como si tuviera treinta! Se probó que el chico nunca había conocido a Requeijo y que le habían tendido una trampa porque no había recalificado unos terrenos. Después de 2016, las supuestas corruptelas urbanísticas habían dejado de causar alarma. Al poco tiempo, el juez instructor consideró que las pruebas que habían llevado a Requeijo a prisión —¿la hubiera pisa-

do sin la consabida «alarma social»?— eran del todo in-
consistentes y que no era lógico mantenerle encerrado. Y
cuando Requeijo salió libre, solo Socorro se atrevió a contar las razones más o menos populares —por qué no decir
populistas— que le habían llevado a prisión.

Pero lo que realmente había concitado el interés de los
lectores de *El Matinal* había sido que Requeijo hubiera pasado parte de sus cuarenta y cinco días en prisión en Morón de la Frontera en el mismo módulo que Sito Pérez. «El
político y el violador asesino» había sido un titular efectivo que, como había podido certificar Socorro —y les había
garantizado a sus jefes— no era del todo mentira. O del
todo verdad, porque los casi veinte días que Requeijo y
Sito habían pasado juntos en prisión habían sido suficientes para que el concejal de Robledo de Chavela se probara
inocente y que el chico se desdijese de todo lo que había dicho. Ni Requeijo se lo había llevado a casa cuando se le
acercó en un bar de la zona de Orense y ni mucho menos
se le había metido en su cama. Como probaban la mayoría
de los vídeos, lo único que habían compartido era un cuenco de cóctel de frutos secos que estaba, como la mayoría,
impregnados de muchas muestras de ADN. Las de quienes
metían las manazas entre cacahuetes, almendras y pasas.

A Requeijo le había costado recuperarse del trauma de
verse en la cárcel. Perder el dominio de su espacio, del
tiempo, de la compañía era casi tan duro como perder la
libertad. Y así se lo había contado a Socorro en una entrevista emocionante, la primera desde que le habían detenido y que había alimentado muchas columnas y editoriales
sobre juicios paralelos, prejuicios, dobles raseros... Desde
entonces, Requeijo y Socorro se intercambiaban mensajes
cordiales. Felicitaciones de Navidad y Año Nuevo y algún
que otro comentario sobre injusticias... Pero aquella vez
Socorro necesitaba que David le contara algo más de lo habitual. Le preguntó si le podía llamar. Él le puso el clásico
«Ok». Y tras tres minutos de charla acordaron verse en el
Vips de la plaza de los Cubos en dos horas. Socorro se me-

tió en el metro porque le habían restringido el uso de los taxis y tenía que hacer notas de gastos por cada trayecto. Gestión de la miseria, pensó.

Requeijo siempre había sido muy goloso, por lo que ella no se sorprendió cuando al reunirse con él en una de las mesas la avisara de que acababa de pedirse unas tortitas.

—¿Tú no quieres?

Socorro no se negó, así que el camarero le trajo otro plato.

—Tú dirás —le dijo él.

La periodista le contó que estaba investigando a Sito Pérez y que le quería preguntar por sus impresiones después de haberle conocido en la cárcel.

—Esto es *off the record*. No vas a contar que te lo he dicho yo, ¿verdad? —Ella negó con la cabeza—. Pues qué te voy a contar... Era un animalito. Andaba todo el día de un lado para otro diciendo que él no se acordaba de nada de lo que había hecho. Aunque, en cuanto podía, se masturbaba sin que los guardias pudieran hacer nada.

—Supongo que lo pasaría fatal en la cárcel. Los violadores y asesinos de niñas no son muy populares allí. Los otros presos le harían la vida imposible.

—Ya llevaba mucho tiempo encerrado y se habrían cansado. Por otro lado, a mí me tenían muy protegido.

—¿Y tu impresión? —siguió indagando ella.

—Pues no sé qué decirte. Hasta que le conocí no hubiera afirmado que... era inocente. Pero después de estar con él... solo puedo decirte que era un pobre diablo. No creo que fuese capaz de matar a dos niñas de una manera tan fría.

—Pero si no hizo nada calculado. Lo cogieron enseguida.

—Él decía que no se acordaba de nada. Que se había tomado una infusión que le había vuelto tarumba y no hacía más que repetir eso. Y a eso había que añadir que tenía una cosa mínima.

—¿Cómo? —Socorro quiso sonar sorprendida.

—Que tenía una polla mínima, como un dedito meñique. Era ridícula.

Eso a ella le chocó. Por lo que sabía, la persona que había violado y agredido a las niñas las había destrozado con aquello tan grande que les había introducido en la vagina y en la boca. Sin embargo, el ADN en el semen que habían encontrado en la ropa de las niñas apuntaba a Sito. Y era cierto que en aquella época la fiabilidad del ADN no era del noventa y nueve por ciento, como en la actualidad, sino del noventa por ciento.

—¿Y tú qué crees? —La pregunta era obligada.

—Que era un pobre hombre, pero también los pobres hombres hacen cosas malas.

Aquella última declaración no despejó sus dudas. No quería dejarse arrastrar por el impulso de querer ayudar a probar al padre de Sonia que tenía razón. ¿Y si todo era como lo había sentenciado la justicia? Era lo normal.

12

Septiembre era para Arianne Bernard, la madre de Ignacio Lequerica, el mes más agradable para estar en Sotogrande. El calor estaba atenuado, pero el mar guardaba la tibieza de los meses de verano. También se habían marchado los veraneantes y se quedaban, cada vez más, los que escogían Sotogrande para vivir todo el año. Entre ellos muchos ingleses que tenían Gibraltar a tiro de piedra. Así había sido siempre y así seguiría siendo, pese a que era uno de esos problemas de difícil resolución que había traído el Brexit. A Arianne le gustaba tener a su hijo en casa para ella sola, aunque solo fuera un par de días. La pesada de su nuera, Lilian, se había ido con Ignacito a Estados Unidos. Estaba haciendo un máster en la Escuela de Posgrado de Periodismo de UC Berkeley, de donde vendría con un título de presunto prestigio que no serviría para nada, pero, en el fondo, pensaba su padre, todo sirve para algo. Y no quería que, cuando le sucediera en Editasa, se pudiera decir que no tenía estudios. Pensaba Lilian que tenía narices que esa universidad americana fuese más vieja que la universidad española donde sacó la ingeniería. Berkeley era de 1868. A veinte kilómetros de San Francisco, a Lilian no le gustaba esta ciudad por los terremotos. Y ahora por los zombis del fentanilo que deambulaban por las calles. Es que no se podía ir ni al Ritz-Carlton ya. A no ser que no salieras a la calle. Había visto las casas de Monterrey que aparecían en *Little Big Lies*, y pensó en alquilar allí algo. Quería irse un tiempo de España, quitarse de en medio y, sobre todo, estar cerca de su niño. Le pareció que las casas eran muy bonitas, pero que en Monterrey se iba a morir de asco, así que alquiló un piso a precio de venezolana rica en Miami, donde tenía un hermano. Ignacito viajaba a verla con frecuencia.

Lo de tener que estar «preparado» siempre le había hecho gracia a Arianne porque el fundador de *El Matinal*, Ignacio Lequerica Beigbeder, nunca había estudiado periodismo. Y tampoco lo había estudiado su marido, Ignacio Lequerica Soto, porque con derecho y haber mamado la redacción desde niño consideraba que ya sabía todo lo que había que saber de periodismo. Y en cierto modo tenía razón, aunque a su marido no le habían tocado vivir los momentos difíciles que atravesaban los periódicos.

Su hijo Ignacio tampoco había hecho periodismo. Estudió empresariales (ADE, como le llaman ahora) y después se puso a trabajar con su padre. Coincidió con un cambio importante en las empresas periodísticas en las que los editores pasaron a ser gestores. Quizás por eso, Ignacio padre se había empeñado en que Ignacito niño hiciera ese posgrado carísimo después de licenciarse como ingeniero.

Arianne no se llevaba bien con su nuera Lilian, aunque la toleraba y respetaba porque sabía lo que quería y, como ella, era capaz de cualquier cosa por su hijo. Para que su hijo tuviera la vida más fácil, la más exitosa; para que fuera el más guapo y simpático de todas las fiestas. Y, cuando llegara el momento, se casara con el mejor partido. Y no le había salido mal del todo, pese a que no lo había tenido nada fácil por la difícil relación que en los últimos tiempos había tenido con su marido. El año anterior su hijo Ignacio pasó la típica crisis que les da a los hombres cuando llegan a determinada edad, pero —y eso se lo reconocía Arianne— Lilian había sabido jugar bien sus cartas y le había sabido echar cojones para sacar su matrimonio adelante. A Arianne le encantaba decir y pensar cojones en español porque era francesa y le costaba muchísimo decirlo. *Cojjjjjjjhhhhhonesh*, decía. Y por esa misma ambición, su nuera hacía algo que ella había sido incapaz: aguantar a

Pincho y a Pila, las hermanastras de su hijo Ignacio, que tenían fincas muy productivas y cientos de millones de euros. Y lo mejor, al menos desde el punto de vista rapiñesco de Arianne, que tenían las hijas de su marido con Sonsoles Fernández de Córdova, era no haber tenido hijos, lo que convertía a Ignacito niño en su único heredero. Arianne nunca había sentido simpatía por sus hijastras. Las intentó tolerar cuando se casó con Ignacio por agradar a su marido, pero esas mocosas nunca le perdonarían que pariera tan solo cuatro meses después de la muerte de su madre, lo que evidenciaba que llevaba mucho tiempo engañándola. Mucho más de lo que ellas llegaron a sospechar nunca, se sonreía Arianne.

Y la infeliz de Sonsoles debía de sospecharlo porque organizó todo su patrimonio para que Ignacio no pudiera tocar un duro y fuera administrado por su hermano Alfonso, un mariquita muy devoto de sus sobrinas que cumplió hasta la última coma de los deseos de su hermana. Y, por si fuera poco, también murió sin hijos, lo que aumentó muy considerablemente el patrimonio de las dos hermanas Lequerica Fernández de Córdova, hasta convertirlas en dos de los mejores partidos de España. Pero quizás porque podían permitírselo no se casaron. O mejor dicho sí, pero de aquella forma, porque Pincho se quedó viuda muy joven de su marido embajador y a Pila le gustaron mucho los hombres desde los dieciséis años. Había tenido monogamias sucesivas. Casi sin descanso. Anda que no se había disgustado Ignacio padre cuando le habían comentado que la niña se había encaprichado de un caballista de los Domecq y había dado un espectáculo denigrante en el Rocío. Y así había seguido toda su vida, aunque ahora a los setenta años parecía más calmada. De todas sus correrías se había enterado Arianne por el *¡Hola!* o por esa chismografía que abundaba en los periódicos, porque a Pila no se le había ocurrido otra cosa que tirarse a todos los jóvenes redactores que su padre había aupado. Y toreros, cantaores, escritores..., políticos, el rey Juan Carlos...

Arianne adoraba a su hijo, Ignacio, tanto como su nuera Lilian al suyo. Por eso, los pocos días que se quedaban solos en verano eran para ella un tesoro que trataba de preservar celosamente. Ya tendría Ignacio tiempo para estar solo cuando ella muriese. La francesa, como la llamaban en *El Matinal*, tomaba siempre el aperitivo con su hijo en uno de los porches de la casa. Él se tomaba un fino, o una Coca-Cola si no quería beber, y ella un dedo de whisky con hielo.

—¿Ya ha hablado Eduardo García con la redacción de los cambios? —Ignacio levantó la cabeza y miró a su madre. No respondió. Arianne atacó—: Eres un pobre hombre... Dime ¿qué has hecho, que hoy no me cuentas nada?

Ignacio cogió la mano de su madre entre las suyas y la estrechó con fuerza.

—Pues se ha hecho todo lo que debía hacerse para tratar de asegurar que el periódico no siga cayendo. Creo que *Vida* es una buena idea y, además, me ha gustado que Ignacito se involucrara en el proyecto desde Estados Unidos. Me parece que tiene madera para el negocio.

—¿Y...? —titubeó Arianne—. Ya sabes. Esa Socorro. ¿Qué vais a hacer con ella al final? Ahí Lilian, Ignacito y yo discrepábamos, pero ¿qué has decidido?

—Pues se incorpora a *Vida* como redactora y pasará a reportar a Ángel Rojo, lo que no le vendrá mal del todo con esos humos que gasta. Pepe, el subdirector de Nacional, tiene mucho trabajo y no le sacaba todo el provecho que podía.

Sonó el teléfono de Ignacio, que se levantó y le hizo gestos a su madre para indicarle que se iba a hablar al despacho que había sido de su padre.

Arianne le siguió con la mirada mientras hacía tintinear los hielos ya bastante deshechos de su whisky. Diez minutos después volvió a la mesa para seguir tomando el aperitivo. Su madre sabía que no hacía falta que le hiciera ninguna pregunta.

—Era Pincho, no sabes cómo está porque no haya elegido a Socorro para dirigir *Vida*. Le he dicho que la necesitamos más como firma y qué Ángel Rojo ya tiene sueldo de jefe y no está *El Matinal* precisamente para subir más sueldos...

—Has hecho muy bien. Mira que se preocupa por la hija periodista de su criada.

A Ignacio no le gustaba que su madre dijera palabras en desuso.

—Mamá, ya nadie dice criada.

—¿Muchacha? Así las llamaba tu padre, pero suena peor, si me permites decirlo.

Sonrió ante la incorregible maldad de la anciana.

—Mamá, pues puedes decir empleada del hogar o, mejor, cocinera, que es lo que es Antonia en casa de mis hermanas, aunque, en realidad, lo que hace es...

—Lavar las bragas de tus hermanas como las criadas de siempre.

Y los dos se echaron a reír. Ignacio con cierta preocupación y congoja. Era un buen hombre, aunque algo bobalicón. A menudo, lo pintaban como un pelele en manos de su madre y su mujer, pero Ignacio no era tonto y de las únicas cosas que no se enteraba era de las que no quería enterarse. En eso se parecía a su hermana Pila.

—Qué testarudas han sido siempre esas dos. En eso salen a tu padre, que cuando se le metía una cosa entre ceja y ceja no paraba hasta que lo conseguía.

—No sé. Espero que lo entiendan. Pese a que cuando Timanfaya entró en el grupo nos vino muy bien, el dinero no es eterno y empiezan a reclamar. Son accionistas, es lo que les corresponde como inversores. Si no hacemos nada para generar más ingresos, el periódico se va a ir al garete y de paso nosotros también.

Arianne se rio como una urraca.

—¿Cómo se va a cerrar *El Matinal*? Mira, Ignacio, con todos los confidenciales y digitales que hay en España, dime uno, solo uno, que haya quebrado.

Ignacio se encogió de hombros. Se le veía realmente mal, pensó su madre. Tenía la piel ceniza y parecía que estaba algo abotargado. Quizás estuviera bebiendo de más. Miró la media botella de fino de la cubitera. Por lo menos faltaban tres copas y la habían abierto delante de ellos cuando comenzaron a tomarse el aperitivo aquel mediodía.

Arianne sabía que con su hijo era mejor ser delicada antes de llamarle la atención.

—Ya no tomas Coca-Cola. Quizás te podrías tomar una para despertarte. No es bueno que estés bebiendo tanto y, además, perdona que te lo diga, pero estás engordando.

La mueca del hijo a su madre destiló amargura. No le parecía bien que ella le tratara así, aunque era como siempre le había tratado. A veces parecía que el desprecio era su forma de quererle. Y tenía razón en despreciarle. Eso le había hecho coriáceo, insumergible, impermeable a todo. Ella, que conocía muy bien a su hijo, se dio cuenta de que no era el momento de lanzarle pullas.

—¿Y cuál es el plan para aumentar los ingresos para *El Matinal*?

Ignacio volvió a revolverse en la silla.

—Pues más eventos, fiestas, actos... Y luego... Bueno, por fin Eduardo García empieza a actuar como un director de los de antes. Me ha puesto en contacto con un grupo de tíos que están forrados y dispuestos a colaborar con nosotros e invertir en publicidad.

—Tú siempre has sido muy contrario a que los directores pasaran el cepillo. A tu padre tampoco le gustaba. Era demasiado tentador.

—El cepillo lo voy a pasar yo, claro. Eduardo solo me ha dado los nombres porque los conoció cuando era director del periódico de Levante. Ahí hay mucho dinero.

—¿Y cómo se llaman?

Ignacio desbloqueó su teléfono y miró el último nombre que había buscado en Google.

—Hay uno que se llama Enrique Andújar. Tiene una compañía, Circular, que está valorada en tres mil millones de euros. Y ha hecho mucho dinero en Latinoamérica con las renovables. Luego está Francisco, Paco, Alcañiz, que no sé si te suena de algo...

La señora movió la cabeza.

—Es increíble la cantidad de gente nueva que tiene dinero ahora. Nunca había oído que nadie llamado así pudiera hacerse rico.

El pobre hombre se quedó mirando a su madre.

—Mamá, tú te das cuenta de que no puedes hablar así de la gente, ¿verdad?

—Yo no hablo de la gente con la gente. Solo hablo de la gente contigo. Y espero que no me vuelvas a decir lo que puedo y no puedo decir. A mis años, me lo he ganado.

Él adoptó una mueca resignada.

Pensaba que no había ganado nada. Y que tampoco se merecía nada de lo que tenía encima.

13

La gente que ahora tenía dinero en España no era tan diferente de la que había conocido Arianne cuando llegó para convertirse en segunda mujer del viudo Ignacio Lequerica. Pero era cierto que los hijos de los ricos españoles que había conocido no tenían el respeto a la prensa del que habían gozado sus progenitores, sabedores de que un editorial les podía condenar socialmente. Ahora había muchos más jueces, casi tantos como usuarios de las redes sociales, capaces de compartir información, contenidos le llamaban, y era casi imposible que la inversión en medios (así se decía a poner anuncios) preservara de las escandaleras a cualquier compañía. Era un poco la pescadilla que se mordía la cola. La pérdida de lectores dispuestos a pagar por la información había hecho que los medios fueran cada vez más dependientes de la publicidad, lo que provocaba que los poderes económicos —ya fueran las corporaciones o las Administraciones públicas— consideraran que los medios carecían ya de importancia. Y, por otra parte, el tuit de un anónimo te podía joder la vida y el presupuesto no daba para todos. Por este motivo, pensaba Ignacio, era mejor acercarse a los nuevos poderes económicos, que sonaban mejor que los nuevos ricos.

Vicente Log controlaba la fabricación de rodamientos del veinticinco por ciento de la producción industrial de Europa, y aunque tenía ochenta y cinco años no se resignaba a dejar la dirección de la empresa en manos de ninguno de sus ocho hijos. Cada mañana leía los periódicos y le gustaba cuando escribían algún perfil sobre él, sobre todo cuando destacaba que era ingeniero y que su empresa daba trabajo a casi la mitad de Valladolid. Se trataba de un tipo austero, aunque sabía apreciar las cosas buenas. Era, asimismo una de esas personas de mente refinada a quien le gustaba saber de todo y entender el mundo. Por eso leía los periódicos y apreciaba su valor. De hecho, no comprendía que otros no se lo vieran. Pero Log no era un hombre lo suficientemente rico como para invertir en medios de comunicación, aunque considerase que su papel era fundamental para la sociedad occidental y hasta para la democracia. Al mismo tiempo, poner anuncios de rodamientos en los diarios no tenía mucho sentido y cantaría demasiado. Por otro lado, a sus hijos no les gustaba la idea de que su padre se distinguiera más de lo debido ideológicamente.

El inmobiliario Paco Alcañiz, conocido como el Trapero, sí había sido un personaje habitual en las páginas de los periódicos y él sí que entendía su poder casi mágico. Le pasaba regularmente cuando, cada cierto tiempo, los periodistas recurrían a la hemeroteca para hablar de sus excentricidades. Se había hecho rico en la construcción y había conseguido endeudarse lo justo, así que cuando pinchó la burbuja inmobiliaria, aguantó el tirón de los años de crisis y se recuperó en 2015. Sobre él se habían escrito muchas cosas, algunas verdad y otras exageraciones. Por ejemplo, que en los cumpleaños de sus nietos se sirvieron bocadillos de caviar (verdad). Que la grifería de su casa era de oro (mentira). Que tenía Picassos y Juan Gris en los baños (verdad). Que en su barco tenía moqueta de *cashemere* de Loro Piana (verdad). Un barco al que había llamado Constancia por su madre y porque él consideraba que era su principal virtud. Los columnistas mordaces corrieron a bautizar la embarcación de setenta y dos metros, la más grande de España, como Paquingham Palace por su nombre de pila y a decir que la moqueta se manchaba cada vez que Paco Alcañiz llamaba a sus hijos y nietos a comer —al grito de «¡A jalar!»—, golpeando la mesa de caoba, lo que suponía que las langostas volaran por los aires y acabaran por el suelo (literatura). Pero Alcañiz no se tomaba bien este cachondeo sobre su basteza y quería que todos esos artículos se retirasen de la web ahora que algunas de sus nietas iban a casarse con «gente bien». Para algo las había mandado a estudiar a colegios elegantes, para que conocieran gente, medrasen y dejaran de ser las nietas del Trapero, como a sus hijas las habían llamado las hijas del Trapero, aunque él siempre lo había detestado porque le recordaba la dura profesión de sus padres. Para eso necesitaba que se reescribiera su historia. Estaba dispuesto a pagar esa respetabilidad.

Y estaba Enrique Andújar, el que más le interesaba a Ignacio Lequerica por lo que le había contado Eduardo García. Él necesitaba *El Matinal* casi tanto como *El Matinal* a él.

Las crónicas no contaban demasiadas cosas personales de Enrique Andújar. Tan solo aparecía en el patronato del Prado, en el del Teatro Real, en el del Reina Sofía. Era asiduo de Bayreuth, de Salzburgo y de Glyndebourne, incluso figuraba como uno de los grandes mecenas de algunas asociaciones de prestigio. También era socio de la mejor caseta de la Feria de Sevilla, de la de Jerez... Por supuesto, era socio del Madrid y decían, eso decían, que se presentaría a las elecciones a la presidencia del club en cuanto tuviera oportunidad. Los veinte años de socio ya los tenía hacía mucho. Sobre sus actividades empresariales se comentaban muchas cosas. Lo más evidente, lo que salía en internet, era que había hecho una fortuna instalando placas solares en Latinoamérica, también las fabricaba, así como puertas de seguridad, y ahora estaba enredando en las plantas para producir hidrógeno líquido, eso que muchos consideran la energía del futuro. Era experto en ganar concursos públicos, en recibir ayudas europeas... y sabía en lo que había que estar para ganar dinero. Eso era una habilidad, reconocían los que le conocían. Hacía años había hecho mucho dinero en Murcia con los purines de los cerdos, los residuos que resultan de la limpieza diaria, con agua, de los excrementos de cada cerdo. Pero eso fue antes de la reforma de la normativa eléctrica por el Gobierno. Sus plantas de tratamientos gestionaban gran parte de los purines de España. Con gas natural se calentaban los residuos y ese calor se reaprovechaba para crear electricidad. Pero tras la reforma energética, con la revisión a la baja de las subvenciones en todo tipo de plantas renovables, las suyas se hicieron inviables. Enrique Andújar vio venir el desastre y las vendió en pleno funcionamiento. Muchos se reían del negocio que le había hecho ganar tanto dinero. Mierda de cerdo. Se rieron menos cuando no se arruinó en el momento en que dejaron de llover las subvenciones. Todos coincidían en que Enrique era un buen chico. Lo primero que hizo al ganar su primer dinero importante fue comprar las hectáreas ubicadas alrededor de los naranjales que habían sido de su abuelo. Y lo segundo, sacar del atolladero al Real Murcia cuando necesitó un rescate. Aunque luego el equipo se volvió a hundir. No le gustaba ejercer de murciano, pero tenía una gran finca a los pies de Sierra Espuña donde podía cazar palomas, conejos, perdices, jabalíes y arruís, una especie de montaña, procedente del Norte de África, que fue introducida en la zona en 1970 con fines cinegéticos. La repoblación se hizo con nueve machos y dieciocho hembras procedentes de zoos de Casablanca y Fráncfort. A Andújar le gustaba el rececho del arruí. Se conocía el monte, pero el esfuerzo físico y la tensión de ir tras el animal era una sensación insuperable. O casi nada.

14

Pincho llegó cansada a la casa de Príncipe de Vergara. No tenía muchas ganas de cenar, por lo que le pidió a Antonia que le hiciera una tortilla francesa y que luego, si le apetecía, se fuera a dar una vuelta. Con eso se refería a que se fuera a ver a Socorro, que vivía en la casa que había comprado en Tetuán.

—Cógete un taxi si quieres —le dijo para que no tuviera que ir en metro—. Y luego te vuelves en otro. No seas boba, que lo desgravamos.

Las hermanas vivían en dos pisos, en un edificio de ladrillos, casi en la esquina de Príncipe de Vergara con Goya. Estaban unidos por una escalera y también tenían acceso a la azotea, donde habían mandado hacer una piscina de cuatro metros con un chorro para nadar. También tenían un pequeño y agradable cenador, sobre todo en aquella época del año.

—¿Le subo la tortilla a la terraza? —le preguntó Antonia. Pincho dijo que sí—. ¿Le hago la tortilla francesa normal o una de esas con las claras montadas?

Aquella era una innovación reciente que había introducido Pila tras verlo en *La cocina de Julie*, el programa de una que recorría Francia en su descapotable glosando la gastronomía del lugar al que llegase. A la menor de las Lequerica le gustaba la textura esponjosa, pero Pincho era más austera en sus gustos.

—Déjate de chorradas. Y córtame, si puedes, un tomatito con aceite y sal gorda.

Antonia se retiró a la cocina y le dijo a Nelson y a Marina que iba a salir a ver a Socorro, pero que antes le haría la cena a la señora.

—Luego recogéis el plato.

Pincho se dio una ducha de agua helada y se vistió con un pantalón y una camisa de lino blanco. Después subió a la azotea con un libro de un autor que estaba valorando para la portada de *Juglar* que estaría en los kioscos en un mes.

Allí la estaba esperando Antonia. Pincho se sentó y Antonia levantó la botella de vino, un Valdepeñas que las Lequerica bebían siempre en casa, para preguntar si quería que le pusiera una copita con la tortilla. Pincho asintió, y Antonia llenó la copa de burdeos hasta la mitad.

—Vaya copazo. Te has pasado —dijo Pincho.

Antonia se puso algo colorada, pero Pincho la tranquilizó enseguida y le hizo un gesto con la mano para que no retirara la copa.

—Está bien así... No me viene mal porque ha sido una vuelta al trabajo complicada. No te creas que me gusta beber sola copas de vino como las americanas de las series de televisión.

Antonia hizo algo que nunca habría hecho si Socorro no hubiera pasado parte del verano del año anterior frecuentando la casa de las Lequerica.

—¿Y a Socorro le va a ir bien este año?

Pincho no pudo mentir.

—La verdad es que no tengo ni idea. Hace días ha habido un cambio de estructura y la han ubicado en una sección nueva.

—¿Con ella de jefa? —preguntó Antonia, conocedora de las inquietudes de su hija.

Pincho no quería decepcionarla, entre otras cosas, porque tampoco sabía muy bien cómo afectarían a la periodista los cambios.

—Pues me temo que estará en una sección que dirigirá Ángel Rojo.

Antonia se santiguó.

—Pues no debe de estar nada contenta. Me voy a verla a mi casa.

Pincho se despidió con la mano. Estaba segura de que al día siguiente Antonia la informaría.

15

El piso en Tetuán que Antonia compró al poco de nacer Socorro era pequeño, pero muy cómodo, porque estaba bastante cerca de la redacción de *El Matinal* y en autobús apenas tardaba media hora. Tenía dos habitaciones, pero Socorro ocupaba solo una, aunque su madre tuviera su cuarto en casa de las Lequerica. La habían decorado con muebles antiguos que habían traído de la finca de las hermanas y que llevaban años en las naves sin que nadie los usase. Socorro no era una comedora exigente ni pesada. Lo primero que hacía al llegar a casa era encender la tele y a veces abrirse un bote de pepinillos en vinagre, altramuces o aceitunas. También comía muchas patatas de bolsa, minifuets y doritos. Para beber, una cerveza o, si se terciaba, una botella de vino tinto sin demasiadas exigencias, aunque agradable. Andaba en sus cosas esperando la llamada que, desde hacía un año, marcaba su antes y después en el día. Que se producía, entonces era un día bueno. ¿Que Luis Gordon pasaba? Pues entonces Socorro se dedicaba a comerse la cabeza y a pensar lo que podría haber hecho mal y lo que podía hacer mejor. Las mujeres son así. Por eso, a veces espiaba hasta la extenuación sus redes sociales y se sorprendía cuando se le escapaba una sonrisa boba pensando en él, cuando alguien o algo le recordaba a las cosas de Luis, la sonrisa de Luis, el pelo de Luis, el cuerpo de Luis... Socorro, aunque ella no lo quisiera reconocer, se había convertido en una cursi que se emocionaba cuando escuchaba las canciones que sabía que le gustaban a Luis. Las mujeres no son bobas, se ponen bobas porque piensan que eso es lo que les gusta a los hombres.

Luis Gordon era el dueño de Milésima —una bodega de fino de El Puerto de Santa María— al que Socorro había conocido de niña, aunque él no la hubiera conocido a ella. Vamos, que ni se había fijado. Habían intimado el verano del año pasado en casa de las Lequerica. No era una historia de amor sencilla. Luis estaba casado con Lucía Prado, una consultora que había sacrificado su carrera en McKinsey por él y la bodega que se había empeñado en sacar adelante, y tenía tres hijos. Socorro le había tranquilizado. Ella no era de las que se casaban, pero tampoco le apetecía tener una relación de revolcón y puerta porque Luis le encantaba. Era un hombre moreno y guapo. Al reírse se le formaban unas graciosas arruguitas en las comisuras de la boca. Y qué boca. Y cuando soltaba una de esas carcajadas hondas, enseñaba dos hileras de dientes blanquísimos que parecían capaces de romper una viga a bocados.

La historia de Luis Gordon y la periodista no había sido fácil. El matrimonio de él era casi como una empresa y Lucía era uno de los activos de la bodega que, como Socorro sabía, era lo que más le importaba. Ella no era una mujer exigente ni pesada y aguantaba que Luis le dedicara el poco tiempo que le quedaba libre. No había viajes, ni siquiera salidas a cenar, tan solo encames en casa de Socorro. Él lo había dejado claro desde el principio: no era conveniente que los vieran juntos porque los cotilleos viajaban más rápido que las malas noticias y si Lucía se enteraba de que le era infiel, perdería todo por lo que había luchado.

La llamada de Luis se producía, cuando se producía, justo después de las noticias y antes de la tertulia de fútbol que Socorro nunca se perdía. ¿Anunciaría por fin Florentino el fichaje? Sonrió mientras lo pensaba. «Si no me llama Luis, es que el Madrid va a anunciar el fichaje ya». La ordalía era un consuelo menor porque, en el peor de los casos, más veces de las deseadas, no pasaba ni una cosa ni otra. En eso sonó la cerradura de la puerta de la casa. Socorro se asustó, pero enseguida recordó que su madre estaba en Madrid y que aquella también era su casa. Y en efecto, apareció Antonia con su batita fresca cortada al bies y unas alpargatas. Socorro la abrazó y aspiró su olor. Hacerlo era volver a casa, a la infancia de jabón Heno de Pravia y toallas lavadas con suavizante.

—Mamá, qué alegría verte, aunque en cualquier momento me van a llamar del periódico y me voy a tener que ir a hablar a la otra habitación.

La mentira era necesaria. Su madre no debía saber que andaba con un hombre casado, un señor, además, como puntualizaría ella. Antonia le atusó el pelo, le comentó que estaba muy delgada y que tenía mala cara. Después, ya le dijo que se quedaría un rato.

—He venido a verte. No sé nada de ti desde que volviste de vacaciones.

Socorro asintió.

—Tenía mucho trabajo con una serie sobre crímenes sin resolver y he estado adelantando. Ya sabes que me gusta estar a mi aire.

La madre se encogió de hombros.

—Qué rara eres, hija mía.

—¿Y tu perro? —le preguntó Socorro sorprendida porque Verbe, uno de los *teckels* de las Lequerica, se había convertido en la compañía más habitual de su madre.

—Con Pila en El Lanchar. Ya sabes que se llevan siempre a los perros, salvo a Oli y a Buga, que se quedan más en Madrid porque ya están muy viejos. Pero esta vez también se los han llevado.

—Ya deben de estar cerca de morirse. No me extraña que Pila, con lo que es, no quiera que casquen en Madrid.

—Siempre lo dice... Pero no he venido a hablar contigo de los perros de las señoras. No sé nada de ti...

El reproche era un clásico en las conversaciones de madre e hija. Socorro se dio cuenta de que no le había preguntado a su madre si quería algo de beber. Le dijo que no quería nada.

—Tú estás con tu cervecita. A ver si te va a salir barriga, que nunca has tenido. —Socorro negó con la cabeza en uno de esos gestos de impaciencia mal disimulada por los que su madre siempre la reprendía—. Y ahora me cambias la cara y me cuentas qué tal en el trabajo. Me ha dicho doña Pincho que han hecho cambios y que tienes un nuevo jefe. ¿Estás contenta? ¿Te gusta más que Pepe para que te mande?

Socorro la miró de nuevo con cara de hastío. No le gustaba hablar con su madre de cómo estaba en la redacción porque no quería que fuera con el cuento a las Lequerica. Pese a que en el último año había superado el complejo de ser la hija periodista de la criada de las dueñas del periódico, no quería que la historia se corriese más allá de las dos personas que lo sabían: la joven María Casares y Teresita Gil León, que era la encargada de los eventos de Editasa, con las que también había coincidido en verano en casa de las Lequerica.

—Nada, mamá. Todo está bien. En realidad, no ha pasado nada que no esperara. Será para bien o para mal, pero, en cualquier caso, sé que he hecho un buen trabajo este año. ¿Me hubiera gustado que me hicieran jefa a mí de la nueva sección en lugar de a Ángel Rojo? Pues claro, pero Pepe me ha dicho que se trata de algo burocrático y no se puede subir el sueldo a nadie. Y como Rojo ya tiene cargo de redactor jefe, es muy lógico.

Antonia no había sido capaz de descifrar los estados de ánimo de su hija, tan retraída desde niña como reservada de adulta.

—Entonces, ¿estás bien?

—Claro, mamá. ¿Por qué voy a estar mal?

Socorro apuró su botellín y se fue a la nevera a por otro.

—¿Otro? Sabrás que vas a llegar a una edad de la vida de una mujer donde ya no te quitas la barriga, aunque nunca hayas tenido.

Socorro sonrió y decidió provocar a su madre:

—Pues mira el bocata de chorizo con mantequilla que me voy a hacer. Es como ese que me comprabas para merendar de pequeña que me dejaba los dedos naranjas. ¿Quieres aceitunas?

Y le extendió un cuenco rebosante que también tenía pepinillos. Antonia cogió uno de cada.

—Están buenas. Y los pepinillos están bien aliñados.

Socorro cogió otro.

—Si quieres te abro un bote de pepinillos alemanes. Están como dulzones, pero sabes que esas cosas me encantan.

Antonia esperó a que terminaran las noticias y se levantó.

—Acompáñame a coger un taxi para que me lleve a casa de las señoras.

Socorro se levantó de mala gana porque esperaba la llamada de Luis y si se producía justo cuando acompañaba a su madre a coger el taxi, no podría coger el teléfono. Como si leyera sus pensamientos, su madre apuntó:

—Pues no te ha llamado nadie. Tienes cara de triste. ¿Te preocupa algo?

A Socorro le hubiera gustado contarle a su madre la verdad sobre Luis Gordon. Decirle que cada tarde se sentaba a esperar su llamada, que a veces no llegaba porque la cena con Lucía y los niños se alargaba o porque su mujer le pedía cualquier atención. ¿Follaban? Eso no se había atrevido a preguntárselo, pero Luis era joven y Lucía era una de esas mujeres guapas. Se notaba que su familia llevaba comiendo bien muchas generaciones. Y ella no era nada ni nadie para preguntarle ni pedirle cuentas a Luis. Ella solo era la hija de la muchacha de las Lequerica. En eso pasó un taxi con la luz verde, lo paró y le dio dos besos a su madre. Antes de cerrar la puerta pudo oír cómo Antonia le daba la dirección al conductor. El taxi se fue. Miró el reloj. Eran las diez de la noche y aún faltaba para que empezara la tertulia de fútbol. Y Luis sin llamar. Socorro nunca había sido de las que se permitía preocuparse por el amor. Y mira ahora. La hija de la criada y el señorito era una historia demasiado vulgar.

16

Hacía más de un año, después de que se publicara la resolución del caso del asesinato de Aldara, Socorro decidió volver a Madrid para trabajar en la serie de los asesinatos sin resolver que se le había ocurrido antes de verano. Y eso habría hecho si Luis Gordon, el apuesto bodeguero de El Puerto, no la hubiera seguido y la hubiera esperado a la salida de la redacción. Para ella fue una sorpresa y casi se muere del susto, pero se le pasó cuando él la besó con su olor a romero y su piel morenísima, tersa como la de un tambor. Él le explicó lo que ella había intuido porque había cientos de historias así. O que decían que eran así. Que su matrimonio estaba agotado, que entre Lucía y él ya solo había lealtad en vez de amor, que adoraba a la madre de sus hijos, pero que estaba cansado de su mujer y que, en resumen, quería estar con ella.

Socorro se sintió arrobada, exactamente la reacción esperada en la protagonista de un melodrama como aquel. De niña, muchas veces, había mirado a Luis Gordon desde una galaxia demasiado lejana porque así era como se veía el mundo de los señores desde el servicio. Se suponía que el servicio no juzgaba y era leal, pero siempre se escapaba algún matiz censor. Cuando los señores se decían exquisitos, a ellos les parecían unos tíos coñazos; si se ponían creativos, significaba problemas; y si de lo que se trataba era de divertirse, era el servicio el que se veía obligado a limpiar y recoger la vajilla y los vasos sucios porque los platos rotos solo se pagan si te echaban. ¿Y cuando se empeñaban en poner las vajillas que no se podían meter en el lavaplatos? Y luego estaba esa frase que Socorro siempre había escuchado a Pila de que lo bueno de dar fiestas era que, antes y después, se limpiaban las casas más de lo normal. Divertirse unos, más trabajo para otros.

Era una visión algo cruel, pero así era. Las amigas de su madre tenían nombres y apodos para todas sus señoras. Una era «la pequeña judía», otra, la «gallina», «por puta y porque tenía las piernas tan flacas como dos guitas colgadas del culo». A ella le daba miedo que alguien supiera que se estaba acostando con Luis Gordon, porque cualquiera podría pensar que se estaba aprovechando de ella o que Socorro aspiraba a ser algo más de lo que era. Y de la forma más antigua del mundo: follando. O peor aún: que dijeran que ella era una pobre ilusa enamorada de un tipo que solo estaba aburrido. Así que Luis y Socorro habían decidido empezar un amorío en secreto en el que el único escenario, el piso en Tetuán de Antonia al que Socorro, la primera vez que llevó a Luis, hacía más de un año, le pareció que olía a rancio. Al día siguiente, se fue a Zara Home a comprar unos frascos de esos con varillas perfumadas. Pero allí se acostaron muchas veces. En los primeros dos días apenas salieron de la habitación, salvo para coger la comida a domicilio que habían pedido desde la cama. A Luis lo conocían en muchos restaurantes de Madrid y prefería no ser visto en compañía de Socorro porque vivían esos momentos breves en los que no podían estar sin tocarse. A ella no le importaba que de vez en cuando se levantara de la cama para hablar con su mujer y le mintiera diciéndole que estaba viendo a unos distribuidores amigos. Y se enternecía cuando le escuchaba hablando con sus niños preocupado por sus cosas. Socorro pensaba que podía conformarse con ese poquito de tiempo que le quedara libre a Luis entre la bodega, su familia, el campo y la vida social. Sabía que lo suyo era muy difícil porque venían de mundos muy diferentes. Aunque él se empeñara en negarlo para dárselas de más moderno de lo que era.

—Si hasta se te nota que no te gusta mi nombre, Socorro.

Él se reía con una mueca abierta, como la de un niño cuando le pillas haciendo una travesura.

—Es verdad que no he conocido a otra Socorro. Conozco a muchas Cristinas, Beatrices...

—Lucías...

Luis se puso serio porque no le gustaba que hablara de su mujer.

—Quizás quedaría bien que, si lo nuestro sigue, te presente con un diminutivo. ¿Te gusta Soc?

—¿Soc?

—Claro, Soc de Socorro. Queda bien. Como un Pincho o Pila.

—Para eso llámame Sos, que es como Socorro.

—Eso me suena a arroz.

Socorro en un principio se reía de estas cosas con él, pero a medida que iban pasando los meses y Luis parecía más distante, tras calmarse el apremio de los primeros días, empezó a sentir las bromas como pequeñas punzadas de las que no le quedaba más remedio que reírse, porque mostrarse ofendida sería evidenciar el complejo.

Las semanas de vacaciones se le pasaron rápido a Socorro. Alternaba la lectura sobre los casos sin resolver con las llamadas a Luis, que cuando no estaba en alguna cata de Milésima estaba en alguna fiesta con Lucía, que poco a poco se había convertido en la otra de su historia. Una otra que era la una, la legítima.

17

Había muchos libros sobre crímenes sin resolver y Socorro se los había leído todos en esas semanas de asueto. A la periodista la ponía nerviosa la moda del *true crime* de las plataformas digitales porque le parecía que estiraban las historias demasiado y, muchas veces, los documentales planteaban hipótesis con poco fundamento que solo servían para avivar sospechas y contentar a una de las partes. Y entre asesinos, criminales y sus víctimas había pocas dudas, pese a las extrañas reivindicaciones extemporáneas con las que la directora o el director de turno pretendían justificar el interés de la producción.

Socorro ya tenía varias entregas de la serie investigadas. La primera iría sobre el crimen de Macastre, los tres adolescentes de quince y catorce años que aparecieron muertos en Valencia tres años antes de Alcàsser. Lo curioso —y ella sabía que eso la haría irresistible para los lectores— era que las tres víctimas frecuentaban el mismo bar al que fueron Anglés y Ricart la noche en la que torturaron y mataron a las niñas. Había hablado con dos criminólogos, Amos Vanacloig y Félix Ríos, que habían escrito un libro al respecto. «El chico tenía una fuerte adicción a las drogas, incluida la heroína, según estableció el sumario». Por otro lado, parece ser que Rosario (otra de las asesinadas) había estado relacionada con gente que había entrado a robar en unas casas. «Delató a los culpables y ese entorno la amenazó de muerte, por lo que se refugiaron en Catadau. Allí tenían menos acceso a drogas y, como Valeriano (el muchacho) estaba bastante enganchado —ellas también consumían—, es posible que Rosario intercambiara favores sexuales a cambio de drogas o dinero para comprarlas. La primera muerte, la de Rosario, pensamos que fue una muerte sobrevenida, por sus problemas asmáticos, porque se puso nerviosa y le taparon la boca... Eso ya movió todas las fichas del tablero». Y los otros dos fueron asesinados para garantizarse su silencio. Precisamente eso era lo que acababa de escribir Socorro cuando al fin recibió la llamada de Luis Gordon.

—Soc, ¿cómo andas? ¿Hace mucho calor en Madrid?

A Socorro se le metió el corazón en la boca de la alegría. La voz honda de Luis se parecía a su tacto, suave pero contundente.

—Aquí estoy escribiendo lo de los crímenes sin resolver que te dije. Estaba con el de Macastre, que también obsesiona a los conspiranoicos de Alcàsser, que ya sabes que tienen unas teorías algo salvajes.

A Luis le gustaba que Socorro le contara en lo que estaba trabajando, pero se le notaba agobiado, incómodo.

—Yo he tenido que ir a una cena en Jerez con Lucía. Ahora le han ofrecido decorar un hotelito de esos buenos que están haciendo en las bodegas.

Socorro sonrió. Se alegró de que a Lucía le fueran bien las cosas porque quizás eso la distraería de ese matrimonio aburrido en el que, según Luis, se había convertido el suyo.

Luis trató de cambiar de conversación. El bodeguero se sentía muy incómodo cuando la conversación amenazaba con desembocar en su vida familiar. Desde un principio lo habían acordado. Sin presiones, sin expectativas, sin futuro, pero sin cerrarse ninguna puerta.

—Cuéntame otro crimen de los que estás viendo.

—Pues está el de una chica de Sabadell a la que encontraron desnuda en el patio de su casa tras precipitarse desde la terraza del edificio. Imputaron a cuatro de sus amigos, que quedaron libres. Primero pensaron que había sido un suicidio, pero los análisis mostraban una alta concentración de benzodiacepinas, por lo que era imposible que llegara por su propio pie a la terraza. Antes le habían dejado una bolsa con horchata que seguramente estaba envenenada. Luego la cosa se repitió con otro anónimo con zumo de melocotón. Y en 2005 la principal sospechosa, una vecina, se ahorcó en la cárcel. En las notas que dejó escritas decía que era inocente.

—Los llevas muy adelantados.

Socorro se rio.

—Los he hecho en los ratos que me has dejado libre.

Él se carcajeó.

—Demasiados, si tengo en cuenta todo lo que has trabajado. Eres una crack.

—En realidad, solo me queda uno, la muerte de Sito Pérez, el asesino de Alba y Sonia. ¿Te acuerdas?

Él tardó en contestar.

—Claro. Pasó cerca de las fincas de las Lequerica. Y hubo quien lo relacionó con lo de Alcàsser. ¿Es eso?

—Ya sabes que ese tipo de teorías siempre tienen éxito, pero no. Encontraron ADN de Pérez en las colillas que estaban en el cuerpo de las niñas. Y en algunos de los pelos y semen que se encontraron entre sus ropas. De quién mató a las niñas no hay dudas. Lo que es un caso abierto es la muerte de Sito Pérez.

—¿Y no hay nadie que trabaje con las Lequerica en Terrinches que tuviese edad suficiente para acordarse de lo que pasó? En esos pueblos tan pequeños se conoce todo el mundo.

Socorro se quedó muy callada. Le dio mucha rabia no haber caído ella y haber aprovechado un poco más el viaje a Carrizosa.

Segundo era de Infantes, recordó, y..., de repente, se dio cuenta de que podría averiguar cosas. Sabía que a su madre le caía estupendamente bien José Mari y que le daría encantada su teléfono. Le disgustó que no se le hubiera ocurrido a ella pensar en las personas que trabajaban con las Lequerica. Le dio las gracias, pero Luis no le hizo caso.

—Oye, estoy fundido. Te voy a dejar.

No le dijo nada. Sabía que Luis madrugaba siempre mucho.

—Pues buenas noches...

—A ti, por lo que veo, te queda bastante de tu programa de fútbol. ¿Han anunciado ya el fichaje?

—Calla, ya sabes que yo solo creo en Florentino.

—Anda, no me seas blasfema.

Y colgó, muerto de risa.

Socorro pensó que le quería. «Soy boba», se dijo. Pero para Luis solo era Soc.

18

Antonia se había sentido molesta porque su hija le hubiera pedido el teléfono de José María Segundo. Su madre tenía una relación habitual con el encargado de las fincas de las hermanas Lequerica. Era el teléfono que ella marcaba cuando se estropeaba algo en las casas, faltaba carne de venado, perdices... Y también otras cosas, como los huevos de las gallinas del corral, aceite de la cooperativa, las averías de los coches o lo que fuera. Si no había dinero en efectivo para hacer la compra... O simplemente había problemas con la luz, el gas o había que contratar a los albañiles para que arreglaran los desperfectos de los pisos de las hermanas en Madrid. Se tenían mucho respeto, pero a distancia.

—¿Para qué necesitas el teléfono de José Mari? —preguntó ella con cierta reticencia.

—Él es de Infantes. ¿No? Y se acordará de cuando mataron a las niñas Alba y Sonia. Era un poco más joven que Sito Pérez. Me gustaría preguntarle alguna cosa, por si le suena de algo. Y si ha oído algo de él.

Antonia no sabía mandar el número por mensaje de teléfono así que le preguntó si tenía papel y bolígrafo. Socorro asintió. Ella se lo dijo entre dientes como si le costara dárselo. Le hizo una última advertencia.

—Pero no lo marees con tus tonterías. Es muy buen tipo, y las señoras se fían ciegamente de su criterio. —Ella asintió antes de que Antonia le soltara un último dardo—: Mi trabajo es también importante, ¿sabes? En cualquier caso, lo voy a avisar de que lo llamarás. Dame diez minutos.

Socorro aprovechó para dejar perfecto el embozo de la cama y poner el friegaplatos, que estaba casi lleno tras casi cinco días sin usarlo.

El teléfono le sonó. Socorro lo cogió de la repisa. Enseguida reconoció el deje manchego de José Mari.

—Socorro. Buenos días. Me ha dicho tu madre que querías preguntarme unas cositas. ¿Tengo que llamar a mi abogado?

La periodista notó que tenía un tono de guasa. Por supuesto, la conocía desde niña y sabía que debía de hacerle gracia que quisiera hablar con él por motivos profesionales.

—Es que te quería preguntar por si te acuerdas de algo de lo de Sonia y Alba.

—Pues no mucho. ¿Sabes que la finca en la que aparecieron muertas, El Teatino, era de mi familia y la vendieron un año después o así a unos madrileños que se pusieron a hacer queso y aceite? Ya ves que muy originales no eran.

Socorro se lo apuntó, aunque, en realidad, se quedó sorprendida porque nadie hubiese publicado nada de los dueños de El Teatino.

—¿Vendieron la finca porque encontraron a las niñas ahí?

—Eso les metió más prisa porque ya habían enseñado la finca a algunos que se habían interesado. A mi padre le ponía mal cuerpo pensar que a las niñas las habían encontrado ahí, en una zanja; era una finca sin vallar, se podía entrar y, además, no quería tener más campos con mis tíos porque eran muy complicados. Por eso, aunque él era el encargado de gestionar todo, casi no iba por allí.

—¿Y encontraron a las niñas cerca de la casa?

—La casa era bonita, pero en aquella época estaba totalmente abandonada, en ruinas. Era más bien un cortijo que mi padre y sus hermanos habían dejado para encerrar a las ovejas... Pero no. A las niñas las encontró el pastor en una zanja gorda que había al lado de un arroyo. No se veía mucho porque había mucha broza. El pastor llamó a casa de mi padre antes que a la Guardia Civil y llegaron casi a la vez.

—¿Y?

—Lo que vio le hizo vomitar. Ya sabes que todos nos conocemos por aquí y a los padres de las niñas los debía de conocer de vista. Yo también sé perfectamente quiénes son y nos saludamos con la cabeza cuando nos cruzamos en coche.

—¿Y a Sito Pérez?

—Poco. Era un pobre diablo que se había enamoriscado de una de las prostitutas de Las Infantas Cachondas que luego se hizo famosa porque la sacaban mucho en los periódicos. La Cachucha, creo que se llamaba.

—¿Sabes qué fue de ella? No te lo pregunto porque fueras habitual del puticlub.

—Pues casualmente sí, y no porque fuese cliente, aunque... ¿qué tío no ha tomado alguna vez un copa allí?

A Socorro le sentó muy mal la interrogación retórica.

—No sé. Para mí esos sitios son lugares de explotación que...

—Pues La Cachucha se casó con el dueño del taller —la interrumpió José Mari—, aunque el pobre Lonetas, así le llamaban, se murió de cáncer a los cinco años, como su amigo el farmacéutico y el frutero..., y los tres se habían casado con tres chicas del club.

—¿En serio?

—Sería mala suerte, porque nunca encontraron nada sospechoso, pero fue un cachondeo porque las tres se hicieron muy beatas y negociantas. La Cachucha se puso su nombre civil, Daisy, y así fue tirando. Me parece que le tocó un décimo de la lotería de Navidad.

—¿O sea que la Cachucha sigue en Infantes?

—Pues no. No sé si sería el karma, pero murió en 2017 o así. Alguien la atropelló y se largó. Nunca encontraron al responsable.

—¿Y las otras dos prostitutas?

—Ahí siguen, en la vida civil... Esperando a que les vengas a retorcer el pescuezo.

Socorro sintió que le quedaba por saber algo.

—¿Por qué tu padre decidió vender El Teatino?

—Bueno, pues mi padre pensó que mantenerlo le costaba mucho dinero cuando las cosas se pusieron feas para mi familia. Yo había empezado a trabajar con las Lequerica pocos años antes.

—En Infantes no se hablaría de otra cosa.

Segundo carraspeó.

—La verdad es que fue un trauma del que el pueblo tardó en recuperarse. La mayoría quería ir a Carrizosa y linchar a Sito. A todos se les helaba la sangre, porque ya te digo que muchos habían pasado por Las Infantas Cachondas y temían lo que pudiera decir la Cachucha de ellos después de lo que rajó de aquel diablo.

—¿Y de tu padre dijeron algo?

—La verdad es que no. La gente le quería mucho. —Socorro se quedó callada. Él pensó que ya no había mucho más que hablar—. Me ha dicho tu madre con lo que estás. Llámame para lo que quieras. O si vienes... Me encantará echarte una mano. No sabes lo que aprecio lo que hace tu madre por las dos hermanas.

Socorro asintió. Pensó que ya sabía de quién había sacado la obsesión por priorizar el trabajo. Menos mal que ahora tenía a Luis, y pensaba en otras cosas.

19

A Pila no le salió bien el rececho al Camello, el venado de más de doscientos puntos que habían visto los guardas de El Manantial. Ese día había una berrea muy intensa y el aire estaba denso. Había llegado a las siete de la mañana y el guarda que había visto el venado la estaba esperando. Cicu y Tomatito aún estaban aprendiendo. Estaban nerviosos y lloriqueaban porque sabían que iban de caza. Llegaron al encinar por donde lo había visto, pero no hubo suerte. Aquella mañana no apareció. Por la tarde sí que lo vieron, pero los perros, al darse cuenta de su presencia, se pusieron a gruñir impacientes. Pila lo tenía apuntado con su 300, pero en el instante en el que iba a apretar el gatillo, Cicu se movió y el tiro se le fue alto. El Camello miró hacia donde estaba oculta Pila y salió corriendo. A la menor de las Lequerica le hubiera dado tiempo a recargar y a tirar otra vez, pero prefirió no hacerlo corriendo para no herirlo. Ya no tenía la misma seguridad que cuando era joven y no quiso arriesgar. Los perros, al escuchar los tiros, comenzaron a ladrar como locos, y Pila comprendió que al menos ese día no mataría al Camello.

—La verdad es que es bonito —le dijo al guarda mientras volvían al coche.

Era un chico joven, guapo, que había decidido hacerse guarda porque lo que más le gustaba era el campo. Era socialista, pero aquello no le impedía trabajar en la finca de las Lequerica y que le gustara mucho la caza, como le gustaba a sus hermanos y como les había gustado a su padre y a su abuelo, comunistas.

—Seguro que lo volvemos a ver, pero es una pena que lo haya fallado. Aún queda mucha berrea, pero es verdad que hacía tiempo que no se veía en la finca un venado tan grande.

Pila limpió la lente del rifle con la manga de su camisa de algodón. Estaba muy enfadada consigo misma porque se había empeñado en llevarse a los perros.

—Tengo un cabreo...

En ese momento, le vibró el teléfono al guarda. Era José Mari, que le llamaba para preguntarle si habían visto el venado. El guarda dijo que sí.

—¿Y lo habéis cobrado?

El guarda dijo un «no» muy bajo.

—¿Lo ha fallado?

El guarda hizo un ruido y asintió. Se notaba que le daba vergüenza decir que había fallado.

Pila le pidió el teléfono al guarda. Se lo dio a regañadientes.

—José Mari, no le des más vueltas porque he fallado por idiota y por la tontería de traerme a los perros sin enseñar.

Cuando Segundo colgó el teléfono, Pila marcó a su hermana. La primera pregunta de Pincho fue evidente. Pila respondió, paciente:

—Lo he fallado y me da una rabia... Esos perros del demonio se han portado tan mal.

Pincho sabía que a Pila le sentaba muy mal fallar. Para ella la caza era algo muy importante porque lo consideraba su terreno, aunque las fincas fueran de las dos hermanas. A la mayor de las Lequerica nunca le había interesado la caza. Por eso confiaba en su criterio en la gestión de los cotos.

—Ya irás otro día y seguro que la próxima vez tienes suerte —trató de consolarla—. ¿Vuelves hoy a Madrid?

Pila dijo que sí.

—Mañana tengo la primera reunión con los de la Universidad Douleia que nos quieren comprar Las Seguidillas. Por lo visto, eso de *douleia* significa trabajar, en griego moderno, pero en griego antiguo es ser esclavo. Espero que sea por lo primero.

—¿A qué hora la tienes?

—A las diez, con lo poco que me gusta madrugar. Mañana desayunamos juntas y te pongo al día.

El sol se ponía poco a poco en los cerros de Los Manantiales y las laderas parecían pintadas de ámbar. Berreó un venado, replicó otro. Cantó una paloma torcaz. Era el concierto que presagiaba el otoño. Había sido una pena que no hubiera podido matar aquel venado tan grande. La última vez que había matado uno así en Los Manantiales había sido con su tío Alfonso, justo el mismo año en que murió. Recordó lo bien que lo habían pasado juntos y la alegría de su tío cuando había conseguido abatir el animal. Para Pila la caza no era matar, era una forma de mantener la vida sin artificios ordinarios. Aquel día, los dos brindaron con brandy.

Pila ni siquiera se quiso beber un vino con el queso manchego y el jamón del valle de los Pedroches que le esperaban al llegar a casa.

—Tengo que llegar a Madrid esta noche —se excusó.

Y se largó en el Land Cruiser que utilizaba cuando iba al campo.

20

Fiona Portocarrero no consiguió para la siguiente semana una entrevista con Amancio Ortega ni con su hija Marta. Tampoco con Bill Gates ni Carolina de Mónaco. Y por su parte, Gabriela Dueñas tampoco había tenido suerte confirmando el romance del prometedor político de derechas con una jugadora jamaicana de voleibol. El único que había logrado algo fue Diego Alarcón, que siempre tenía gente desgraciada escribiéndole para ofrecerse a contarlo en el periódico.

—Bueno, hoy se va a contar en Livermore algo de lo que consiguieron con la fusión —dijo Pedro Viciano.

—Eso puede ser una apertura. La fuente de energía del futuro.

Viciano quiso restar entusiasmo a la sonrisa de Ángel.

—En realidad, lo de la fusión es complicadísimo, porque en la energía de fusión tenemos concentraciones de energía muy fuertes en puntos muy pequeños y, lógicamente, la estabilidad tanto del propio proceso como su control son elementos muy críticos. Así que no creo que podamos sacar ningún gran anuncio hablando con ingenieros y científicos porque ahora lo que hay es expectación y publicidad para captar inversiones de tíos con gorra, así como tú. Incautos que pagan miles de millones para que los científicos investiguen cómo se puede vivir para siempre. Y la mayoría muere sin ver resultados.

—Pero de eso mejor no escribir. Fiona va a entrevistar a un científico que ha rejuvenecido a las ratas.

—Pues que le pregunte si esas ratas que rejuveneció hace diez años siguen vivas. ¿O cuánto tiempo estuvieron vivas?

21

A Pila no le gustaba llegar a su casa de Madrid de madrugada. No quería que nadie la esperase para recibirla, pero, aun así, Nelson y Marina estaban pendientes para cogerle las maletas y sacar a los perritos a la calle, aunque normalmente solo Oli y Buga, los únicos a los que dejaban estar en el piso.

—Nos ha contado su hermana que ha fallado un ciervo muy grande.

Pila asintió con disgusto. Era la primera vez que volvía a Madrid desde que se había ido por la media veda y había traído unas cincuenta palomas ya peladas para ponerlas en alguna cena.

—La escopeta, la caza menor, siempre se me ha dado mejor.

Marina les puso la correa a los perros. Pila los señaló.

—De ellos es la culpa de que haya fallado el venado. Los debería haber dejado castigados, pero ya sabéis que mi hermana no quiere que deje solos a los perros en Los Manantiales. Otra cosa es el El Lanchar, que allí están Susi y Segundo, que se ocupan de ellos.

A Nelson y a María no les importaba que los perros estuviesen en Madrid. Estaban muy bien educados y su presencia llenaba de vida las casas de los Lequerica. Sobre todo, porque Oli y Buga, los perros que siempre estaban con las hermanas, ya estaban muy mayores y apenas se movían.

Antes de irse a la cama, Pila le dijo a Nelson que necesitaba que al día siguiente la llevase en coche a una reunión que tenía con los responsables de la universidad que querían comprar Las Seguidillas.

—Así que lava el coche mañana temprano, que está manchado de polvo y tierra.

Nelson asintió. Normalmente Pila se movía por Madrid en un Mercedes rojo descapotable que tenía casi cincuenta años y que, presumía, solo ella sabía conducir. Que le pidiera a Nelson que la llevase era una sorpresa y solo se producía cuando ella se veía obligada a preparar papeles o a hacer llamadas telefónicas.

—¿Dónde es la reunión?

—En la sede de la universidad, en Boadilla, así que lo mismo nos tenemos que comer la salida de Madrid. Es a las diez, así que nos vemos a las nueve.

—Es pronto para usted. Con lo que le gusta desayunar sin prisas.

—Por eso me voy a tomar algo ahora.

Pila cogió pan y jamón de la cocina y se los llevó a su saloncito. Abrió una botella de tinto y se bebió dos copas mientras cenaba. Sabía que no debía hacerlo, pero le apetecía esa sensación, el breve fulgor que le daba la dosis justa de alcohol. El pan, ya algo seco, le llenó de migas los papeles de Las Seguidillas que miraba por enésima vez. Sabía lo que podían valer ahora y en un futuro, cuando se pudiese hacer viviendas. ¿Y si esperaban para vender? Pero Pila pensaba que no tenían hijos ni nadie a quien dejar el dinero y que mejor gastárselo en ellas mismas. Había visto que vendían en la vega del Guadalquivir una finca muy buena de agricultura. O también podrían comprar más hectáreas cerca de Los Manantiales. Además, siempre había criticado a los que querían ganar hasta el último duro. Ella era de las que se podían permitir ser generosas.

22

Los tres ejecutivillos inmobiliarios (ellos preferían decir *real estate*) se quedaron impresionados cuando vieron a Pila Lequerica con su traje de chaqueta de seda de Armani y la falda justo por la rodilla. Pila aún tenía unas piernas preciosas y unos tobillos finísimos pero fuertes, nada quebradizos. Por otro lado, seguía teniendo su pecho lleno y bien puesto y una cara bien cuidada para sus casi setenta años. Avanzó con paso enérgico hacia ellos y les dio dos besos de cortesía porque nunca les daba la mano a los hombres. Los conocía demasiado bien como para saber lo que hacen con ellas. Lo mismo que las mujeres. Así que dos besos de rigor, ya que quizás el movimiento de cabeza podría ser interpretado como algo frío. Pasaron a una sala de reuniones y los tres trajeados se sentaron frente a Pila en una sala de juntas de madera. Pila tomó carrerilla.

—Encantada. Cuando queráis empezamos la reunión. Solo me gustaría deciros algo: mi hermana y yo no tenemos necesidad alguna de vender porque sacamos mucho dinero de los anuncios y la finca es un cheque al portador, ya que, en algún momento, ese suelo puede ser residencial.

Los ejecutivillos no dijeron nada porque era muy evidente que tenía razón. Ya sabían que no iban a encontrarse con una anciana desvalida, pero la fundación que era dueña de la universidad estaba dispuesta a pagar mucho dinero, una cifra fuera del mercado y que, por supuesto, tenía en cuenta que no estaban en trato con personas que necesitaran liquidez.

—Trescientos millones.

Pila le pidió que repitieran porque no podía creer que le estuvieran ofreciendo ese dineral por lo que ellas consideraban una finquita.

—Trescientos millones —repitió otro ejecutivo.

La menor de las Lequerica no supo muy bien qué hacer ni qué decir.

Internamente sí que se dijo un joder, pero pensó que no quedaba muy bien. Se rehízo.

—¿Y qué quieren hacer ahí?

—Pues vamos a abrir un centro, un campus, para impartir exclusivamente formación profesional. Y claro, tiene que haber talleres de prácticas, simulaciones. Necesitamos mucho espacio...

—¿Formación profesional privada? En mi vida había oído semejante cosa.

—Es cada vez más común. La gente quiere profesiones o, mejor dicho, oficios con los que puedan conseguir trabajo. Y a muchos no les importa pagar para formarse. Nos hemos asociado con empresas que tienen falta de trabajadores y están dispuestas a pagar becas, ayudas... y luego a poner a disposición de los estudiantes una bolsa de trabajo.

Pila estaba muy impresionada por el proyecto. No solo suponía un buen pelotazo, le caía bien aquella iniciativa.

—Vaya, pues también deberíais ofrecer titulaciones de guarda de campo porque hacen falta. A mí cada vez me cuesta más encontrarlos.

Ellos prometieron decírselo al rector.

Le dieron una oferta vinculante en un papel y firmaron una cláusula de confidencialidad. Pila hubiera aceptado la oferta allí mismo, pero tenía que decírselo antes a Pincho, aunque su hermana confiara en ella para los negocios.

Se despidieron con un gesto de cabeza. A la salida, Nelson la esperaba en el Land Cruiser refulgente.

—¿Todo bien, señora?

—Cuando lleguemos a casa pon una botella de champán en hielo. Mi hermana y yo cenaremos esta noche en casa.

—¿No prefiere un fino?

—Vamos a brindar por el tío Alfonso, que es quien mantuvo Las Seguidillas. Y a él le hubiera gustado que brindáramos con champán.

23

Hacía dos semanas que *Vida* había arrancado con resultados bastante cuestionables, lo que producía cierto regocijo en Socorro, al haber elegido a Ángel para dirigir el suplemento en lugar de a ella. Las historias de desgracias de Diego Alarcón seguían funcionando muy bien, como ya lo habían hecho en otras secciones. Como también lo hacían los chascarrillos de Gabriela, aunque, de momento, no había logrado ninguna exclusiva de relevancia. Sin embargo, las grandes entrevistas de Fiona no habían interesado demasiado, pese a que las colocaron en portada. Jacinda Ardern y Leopoldo López habían dado buenos titulares, pero...

Gabriela y Fiona se reían.

—¿Has conseguido ya la entrevista con Amancio Ortega?

—¿Y tú no has conseguido que te confirmen lo de la nueva novia del *president*?

Los sucesos, por supuesto, siempre interesaban a los lectores.

Socorro sí que había tenido mucho trabajo, pese a que los artículos por los que ahora la felicitaban eran historias menores que le mandaba hacer Luis y que ella sacaba adelante con un par de llamadas desde la redacción. El tema más recurrente eran los estafadores del amor. Señoras mayores a las que se presentaban por internet unos supuestos marines americanos que en realidad eran un grupo de nigerianos urdiendo estrategias para sacar la pasta a las mujeres. Más historias: un preso se autodeterminó mujer y embarazó a otra interna tras ser enviado al módulo femenino. Ingresó como hombre en una prisión alicantina y, una vez dentro, ya cumpliendo condena, declaró que se autopercibía como mujer y solicitó su traslado al módulo de mujeres, petición que le fue concedida. Ingresada ya en el pabellón femenino, inició allí una relación con otra interna y esta se quedó embarazada. También estaban las historias personales de las víctimas del terrible incendio en una discoteca...

Aquellos artículos de Socorro tenían bastante éxito entre los lectores y los suscriptores, pero no satisfacían el afán profesional de la periodista porque apenas requerían de esfuerzo y, además, tenía facilidad para hacer llamadas. De momento, las altas expectativas que la dirección y la propiedad de *El Matinal* habían puesto en *Vida* no se habían cumplido. Las ventas en papel no habían aumentado ni tampoco había conseguido que creciera significativamente el número de suscriptores.

Sin embargo, Ángel Rojo parecía muy ufano con su pequeño ejército de periodistas.

—Chupatintas —puntualizaba con mala leche Pedro Viciano, que estaba cansado del exceso de heroísmo de pacotilla de su jefe, al que había empezado a detestar profundamente.

Chupapollas, le deslizó Gabriela al oído señalando a María Casares, que se había incorporado a la sección y hacía todo lo que le pedía Rojo, incluidas esas cañas de después de trabajar a las que el redactor jefe de *Vida* era tan aficionado.

A Socorro no le gustaba que hicieran ese tipo de comentarios sobre María, que era lo más parecido que tenía a una amiga en el periódico, pero tampoco le parecía bien que María se relacionara fuera del trabajo con Ángel. Alguna vez, ella le había comentado a la joven redactora que las cifras de *Vida* no eran las esperadas.

María, por lo general, recibía con desgana esos comentarios.

—Este tipo de cosas tarda en consolidarse. Démosle el beneficio de la duda.

Socorro se encogió de hombros mientras tecleaba otra historia sobre bobas estafadas por el amor. Pero... ¿acaso el amor no era una gran estafa? Ella lo sabía muy bien.

24

Cuando Ángel Rojo conocía a alguna mujer, cualquiera, empezaba a pensar en las posibilidades de acabar en la cama con ella, aunque, casi instantáneamente, variables como la avanzada edad o la apariencia física descartaban al noventa y ocho por ciento de las candidatas.

María Casares había pasado el corte, y el hecho de que fuera su subordinada y que tuviera casi veinte años menos no suponían para Rojo impedimento alguno. La carne fresca de las jóvenes seguía siendo apreciada por el paladar del experimentado periodista. Y ella parecía encantada con sus atenciones, que salpicaba con encargos, halagos a sus artículos y cotilleos sobre el funcionamiento del trabajo. También, ladino, la implicaba en el desarrollo de la sección y hacía que escuchaba sus ideas. María no era tonta —más bien todo lo contrario—, pero se dejaba mecer en las palabras de aquel hombre experimentado, maduro, que presumía de sabérselas todas de todos y tenía un sinfín de números de teléfono que ponía a disposición de quien el resto de la redacción ya denominaba como «la favorita», aunque él prefería más bien el término pupila.

—Y clavarle tu pilila a su pupila azul —le había dicho a Ángel el más tosco de sus colegas.

—Anda, que poesía eres tú.

Rojo sonreía con su boca enmarcada por la barbita de dos días y bebía un trago de cerveza mientras conseguía por WhatsApp que un consejero de la comunidad le regalara dos entradas de teatro para invitar a María Casares.

«Te va a encantar. Es un monólogo basado en textos de Virginie Despentes», escribió en el mensaje. Lo adornó con un par de emoticonos.

María le puso un «Gracias. Me apetece mucho» que a Rojo le pareció un pelín lacónico, pero esa aparente resistencia hacía los prolegómenos del ritual de apareamiento más interesantes.

—¿Se hace la dura? —le preguntó uno de los chicos.

Él hizo un gesto con la mano.

—Pero no me extraña. La he mandado hacer un artículo que debe incluir estadística con datos y gráficos, y tiene todo el derecho a tenerme manía.

—Ya la resarcirás. Lleva toda la mañana dale que te pego. Yo creo que ni siquiera se ha ido a comer, la pobre. Es lo que le pasa por querer ser una periodista seria.

Y empezaron a pedir más cervezas mientras la selección de jazz de la música se hacía más intensa.

Ángel Rojo se miró las zapatillas que se había comprado aquella misma tarde. No sabía si aquel atuendo era demasiado juvenil para su edad, pero era lo que buscaba con su jersey de pico gris que dejaban a la vista una impoluta camiseta blanca y sus vaqueros. Le gustaba que le dijeran que se parecía a Guardiola. Él también era un buen entrenador.

—María es una joya en todos los sentidos. Va a ser una gran periodista.

25

Pese a que Socorro detestaba el trabajo de redacción —los refritos, el trabajo de teletipo y el telefonazo para enriquecer los textos, la edición de otros...—, su situación le había venido estupendamente desde el punto de vista económico. Aprovechaba las mañanas para ir a alguna tertulia en la tele y hablar de los sucesos del día, que muchas veces había escrito y publicado ella. Después, iba a la redacción, donde trataba de no hacer más horas de las estipuladas, aunque siempre pasaba algo que complicaba los cierres. Estaba facturando y no le venía mal, porque, pese a que no le gustaba gastar, trataba de tener jamón y cosas buenas en la nevera por si Luis llegaba de forma inopinada. Claro que no solo se le iba el dinero en eso. Estaba rehabilitando la casa de su padre en Terrinches porque pensaba instalarse allí tras su jubilación. ¿Y quién sabía? Quizás su madre decidiría en algún momento dejar a las Lequerica y descansar de toda una vida pelándose las manos por fregar sin guantes. Hacía tiempo que podría haberse jubilado, aunque nunca se había planteado nada semejante. ¿Qué iba a hacer ella sin ocuparse de las señoras y sus perros, a los que quería como propios?

Ángel Rojo la llamó al despacho.

—Estás guapa pintada. ¿Has tenido tele hoy otra vez? —le dijo con su media sonrisa.

Socorro se vio obligada a justificarse.

—Sí, ya sabes cómo funcionan estas cosas. Me vetaron una época, pero han vuelto a contar conmigo y me viene muy bien la pasta, la verdad.

—Pues ten en cuenta que tu prioridad es siempre el periódico y que Editasa es quien te paga el sueldo.

A Socorro no se le escapó el tono de reproche lastimero de su jefe.

—Claro, claro —trató de esquivar ella—. ¿Querías algo?

—Sí, no sé si has visto lo que se está publicando en Estados Unidos sobre la lista de contactos de Epstein.

—Hombre, no hace falta ser Oriol para saber que es una inmoralidad publicar eso. Estar en una agenda no significa nada y en estos tiempos no creo que sea prudente sacarlo a la luz. Los inversores se conocen todos y es normal que tuvieran contacto.

—Veo que estamos de acuerdo. Por eso mismo que tú has dicho, no lo vamos a dar.

—¿Solo querías eso?

—La verdad es que sí. ¿Te he dicho que estás guapísima cuando te maquillan en la tele? Deberías hacerlo más.

—¿Ir a la tele? —Socorro temió que en cualquier momento se pusiera a recitarle a Gil de Biedma.

—Maquillarte... Mejoras mucho, la verdad.

Socorro se echó a reír. Seguramente Rojo era de los que presumía de no haberse acostado nunca con mujeres mayores de cuarenta. Salió del despacho. Justo en aquel momento, le entró una llamada de la centralita del periódico. Carmen, una de las secretarias, le dijo que una chica había llamado preguntando por Diego Alarcón.

—Hablaba raro y tiene un nombre...

—¿Cuál?

—Perla Smith.

—¿Y no dijo lo que quería?

—No, preguntaba por Diego. Te paso el número y si quieres se lo das. Tiene un acento como de fuera. Parecía un poco ida, si se puede hablar así. Ya sabes que a Diego se le da bien hablar con gente de este tipo, pero si no está..., atiéndela tú.

A Socorro siempre le había hecho gracia el fuerte carácter de las secretarias, engranajes indispensables de la redacción y las que hacían que todo funcionase. Carmen era la que tenía más complicidad con Socorro y la que le organizaba la mayoría de los viajes.

Miró el teléfono que le había mandado mientras hablaba con ella. El número que había dejado Perla Smith tenía un prefijo estadounidense. Socorro se lo guardó en el móvil. Perla Smith, escribió en su agenda. Y por si se le olvidaba el nombre, puso «llamada secretarias Diego».

Escribió a Diego para contárselo. Él le respondió enseguida y le pidió que por favor la llamara ella, porque él estaba con tres o cuatro historias delicadas y no podía con tanto. «Lo más seguro es que no sea nada relevante».

A Socorro eso le espoleó la curiosidad. ¿Qué querría la tal Perla Smith?

Le puso un mensaje para preguntarle si podía llamarla por la aplicación para que no se lo cargaran a la tarifa telefónica. La respuesta fue un lacónico «Ok». Socorro le hizo sin pretenderlo una videollamada. Que la tal Perla Smith aceptara hablar con ella por vídeo la sorprendió. Al otro lado, se encontró una chica rubia, con diadema, con las mejillas muy sonrosadas y sorprendentemente infantil. La periodista se pintó unos rayajos en la mano para acordarse de que debía preguntarle por la edad a Perla.

—*Hi!* —saludó ella, con esa cordialidad inocente que gastan los americanos.

Socorro no hablaba ni una palabra de inglés. Lo intentó un poco.

—*Hello. Me don't speak English.*

Ella sonrió.

—Mi madre es española. Cubano-española. Me he venido a vivir con ella. Y yo... pues lo hablo bastante bien. Llámame Perlita.

A Socorro solo le salió darle las gracias y explicarle que Diego Alarcón no se podía hacer cargo de escribir el artículo sobre su caso, pero le garantizaba que, si le contaba algo relevante, tendría la máxima difusión.

—Pues ha sido idea de mi madre que llamáramos. Ella lee tu periódico y pensó que a Diego Alarcón le podría interesar mi historia. Es importante.

—A tu disposición. Ya me dirás.

—Pues prefiero que nos veamos para contarte en persona. En una hora puedo acercarme a donde está *El Matinal*, pero prefiero que nos veamos en otro sitio.

Socorro pensó en ir a un local que le sugirió Luis Gordon para tomar un aperitivo, pero al que después renunció porque podían encontrarse a muchos conocidos. O incluso a sus padres, ya que algunos días lo frecuentaban a esa hora.

—Nos vemos en Richelieu, en Eduardo Dato.

Perlita le dijo que de acuerdo.

Socorro colgó el teléfono y se fue a donde estaban las secretarias para que le pidieran un taxi.

En ese momento, Ángel Rojo iba a meterse en el despacho del director. No le gustó un pelo ver a Socorro dirigirse a la salida.

—¿A dónde vas? Si acabas de llegar... Ya sabes lo que hemos hablado. Tu dedicación debe ser el periódico.

—Es que me voy a ver a una fuente.

—¿Para lo de los crímenes sin resolver?

Socorro le mintió.

—Sí. Es que me falta atar unas cosas.

—¿Están buscadas las fotos de toda la serie?

—Claro. Y está pintada casi toda. Solo falta que ajuste los textos.

—No lo retrases mucho.

Eduardo García no había cogido moreno en el mes que había estado de vacaciones en Asturias. No era demasiado aficionado a la playa y si llevaba toda su vida pasando el verano en el norte, era porque le gustaba poderse arropar por la noche y ponerse jersey para ir a cenar. Así que se quedó muy sorprendido cuando fue a ver a Ignacio a Sotogrande y le vio tan pálido y desmejorado. Por supuesto, no le dijo nada porque Lequerica seguía siendo el jefe, pero él cada vez estaba en mejores términos con Timanfaya, que tenía más liquidez. La propiedad cambiaba constantemente en todos los medios salvo en *El Matinal*, donde el accionista mayoritario estaba en las mismas manos desde hacía más de un siglo, pero era difícil que eso se mantuviera, así que mejor contar con el respaldo de los dueños del grupo de prensa regional. Además, él había crecido como periodista en Timanfaya.

Cuando García fue designado sucesor del sucesor de Santos Armestos, el director de Ignacio Lequerica padre, como a él mismo le gustaba llamarse, sintió que caía sobre sus hombros todo el peso de la historia de *El Matinal* y de la leyenda de uno de los grandes directores de periódicos que había dado España y al que admiraba desde niño. A partir de entonces, comenzó a disfrutar de las cosas buenas que tenía ser director de un periódico, aunque ya nadie soñase con el millón y medio que anualmente le pagaron a Santos Armestos. Los tiempos habían cambiado y necesitaban un director joven que comprendiera el futuro digital de los medios y buscara nuevas fuentes de ingresos. Y así dieron con Eduardo García, uno de los jefes editoriales de Timanfaya que se encargaba de coordinar los contenidos comunes de los regionales.

García llamó a Ángel Rojo a su despacho y le dijo que *Vida* no estaba saliendo como se esperaba.

—Hay que ir a lo de siempre. Los sucesos. ¿Me decías que Socorro Núñez tenía una serie sobre crímenes sin resolver?

—Está prevista para después de Navidad.

—Pues adelántala a antes, porque esto se puede ir al garete antes. Necesitamos mejores datos en internet.

Rojo sintió la presión de su jefe.

—No creo que sean tan malos. Como tú dices, los sucesos de Socorro han funcionado muy bien.

—Por lo que me dices, no miras Partial. Nos hemos gastado un dineral en ese programa, así que ya puedes consultarlo para mejorar los datos de *Vida*. A ver si nos vamos a arrepentir ahora de haberte puesto al frente. O de ponerte yo, porque ha sido idea mía.

Ángel Rojo se largó sin responder al comentario, pronunciado con la ojeriza que causa el fracaso y la impotencia. No le gustaba que Eduardo le recordase a quién debía su puesto.

En cuanto pudo, llamó a Socorro, que se encontraba en un taxi a punto de llegar a su encuentro con Perlita Smith.

—Mañana empezamos a dar tu serie. La tienes preparada, ¿no?

—Solo me falta el suicidio de Sito Pérez...

—Pues vete a Carrizosa, porque saldrá en unas semanas.

Socorro se puso muy contenta. Por fin volvía a lo que más le gustaba de ser periodista. Tratar de saber.

—Me voy en cuanto pueda.

—Pero no te enredes en lo de Sito si no lo ves claro. Ya te dije que mis fuentes me dijeron que, sin duda, había sido un suicidio. No pierdas el tiempo por ahí...

—No, claro. Me hubiera gustado ir antes a Carrizosa, pero es que había tanto que hacer en la redacción que lo he ido postergando para escribir otros artículos.

—Así es como funciona el periodismo.

Socorro sabía que Ángel tenía razón.

26

La diadema hizo que Socorro reconociera a Perlita. Una chica algo ñoña sentada en una de las mesas de la terraza de Richelieu. Tenía un pelo rubio muy robusto y una de esas pieles que solo pueden ser anglosajonas, blanquísima, pecosa. A Socorro le pareció muy joven, pero a medida que se había ido acercando a la mesa, le dio la sensación de que era mayor de lo que en principio había creído. Estaba delgadísima, casi escuchimizada, y tenía unas ojeras hondísimas que marcaban un rostro armónico, de esas reinas del baile de las películas de instituto americano. O, mejor dicho, como las participantes de un concurso de belleza infantil. Perlita se estaba tomando un té negro al que debía de ser muy aficionada porque tenía los dientes tintados de algo sombrío.

Socorro la saludó y ella le devolvió una sonrisa tímida. No hubo besos en las mejillas, tan solo un apretón de manos.

—Encantada —dijo Perlita Smith. Y Socorro respondió lo mismo mientras le pedía una cerveza al camarero. Se la trajeron con un plato enorme de salchichón, chorizo y queso con algunos picos.

El tamaño de la tapa impresionó a Socorro. Ahora entendía por qué tanta gente hablaba bien de ese bar. Le acercó un plato a Perlita, que lo rechazó con la cabeza.

—Soy vegana —se excusó.

Socorro no quería irse por las ramas. Tenía prisa por volver a la redacción para meter los textos de los crímenes sin resolver. Y si le traían otra tapa como aquella, no necesitaría comer.

—Pues tú dirás, Perlita. —De repente, Socorro tuvo una sensación rara llamándola con el diminutivo, así que rectificó—. Perdón, Perla.

—Perlita me han llamado mis padres siempre. Perla me llamaban en el colegio y era como me llamaban él y sus amigos.

—¿Él?

—Ya sabes...

Socorro negó con la cabeza y mojó sus labios en la cerveza. Estaba fría, amarga... Como a ella le gustaba. Y estaba mejor con un piquito con ese chorizo que tiñe las manos de un tono anaranjado, como cuando era pequeña.

—Te lo habrán contado muchos —prosiguió Perla, Perlita—. Los conocí en una fiesta a la que fui en Miami cuando estaba en *high school* y, bueno, en esos ambientes, es fácil. Mi madre es cubana de origen español y mi padre salía adelante como podía, rascando de aquí y allá. Y para una niña como yo, que entonces tenía catorce años y no tenía nada, era fácil pensar que esa gente tenía un interés genuino en mí. Y así, con pequeños trabajitos (les hacía de camarera, a algunos les cuidé hasta los niños...) se fueron metiendo en mi vida. Y enseguida llegaron los masajes, las copas, las drogas y a partir de ahí empezó a meterme mano. Yo tampoco puedo decir que me negara. Sabía perfectamente lo que hacía...

—Me hablas de Epstein supongo. Me temo que en el periódico somos un poco reticentes a publicar las agendas de Epstein porque no quieren decir nada.

Perlita no le hizo caso.

—Le conocí, pero no fui una de las chicas que le denunció. Ya sabes, esa gente se comporta así. Te embaucan, te hacen sentir bien y la droga, el alcohol hacen el resto. Pero hubo un tipo que...

—Es del que vas a hablarme —la interrumpió Socorro.

Perlita bajó la mirada. La periodista no pudo evitar observar que había algo roto en la porcelana que era su piel.

—Era un tipo español, muy rico... Pero es que... Tengo que pensármelo más antes de contártelo.

Las reticencias de Perlita no le gustaron a Socorro. Había conocido a muchas prostitutas que se hacían las interesantes con los nombres de sus clientes y solían acabar diciendo estupideces en programas de televisión en los que se hablaba del famoso *book*, ese libro legendario que nadie había visto porque solo lo tenían algunos y en el que figuraban modelos, actrices, presentadoras dispuestas a prostituirse por mucho dinero...

En ese momento, le llegó un mensaje de Ángel Rojo diciéndole que quería leer su primer texto antes de las ocho de la tarde. La periodista se puso muy nerviosa.

—Perla, perdóname. Comprendo que estás mal por lo que te ha pasado y eso, pero... o me dices el nombre del tipo hoy o nos tomamos algo otro día.

De repente, Socorro reconoció en Perlita a la misma mujer que había entrevistado en Valladolid porque un camionero que la chuleaba la había dejado por otra. O a la estudiante que la había mareado durante meses sobre los acosadores de la universidad y cuyo nombramiento en la empresa de uno de ellos había visto publicado. Ninguna de ellas le habían presentado ninguna prueba cuando se la había pedido. Y si te he visto, no me acuerdo. Perlita sintió que algo muy turbio, la sospecha, aprisionaba el corazón de la periodista. De pronto se le habían quitado las ganas de preguntar, de saber...

—Lo siento, pero ya te he dicho que me tengo que ir... Mi jefe quiere que mañana publique una historia...

A Perla Smith se le llenaron los labios y puso un mohín de disgusto.

—No sé. Creo que lo que quiero contarte merece la pena. Y no quiero nada a cambio, salvo que ese tipo acabe en la cárcel. O muerto.

—¿Nada a cambio?

Socorro puso ese tono repugnante que usan los que no creen en el orgullo, la desesperación o las ganas de hacer justicia.

—Ya te he dicho que no. Sé que los medios no pagáis. Ya no.

Socorro se quedó muy cortada. Se dio cuenta de que quizás estaba siendo demasiado fría con Perlita, pero es que...

—¿Sabes? ¿Te llamabas Sucesos?

Socorro rompió a reír por la confusión. A esa mujer Socorro y Sucesos le sonaba a lo mismo.

—Sucesos no me llamo.

—Da igual. Al final, solo quería conocerte para contarte, pero no ahora.

A la periodista se le escapó lo que pensaba.

—Los periódicos no pagamos, pero...

Perlita se empezó a reír como las protagonistas de la ópera cuando la fatalidad está a punto de cumplirse.

—A mí eso ya me da igual. En España nadie me pagaría. No es dinero lo que quiero. Ya sé lo que es viajar en avión privado, vivir en una casa con piscina interior... Por otro lado, me temo que no quieres creerme.

—De momento, lo único que me has contado es una historia sin nombres, fechas y lugares. Eso no es publicable.

Socorro se sintió abrumada. Por primera vez había sentido que se le había escapado ese tono entre condescendiente e inquisitivo que tanto disgustaba a las víctimas. Le pidió disculpas, aunque, en el fondo, no creía lo que le estaba contando. Le entró otro mensaje de Rojo apremiándole a volver a la redacción porque le reconfirmaba que la primera entrega de su serie sobre los crímenes sin resolver empezaría a publicarse al día siguiente. «Me gustaría leerlo a las ocho».

—Me tengo que ir... De verdad, es que mi jefe es muy pesado con la presencialidad. Tengo que empezar mañana a publicar una serie que...

De repente Socorro se dio cuenta de que no tenía por qué explicar a la tal Perlita en lo que estaba trabajando. Tenía la sensación de que aquel encuentro había sido una pérdida de tiempo porque debía estar rematando la primera entrega de los crímenes sin resolver.

Perlita la miró.

—Por favor, sé cómo trabajáis, pero no te olvides de mí. Es importante.

La periodista se dio cuenta de que quizás no estaba siendo justa con aquella chica.

—Dame un tiempo a mí para estudiarme lo de Epstein. Ten en cuenta que no he seguido nada el caso porque no pensé que tuviera nada que ver con España.

Perlita sacó un billete de veinte e hizo un gesto a Socorro de que quería pagar la cuenta.

—El que me hizo lo que me hizo sí que tiene que ver con España. Y mucho.

27

Hacía varias semanas que *El Matinal* había cambiado su sistema de medición de lectores. Ahora se trataba Partial, una aplicación más compleja que, además, añadía recomendaciones de inteligencia artificial sobre el tratamiento de los temas, titulares adecuados, etc. Pero aquello más que inteligencia artificial lo que le parecía a Socorro era idiotez artificial, por lo que a los pocos días había dejado de mirar esas recomendaciones y se limitaba a controlar los datos de lectura, permanencia... Aquel día, cuando se levantó, lo primero que hizo fue comprobar cómo estaba funcionando su primera entrega sobre los crímenes sin resolver. Se trataba de Helena Jubany, aquella bibliotecaria de veintisiete años que había aparecido desnuda en el patio de un edificio en Sabadell después de que días antes hubiese recibido horchata y zumos envenenados.

El instinto nunca le fallaba a la periodista y enseguida pudo comprobar que su artículo era el más leído de la web de *El Matinal*. Eso la reconfortó porque no había podido pegar ojo pensando en la forma en la que había tratado a Perlita el día anterior. Así que le mandó un mensaje pidiéndole perdón. Ella le respondió con un emoticono de sonrisas y le pidió que mirara la lista de los contactos en las agendas de Epstein. «Te contaré más la próxima vez que nos veamos. Solo decirte que ese ser es un demonio y me hizo cosas aberrantes. Iré escribiendo por Telegram porque no me fío demasiado de otras aplicaciones. Es un canal por el que me desahogo con unas pocas personas. Hace que me sienta bien». Socorro nunca se había descargado Telegram, aunque sabía de su existencia, así que hizo lo propio y se puso a buscar entre los contactos y añadió a Perla Smith. Se dio cuenta de que tenía casi cincuenta suscriptores. En ese momento, le entró un mensaje de Perlita por WhatsApp. «Normalmente, escribo en inglés. No sé si lo entenderás». Y le puso un emoticono de un ojo guiñado. Socorro no comprendía por qué aquella chica se empeñaba en no contarle su historia, pero sí se atrevía a explayarse con aquellas personas. Será que hay cosas que son más fáciles de contar sin tener que mirar a nadie a la cara.

28

Ignacio Lequerica nunca llamaba a su hermana Pila, «salvo que quisiera algo», añadiría ella. Así que dejó sonar el teléfono hasta que se cortó la llamada. No le gustaba atender a su hermanastro en el primer intento. Septiembre había sido un mes desigual para la menor de las hermanas. La Universidad Douleia les había ofrecido trescientos millones por Las Seguidillas, pero Pila se lo seguía pensando porque era de esas personas a las que les genera cierta desconfianza deshacerse de su patrimonio, aunque le fueran a pagar un dineral que cualquier persona sensata consideraría desorbitado. «Querrán blanquear», dijo como toda explicación a Pincho cuando le preguntó. Del mismo modo que la menor de las Lequerica le dejaba las manos libres a su hermana mayor para que actuara como considerase conveniente en los temas relacionados con *El Matinal*, ella se fiaba del criterio de Pila en lo relativo a la gestión de lo que llamaban con sencillez impostada «el campo».

«Pero eso a ti y a mí qué más nos da», había despachado a Pincho cuando esta le preguntó si sabía algo de la procedencia del dinero de Douleia. Así que, sin mucho esfuerzo, las dos hermanas se pusieron de acuerdo para vender Las Seguidillas a los curas.

El principal motivo para la desazón de Pila, aparte de la cercanía de su cumpleaños, que siempre le daba mucha rabia, era que no había vuelto a tener a tiro al Camello después de que los perros la hicieran fallar. Sobre todo habiendo dedicado varios días a buscar y esperar al venado. El móvil le volvió a sonar. Era Ignacio otra vez. Le contestó mientras paseaba por el camino que iba hacia la casa de El Lanchar.

—El editor de *El Matinal* se digna a llamarme...

Ignacio tosió. Nunca había tenido una relación fácil con Pila porque sentía que tenían poco que ver. Ni sus aficiones, ni la manera de vivir y disfrutar, ni tampoco el desdén y la socarronería a todas horas... Esa necesidad de estar siempre burlándose de todo, un lujo que él había decidido no darse. Con su hermana Pincho siempre podía hablar de *El Matinal*, pero con Pila... a saber con qué barbaridad le podía salir.

—Nada, quería ver cómo te va.

Pila se quedó sorprendida, aunque sabía que el súbito interés de su hermano por saber de ella se debía a motivos más espurios que el cariño fraternal. ¿Se habría enterado de la venta y querría pedirles dinero? Decidió hablarle del tema que menos le interesaba a Ignacio Lequerica Bernard: la caza.

—Pues estoy muy bien. Jodida, porque no sé si te ha contado nuestra hermana que he fallado un venado muy grande en Los Manantiales. Me dijo José Mari que creía que tenía doscientos puntos. Hacía muchos años que no se veía uno tan grande.

Ignacio salió por donde menos se esperaba Pila.

—Pues de eso precisamente quería hablarte. Es que tenemos a un tío que quiere poner muchísima pasta en publicidad en el periódico y es muy aficionado a la caza. Y he pensado que lo mismo lo podíais invitar a matar el venado.

A Pila aquella petición de su hermano no le hizo ninguna gracia, pero pensó que no era la única dueña de la finca y que Pincho tendría algo que decir, y cuando Ignacio esgrimía *El Matinal*, rara vez Pincho le negaba nada.

—¿Has hablado con Pincho?

—Me ha dicho que de esas cosas te encargas tú, aunque yo ya lo sabía. También se ha ofrecido a organizar una cena en su casa con Eduardo García, el director, y algunos de los nuevos inversores. Ha entendido que también pondrán publicidad en *Juglar* y ella está muy interesada.

Pila se disgustó mucho porque a Pincho no le podía negar nada. Por eso le habría gustado que ella le hubiera pedido que dejara a aquel tipo matar al Camello. Ignacio notó la incomodidad en el silencio de su hermana.

—Bueno, la cena es en dos días, así que estaría bien que le invitaras tú.

Ella no supo cómo zafarse de aquella encerrona que le habían hecho sus dos hermanos.

—¿Y quiénes son?

—Francisco Alcañiz y Enrique Andújar. Te caerán bien. Salvo Andújar, son de tu edad y te habrán visto en el *¡Hola!*, como casi toda España.

A Pila le hacía gracia cómo su hermano a veces reconocía en ella ese algo que ni Pincho ni él podrían tener. Pila fascinaba. Y a ella, como a todos, le gustaba que la adoraran.

—El jueves, dices.

—Vendrán con sus mujeres... Todas te tienen miedo.

Pila se echó a reír.

—¡Si soy un carcamal! En nada es mi cumpleaños, además.

Ignacio siempre trataba de acercarse a su hermana de alguna manera. Con ella no le unía el periódico, sino tan solo la mitad de los genes. Y no tenían nada que ver.

—Sé perfectamente cuándo es tu cumpleaños, aunque ya no haces ninguna fiesta.

Pila se ablandó. Ignacio no era el hermano pequeño que a ella le hubiera gustado tener, pero tenía que reconocer que, al menos, era atento.

—Bueno, déjame que hable con Pincho, porque ya sabes... Yo quería que el Camello...

Pero su hermano no la dejó terminar y Pila notó ese corte abrupto de la comunicación. Le había cortado el teléfono.

José Mari, que estaba con ella en El Lanchar, la miró preguntándole con la mirada.

—Nada, que mi hermano pretende que invite a tirar el Camello a uno de los anunciantes de *El Matinal*.

El encargado se encogió de hombros.

—Pero es una pena que no lo mate usted. Hace mucho tiempo que en Los Manantiales no se veía un venado así de grande.

En ese momento, los perros ladraron a algún peligro invisible.

Pila los miró.

—Os voy a mandar a la perrera castigados.

Como si la hubieran entendido, los perros se tumbaron boca arriba ofreciendo su barriguita para que su dueña se dignase a rascársela. Pila trató de poner un tono severo.

—Menos cucamonas.

José Mari se moría de risa.

29

A la cena en casa de las Lequerica también estaba invitada Teresa Gil León que, como decía su tarjeta de visita, era la responsable del área de lujo y estilo de vida de Editasa, la matriz de *El Matinal*, aunque lo que hacía era organizar los eventos, una parte cada vez más relevante del negocio. Teresita, como la llamaban todos, conocía a las hermanas Lequerica desde niña, y don Ignacio Lequerica la había contratado medio en serio, medio en broma, pero enseguida se dio cuenta de que era capaz de conseguir cualquier cosa, como que la primera y la segunda esposa de un banquero se sentaran juntas en una mesa sin matarse y que fuera la foto más comentada. Teresita apenas había podido cruzar algunas palabras con Pincho desde la vuelta del verano. Tampoco con Socorro, con quien había hecho buenas migas el tiempo que había durado su investigación sobre Aldara Ortiz de la Vega. Como era habitual, llegó una hora antes para charlotear con las hermanas y ayudar en el caso de que Pincho necesitara que le echara una mano con los preparativos. Pero ese nunca había sido el caso y esta vez no iba a ser una excepción. Pincho se había esmerado porque sabía que aquellos anunciantes eran importantes para *El Matinal*. La casa estaba preciosa. Casilda, la hija decoradora de una amiga de Pincho, la había llenado de ramas de encina y de olivo entremezclándolas con flores. También habían sacado una vajilla de Hermès y la plata, aunque eso no era extraño, porque a las hermanas les gustaba cenar con la mesa bien puesta. Teresita vio que había tres latas muy grandes de caviar, consomé *gelée*... y Antonia estaba poniendo crema agria en una jarritas muy delicadas de porcelana. Y había blinis, patatas asadas...

Pincho llegó poniéndose los pendientes de oro al salón que hay al lado del comedor con un pantalón ancho negro, camisa de seda y una chaqueta con muchas hombreras de Saint Laurent. La mayor de las Lequerica siempre aparecía antes que su hermana, que tenía la costumbre de salir a escena cuando al menos algunos invitados habían llegado. Y esta vez tenía excusa: la cena era cosa de Pincho. Si fuera por Pila, *El Matinal* se podía ir al concurso de acreedores o al diablo, que venía a ser un poco lo mismo. Y para rematar habían tenido una pelea mínima porque no había querido invitar a Oriol y a Pacón para que no le cantaran las cuarenta al director, Eduardo García, a quien solían tratar —merecidamente, opinaba Pila— como un becario particularmente inepto.

—Vaya homenaje vas a dar a esta gente. Se van a quedar muy impresionados —dijo Teresa a Pincho contemplando las latas de caviar de un kilo.

—Nos las ha mandado uno de los invitados, Paco Alcañiz, ese que sale en las revistas con el barco tan grande y la mujer y la madre en bata de guatiné. Ya ves qué dispendio...

Ella no dijo nada y se limitó a revisar la mesa y a ver los platos de jamón que estaban preparados en la repisa de la cocina.

—¿Me traes una copa de champán, Nelson, por favor? —pidió Pincho.

Este ya se la estaba sirviendo. En ese momento, entraron otros dos camareros que Casilda había reclutado para que la cena transcurriera con mayor fluidez y ayudaran a servir los aperitivos.

El timbre sonó. Ignacio apareció con su traje azul cruzado, pero tan desmejorado como la última vez que Pincho le había visto en El Puerto, aunque llevaba sin levantar cabeza desde hacía más de un año.

Le dio las buenas noches a su hermana, que le acarició el brazo.

—¿Estás bien? Sigues con mala cara, aunque ya no tienes la infección en los ojos... Ya me dijiste que Lilian se iba a quedar unos meses con Ignacito.

Él hizo una media mueca algo agria.

—Gracias por organizar la cena. Te lo agradezco mucho, aunque a ti te viene bien por *Juglar*.

Pincho no quiso que se le notara que a ella le importaban menos esos inversores. Que era a él al que le iba la vida en que le pusieran publicidad en *El Matinal*. Y eso que no sabía que le acababan de ofrecer trescientos millones por una finquita. Ella llamaba siempre así a Las Seguidillas.

—Es el periódico que fundó nuestro abuelo... ¡Cómo no voy a hacer todo lo que esté en nuestra mano!

Ignacio bajó un tono.

—¿Y has convencido a Pila...?

Pincho negó con la cabeza.

—De momento, no. Ya sabes cómo es. Le gusta hacerse la interesante cuando tiene la sartén por el mango.

No habían cerrado la puerta cuando apareció Eduardo García con la que Pincho supuso que sería su mujer. Era una mujer guapa, resultona, exactamente lo que se esperaba de una persona como Eduardo García.

—Pincho, qué honor. No imaginas las ganas que tenía Isa de venir a tu casa.

Le dio dos besos a Isa, pero enseguida se percató de que buscaba con la mirada algo. Pincho supo muy bien de qué se trataba.

—Mi hermana Pila baja ahora. Se está terminando de arreglar.

—Siempre le ha gustado hacer apariciones estelares —terció Ignacio.

Isa lanzó un gritito de satisfacción. Se notaba que se moría por conocer a la mujer que había protagonizado tantas portadas de las revistas que había leído en la peluquería de su madre.

—Os parecerá una tontería, pero me hace ilusión conocerla.

Ignacio asintió como si estuviera acostumbrado a observaciones como aquella. Sabía que su hermana siempre tenía alguna cosa divertida que contar de sus francachelas con toreros, con políticos de la UCD, con el rey Juan Carlos, de sus viajes con el tío Alfonso o todos esos líos en los que se había metido cuando estaba con Pincho en el internado suizo...

Pincho les invitó a pasar al salón donde Nelson ya ofrecía copas de champán y los camareros platitos de jamón.

Se oyó girar el pomo de la puerta y Pila entró con un traje con muchas hombreras que se debía de haber comprado hacía treinta años, pero que parecía casi nuevo. Tenía el pelo más rizado de lo habitual y se había pintado para resaltar sus facciones angulosas. Sonrió tímida, aunque cualquier hombre o mujer sensible a sus encantos hubiese reconocido en su mirada a la depredadora que había sido tan solo unos años antes. Le dio la mano a Eduardo y un beso a Isa, visiblemente complacida porque Pila Lequerica era tal y como la había imaginado cuando de niña leía sobre sus andanzas. Aunque fuera ya una señora mayor, tenía cierto poso que siempre dejaba la belleza a quien envejece bien. Enseguida cogió una copa de champán de la bandeja y la apuró de un trago.

—¿Qué tal estáis? Qué cena tan curiosa esta..., ¿no, hermano? Con el director, pero sin tus dos mejores periodistas.

Ignacio supo que no debía entrar al trapo.

—Claro. Y ya verás qué gente tan interesante. Son de esos empresarios que están cambiando España.

—Emprendedores —quiso apuntar Eduardo García.

Aquella precisión era la típica que ponía de los nervios a Pila. Se acercó a Nelson y le preguntó algo al oído.

—¿Cómo? —dijo sorprendida—. ¿Caviar? ¿Y eso? Pero si en esta casa no se compran nunca cosas de esas. La crisis de los medios, ya sabéis.

A Teresita le dio un ataque de risa.

Su hermana se vio obligada a desvelar quién había sido el que había mandado el caviar.

Pero no hizo falta porque Paco Alcañiz y su mujer, una señora de unos setenta años que parecía la abuela de Pila pese a que tenía la misma edad, llegaron con mucha algarabía, como si les precediera una corte de palmeros, que es como suelen caminar los que están acostumbrados a mandar.

—Pincho y Pila... Las ganas que tenía de conocer a las famosas hermanas Lequerica. Mi mujer, Angustias, lleva pensándose el modelito dos días... Pero después de lo que me ha costado... ya podía hacerle parecer tener treinta años más joven...

Ninguno, salvo la aludida, quiso reírse de la ordinariez que acababa de decir el inmobiliario. Se notaba que la mujer de Alcañiz era una sufridora acostumbrada a los excesos de su marido. Estaba entrada en carnes, aunque era lo normal considerando que había sido madre muchas veces. Tenía las muñecas gordas, aprisionadas por un reloj de Cartier de oro muy finito y una pulsera de brillantes que se le incrustaban en la carne.

—Mi nombre es Angustias. Mi marido siempre me ha llamado Angus, pero desde que la carne de esas vacas se ha puesto tan de moda prefiero que no me llamen así.

A Pila le dio un ataque de risa. Afortunadamente, Pincho salió al quite.

—Paco, muchas gracias por el caviar, pero te has pasado...

—Me encanta pegarme homenajes con mis amigos.

Pero Pila tenía ganas de marcha. Sobre todo porque le apetecía mandar alguna indirecta a su hermano Ignacio y a Eduardo García.

—Angustias es un nombre muy sonoro, con carácter. Muy español. ¿No? Soledad, Angustias...

La mujer de Alcañiz resultó tener bastante sentido común, aunque miraba con cierta desaprobación a Pila.

—Por lo menos Soledad tiene un diminutivo bonito y alegre. Sol... Pero Angustias...

—Sí, Angustias es como Socorro. Un nombre que ya no se pone. Aunque he de decirte que mi periodista favorita de *El Matinal* se llama Socorro, Socorro Núñez. ¿Verdad que es la mejor?

Pero ni Ignacio ni Eduardo quisieron decir nada.

La mujer de Alcañiz quiso precisar algo.

—Me llamo Angustias Rodríguez.

—Pues lo dicho. Lo mismo que Socorro Núñez.

Y Pincho, Pila e Ignacio pensaron enseguida que eran los dos nombres más feos del mundo.

Entraron otras dos parejas y Sergio Navarro, el cargo de Interior que había ascendido por la resolución del crimen de Aldara y que era una de las grandes fuentes del periódico. Especialmente de Socorro, Eduardo García e Ignacio Lequerica.

Sergio había adelgazado algunos kilos. Así se lo contó al resto de los invitados y a los Lequerica mientras explicaba ufano que la pérdida de peso se debía al exceso de trabajo. «Y a que no me dejo ir en las cenas a las que voy, si no, estaría como un cerdo». Pincho le miró con cierto desagrado. No le gustaba el tono tosco pero suficiente de Navarro, la estrella ascendente del Ministerio del Interior y el niño mimado de los medios. Por la cuenta que les traía.

Vicente Log era un tipo octogenario con buena pinta y una mujer que debía de haber sido de armas tomar. Enrique Andújar era alto, delgado y bien parecido. Apenas tenía cincuenta años, más o menos la misma edad de Eduardo García. Su mujer, Marisa, era una de esas tías que a Pila siempre le habían dado mucha pereza. De esas que quedan a comer con sus amigas acelgas o pencas y se las piden con una copa, una sola, de vino blanco. Delgada, rubia, vestida como de galerista, calladita, al menos lo parecía. Su marido era otra cosa.

—¿Y tu mujer Lilian? —preguntó.

Ignacio volvió a sonreír.

—Está con mi hijo, que estudia en Estados Unidos.

Enrique no se calló lo que opinaba.

—Yo pensaba que nadie estudiaba periodismo, a mis chicos les he puesto a estudiar *business* y derecho.

—Ignacio niño es ingeniero, pero si un día quiere hacerse cargo de Editasa..., más vale que se entere de qué va el negocio. O al menos teóricamente de qué va el negocio, porque, de momento, no hay nadie que haya dado con la clave. Está en el segundo año de máster, con unas prácticas que se ha empeñado en hacer allí.

—Entonces, es de los míos. Los ingenieros somos un poco como los abogados del Estado...

Pila se acordó entonces de una frase.

—Los abogados del Estado, decía mi amigo Gallardón, son gente como los demás que no saben que lo son.

Nelson les indicó que debían pasar al comedor. En la mesa, junto a los cubiertos de plata, estaba colocando unas cucharillas de nácar.

—Por si queréis tomar el caviar que nos ha mandado Paco a palo seco, que es como le gusta tomárselo a él, según le he leído a nuestra Gabriela Dueñas...

Pila añadió que también era como más le gustaba a ella, una preferencia que le ratificó el inmobiliario, con el que no había dejado de pegar la hebra, para disgusto de Angustias, su mujer, que no dejaba de mirar a Pila con recelo.

La cena transcurrió como Ignacio y Pincho habían planeado. De postre tomaron unos quesos franceses y mousse de chocolate. Antes de que se levantaran de la mesa, Sergio Navarro se excusó y dijo que le había surgido una cosa urgente del ministerio.

—No os mováis, que esto son gajes del oficio... No hay día en que no me desmaye en la cama pegado al teléfono.

—Pasa al salón de al lado si quieres y luego te tomas una copa con nosotros. O una infusión, que no bebes —le dijo Pincho.

—No, en serio. Prefiero hablar tranquilamente porque, me temo, puede ser largo. Mil gracias —dijo mientras se agachaba hasta la altura de la anfitriona para despedirse. Al resto les dijo adiós con la mano.

Cuando pasaron al café, Ignacio hizo un aparte con Pila para preguntarle si iba a invitar a Enrique Andújar a matar al Camello. Ella se encogió de hombros y volvió al salón. Ignacio sabía la respuesta. Y muy pocos, ni su padre, eran capaces de torcer la voluntad de Pila cuando se empecinaba en algo, como era el caso.

Casualmente, Enrique se tropezó con ella mientras iba al baño. No habían intercambiado una sola palabra en toda la cena.

—Pila, ¿qué tal se te está dando la temporada?

—Ahí vamos...

—Me ha dicho tu hermano que eres una buena escopeta para...

—... ser mujer. Y para ser hombre, porque mi hermano dejó de tirar por lo mal que se le daba.

Enrique bajó la cabeza y sonrió.

—Yo iba mucho de caza con mi padre de chiquillo, conejos, alguna perdiz con el pájaro... Ahora a veces voy al rececho de un arruí en mi finca de Sierra Espuña. También me gusta ir a alguna cacería de perdices buenas y salvajes, a los *grouses* en Inglaterra y matar algún bicho grande con el arco... que me divierte más.

Pila no necesitaba escuchar más. Imaginó que, seguramente, su hermano ya se habría adelantado a invitarle.

—Ya me había comentado Ignacio que te gusta tirar y precisamente en la berrea fallé un venado muy grande que a lo mejor...

Enrique sabía que le habían puesto el pico de la muleta para que le dijera exactamente lo que le iba a decir.

—No me puedo creer que una tiradora tan reputada como tú pudiera fallar.

Y Pila Lequerica asintió algo ausente.

—No sabes la rabia que me da..., pero mis hermanos, que están deseando hacerte la pelota, me han pedido que te invite a matarlo. Tú verás si quieres tirarlo con arco. Ya no es berrea y será más complicado.

Y Enrique le respondió de una manera que quizás Pincho hubiera apreciado, pero que a Pila le parecía la pedantería de un emprendedor...

—No te preocupes, que no fallaré. Ten en cuenta que Venus y Adonis, de la *Metamorfosis*, es uno de mis temas mitológicos predilectos. Y mis flechas van siempre donde deben.

Pila se quedó cortada por la seguridad de Enrique.

—Venga, mañana le pido a Ignacio tu teléfono para que vengas. Y vamos a volver con el resto, que no sabes qué cosas me estaba contando Paco. Es como si nos conociéramos de toda la vida.

—Ja, ja, ja. Lo tenías con los ojos fuera de las órbitas durante la cena. Lo mismo te encarga una estatua a tamaño natural de bronce para ponerla en su próxima urbanización.

—La verdad es que me encantaría.

—Otra cosa es que esta noche su mujer le va a mandar a dormir al sofá.

Y Pila no pudo evitar reírse.

30

Sergio Navarro no tenía ninguna urgencia, pero su trabajo era tan buena excusa como un hijo para abandonar cualquier plan cuando le diera la gana sin quedar mal. Fue a uno de los bares que solían frecuentar los policías en Príncipe de Vergara. Y, para su sorpresa, allí, acodada en la barra, con la cabeza hundida en la palma de la mano y una cerveza en la otra estaba la mismísima Socorro Núñez, más delgada y paliducha que la última vez que la había visto el verano de El Puerto, justo después de que él la besara y le dijese algo que la debió de ofenderla porque se bajó del coche. Y desde entonces solo habían hablado por asuntos relacionados con el trabajo. La encontró muy guapa, algo más sofisticada y menos hippie. Navarro se sentó a su lado y pidió una cerveza sin alcohol. «¿Cero, cero tostada?», le preguntó el camarero. Y él asintió. Socorro le sonrió algo resignada.

—El hombre importante... Me dijo mi madre que estarías cenando caviar en casa de las Lequerica esta noche.

—Pues sí..., pero llego a la noche muy cansado y como no bebo, me aburro. No te imaginas lo que esos estaban filtrando. Aunque he conocido a Alcañiz y a Andújar, el hombre de moda. Me comentan que quiere ser presidente del Real Madrid. Eso tú lo sabrás, que eres tan madridista...

Ella se rio e hizo un gesto con el dedo al camarero para que le trajera otra cerveza. Sergio le preguntó en qué estaba trabajando y le dijo que había leído lo de los crímenes sin resolver.

—Pues ahora me he ido de casa porque se me caía encima.

Socorro se bebió la cerveza de un trago.

Sergio quiso preguntarle lo que pasaba, pero sabía que la periodista era muy reservada.

—¿Mal de amores?

Ella se revolvió incómoda en su taburete y puso un billete de veinte encima de la barra, ya mojada de tantas horas de servicio.

—Algo parecido. Te invito yo...

Y se bajó del taburete para irse. Estaba inquieta porque Luis no la llamaba.

Sergio le cogió la mano.

—Mañana te llamo y me cuentas lo que quieras contarme.

—Gracias... Pero no hace falta que me ayudes... Trabajo en casos viejos que...

—Ahora tengo acceso a todo. En algo te podré ayudar.

Pero Socorro sabía que Sergio solo le podía ayudar en una sola cosa.

—Mañana te llamo. Te tengo que hacer varias consultas.

Él le dio un abrazo.

—¿Sin recelos? —le preguntó ella.

—Ya sabes que sí. Nos necesitamos.

31

Socorro no le había querido contar a Sergio lo que le había pasado con Luis Gordon. Y la periodista aún no tenía claro si los secretos dolían menos que los desamores de los que podía saber todo el mundo.

Luis Gordon le había dicho que ese día estaría en Madrid. Se iba a comer a una famosa tienda de vinos en Ortega y Gasset para que el nuevo encargado probara las últimas botellas de Milésima y después pasaría a recogerle por casa cuando acabara de trabajar en el periódico. Pero Socorro acabó de escribir la historia de un suicida en el metro y se fue caminando hacia el autobús que la dejaba cerca de su casa en Tetuán. Anduvo todo lo rápido que pudo porque quería cambiarse y ponerse lo más guapa que pudiese. Había elegido la ropa que se pondría una semana antes: un pantalón de Pincho que le había dado su madre, una camisa de seda, unos pendientes que la favorecían mucho. Se pintó todo lo mejor que sabía, con algunos trucos que le habían enseñado las maquilladoras de la tele. Y a las nueve, a la hora que le había dicho Luis, estaba encaramada a sus tacones, pero llegaron las nueve y cuarto y nadie llamó a la puerta. Ni a y media. Ni a las diez...

Serían las once cuando Luis Gordon le llamó muy pasado de copas para decirle que iba para su casa, pero a esa hora Socorro, muy nerviosa, había decidido irse a tomar algo a uno de sus lugares habituales y en el que nunca imaginaría a alguien como el bodeguero. Luis le habló con una voz pastosa, confusa... A Socorro no solo le molestaba que la hubiera dejado tirada; lo que más le molestaba era

E. LANDALUCE Y R. BELMONTE

que hubiese sido tan desconsiderado con ella, que se había ido del periódico antes de lo normal. Y lo peor era que tanto Ángel Rojo como María Casares la habían mirado con gesto de reprobación cuando se marchaba, aunque quizás solo fuera una impresión suya fruto de la paranoia. Así que, cuando Luis Gordon la llamó, tuvo que reconocer que si bien le apetecía horrores que viniera a su casa para meterle en su cama, aunque fuera para que durmiese la mona, no quiso mostrarse demasiado accesible. Con Luis Gordon, no.

—Pero si he estado trabajando. Ten en cuenta que me dedico a estar con gente y que tengo que sacar a mi familia, la bodega...

Pero a Socorro no le apetecía escucharle. Le colgó y Luis Gordon se fue a dormir a casa de sus padres.

Era lo que hacía cuando iba a Madrid antes de conocer a Socorro. Por eso no hicieron preguntas cuando llamó a la puerta. Su madre le abrió y le dejó en la mesilla un termo con agua fría y una caja de Alka Seltzer para cuando se levantara al día siguiente.

Socorro se quedó mirando el techo dándole vueltas al plantón de Luis. ¿Era una urgencia de trabajo o un feo de esos que se hacen a quien no te importa un comino?

32

Levantarse tarde era una de las cosas que Pila Lequerica se podía permitir. Le costaba conciliar el sueño y se pasaba la noche leyendo, viendo películas y justo a las siete, cuando empezaban los principales programas de radio, se quedaba frita, aunque, como muy tarde, nunca desayunaba más allá de las once. A los setenta años, se decía, su mayor conquista era mirar el reloj y hartarse de reír, como siempre decía su tío Alfonso, de quien ella había heredado ese carácter algo diletante. Aunque si había que madrugar se madrugaba, sobre todo si era para una buena tirada de palomas o para que le ofrecieran trescientos millones por una finca, como había sido el caso. Decía Raymond Aron, a quien Pila leía porque se lo había recomendado don Dalmacio Negro, que el azar era el fundamento de la historia. Y si bien Pila no había tenido suerte en el amor o en algunas cosas de la vida, sí la tenía en los negocios. Casualmente, Paco Alcañiz le había contado que la Universidad Douleia había comprado casi todos los terrenos que estaban alrededor de la finca de las Lequerica y que solo podrían completar su proyecto de nuevo campus si las hermanas accedían a vender. «Las Seguidillas es un cheque al portador y esa gente está forrada. Ya sabes cómo son los curas de listos y más si son de esos a los que les gusta la pasta y no tienen voto de pobreza». ¿Ni casos de niños abusados?, se había preguntado internamente Pila, porque en las noticias no había día que no se hablara de niños que habían sido violados por religiosos. O, mejor dicho, niñas, porque en la mayoría de los casos, eran niñas. Pero no. Douleia no había registrado ni una sola denuncia.

Paco Alcañiz le había caído estupendamente, para martirio de su mujer, Angus, que veía a Pila como la «tía más reputa» de España. Con la inopinada confianza adquirida en la cena, la menor de las Lequerica lo llamó por teléfono. También le había pedido el número a su hermano. Después de volverle a agradecer el caviar y los chismes, Pila le dijo que tenía que preguntarle por los que querían comprar Las Seguidillas. Le regaló el oído con la cháchara de que él sabía más de ese mundo.

—¿Y esta gente es seria? —le preguntó Pila, aunque aún no sabía cuán serio era Paco Alcañiz si se atenía a lo que decían de él.

—Pues sí que lo son. Te advierto de que tienen un montón de gente afín (yo no sé cómo les comen el coco) que les da el dinero. Incluso hay quien les deja un capital cuando estiran la pata. ¿Vosotros no tenéis hijos? ¿No? —Pila negó en silencio porque a veces pensaba que le hubiera gustado tener una familia propia y alguien a quien... Él continuó—: Ja, ja, ja. Pues entonces si no te lo han ofrecido ya, te ofrecerán un pastón por la finca porque imaginan que luego te pueden embaucar con el cielo y la vida eterna, las buenas obras, los huerfanitos y esos rollos para que San Pedro no se acuerde de tus correrías con los toreros y con el Juancar. Ya te digo que son muy persistentes con eso... Las dos hermanas solteronas y forradas sois un caramelito para este tipo de gente.

Pila se echó a reír, aunque no le había hecho gracia.

—Oye, ¿tú vas mucho de caza?

—Pues cuando me hice rico empecé a hacerlo para alternar y para que el rey Juan Carlos me invitara a Mudela, pero como ya no está y a mis niños les gusta, compro alguna cacería de vez en cuando y doy unos tiritos.

—¿Cuántos hijos tienes?

—Cuatro chicos y cinco mujeres... Y todos los hijos con la misma. Y tengo veinticuatro nietos.

—Vaya, vas a pagar tú todas las pensiones.

—Es que, de jóvenes y pobres, la Angus y yo no parábamos. Cuando uno no tiene nada, lo único que puede darse es cariño, y así hicimos nueve hijos y porque esta perdió dos...

Pila pegó un respingo, porque, aunque ella fuera liberal en lo que se refería a los encames, no la habían educado para ser tan explícita.

—Pues, si quieres, vamos a dar una cacería a finales de noviembre en El Lanchar, la finca de mi hermana y mía en Terrinches.

—¿Terrinches? Eso está en el Campo de Montiel. ¿No? Conozco la zona porque tenía contratados a muchos albañiles de ahí que se venían conmigo para hacer dinero. Ya sabes, antes de 2008 se ganaba mucho dinero. E iba mucho. Conozco todo aquello. Infantes, Almedina. Montiel... Incluso te diré que a punto estuve de comprar una finca allí, pero me pedían mucho más dinero del que entonces me podía gastar, y dije que no.

A Pila aquella información le importaba más bien poco.

—Y si tú no quieres tirar, tráete a uno de tus hijos. Le mando mañana la invitación a tu secretaria. También invitaré a Enrique, pero a él le tengo que llamar por otro motivo.

Alcañiz se había echado a reír.

—¿No es un poco joven para ti? Y, además, parece un poco estirado.

Y la menor de las Lequerica se encogió de hombros como diciendo «Qué pena, ¿verdad?», aunque la conversación con Alcañiz fuera por teléfono y el inmobiliario no lo viera.

Pero eso de lo que hablaba su interlocutor no era lo que pensaba Pila Lequerica cuando se desperezaba en la cama con Oli y Buga emitiendo suaves ronquidos de perro viejo a los pies. A ella se le habían pasado esas fogosidades que habían desvelado a su padre y a su hermana.

Pila nunca desayunaba hidratos de carbono. Tomaba dos huevos y un poco de salmón, pero ese día pidió una

salchicha de esas de la finca del rey de Inglaterra que le habían mandado.

«¡Qué buena está!», pensó. Luego se le vino a la cabeza
que tenía que llamar a Enrique Andújar para invitarle a
matar al Camello y a la cacería de El Lanchar. Vaya asocia-
ción de ideas. Menos mal que Alcañiz no le podía leer la
mente. Y la menor de las Lequerica se echó a reír.

33

El único consuelo que tenía Socorro aquella mañana era pensar que Luis Gordon tendría peor cuerpo que ella, que ya no aguantaba como antes el alcohol de noche. Después de unos meses, conocía sus resacas casi diarias porque el bodeguero acostumbraba a beber todos los días, aunque nunca, o casi nunca, se le notaba. Pero la noche anterior había sido una de esas de las que se levantaba como si le aserrasen el cráneo. A las once, la periodista ya estaba frente al teclado de su ordenador con el medidor de audiencias abierto y observando todos los términos que se buscaban en Google. Casualmente, ese día vio a Pincho Lequerica saliendo del despacho de Eduardo García. La mayor de las Lequerica parecía ofuscada por la conversación, pero se dirigió hacia la mesa de Socorro. Ella se levantó para saludarla, pero...

—Qué mala cara tienes. ¿No?

La periodista tenía los ojos enrojecidos porque apenas había podido pegar ojo y la piel seca, pero pensó que no era conveniente amilanarse ante semejante bordería.

—Pues tú también pareces jodida.

Pincho se sentó en la mesa de la redactora y le empezó a contar, frotándose la mano derecha, que Eduardo García le había estado explicando el nuevo medidor de audiencia.

—Dice que la inteligencia artificial de Partial nos ayudará a posicionar en internet los temas de *Juglar*, pero no me fío.

—Hombre, yo paso de las recomendaciones porque creo que no tiene sentido lo que me dice el bicho este. Y me da igual lo que haya costado.

—¿En serio? ¿Por qué lo dices?

—Pues en mi artículo de la pobre chica esta, cuando hablaba de la horchata envenenada, me dijo que debía haber utilizado hortaliza en lugar de horchata y encima me viene a decir que el título es sensacionalista.

—Pues vaya...

—Y mira este sobre el tarado que se hizo un traje de trece mil euros para disfrazarse de perro. «El artículo carece de profesionalismo y precisión factual al discutir a un hombre que pagó trece mil euros por vestirse como un *collie* sin establecer una conexión clara con algún concepto relevante».

—Qué tontería, ¿no?

—Pero hay más: «El lenguaje es discriminatorio hacia las elecciones del hombre».

Pincho solo pudo echarse a reír.

—¿Inteligencia artificial? Será idiotez artificial... Como si no tuviéramos bastante con las cabecitas pensantes naturales de aquí.

Socorro se rio de buena gana con ella.

—¿Y qué tal con Eduardo?

—Pues ya sabes que no le trago mucho, pero ayer, para agradecerme la cena a la que le invité en casa, se ofreció a enseñarme personalmente lo útil que podía ser la herramienta para mejorar la audiencia de *Juglar*, pero... a mí no me parece nada distinto a las tonterías que me dicen.

Socorro le preguntó por Pila.

—Pues está encantada. Hizo buenas migas con Paco Alcañiz y con el tal Enrique Andújar...

—¿El que quiere presentarse contra Florentino para la presidencia del Madrid?

—Pues sí. Los dos cazan, y pegó la hebra con ellos. Uno le interesa a mi hermano Ignacio para el periódico y el otro puede ser un buen asesor para Pila en una operación inmobiliaria muy gorda en la que estamos metidas.

—Me alegro...

—Sí, por una vez, las cosas que le interesan a mi hermana sirven para el periódico.

—Y viceversa. Por cierto, llamé a Segundo para que me contara sobre Sito Pérez.

—Ese no es un caso sin resolver. Quedó muy claro que ese tío había matado y asesinado a las niñas.

—Ya... Pero es el suicidio lo que...

—Bueno, no sé qué opinará la aplicación del demonio de esto. Lo mismo te dice que no está bien hablar de suicidios.

—No sé. Y te dejo porque he quedado con Pacón y Andrés de Juni a comer cocido en la Hermandad de Antiguos Caballeros Legionarios.

—¿Ese es un sitio que está en la calle San Nicolás?

Socorro asintió. Pincho sonrió.

—Pues está bien el cocido. Yo he ido alguna vez con Pacón para conocer a su amiga Peregrina Millán-Astray... ¡Vaya personaje!

34

El barrio del Palacio Real siempre impresionaba a Socorro. La luz del otoño venía fresca de la sierra y la luz suave del sol sobre el granito daba un tono anaranjado a todo el edificio. Socorro, que nunca había entrado a visitar el Palacio Real, pensó, joder, qué bonito, y siguió caminando mientras la aplicación de mapas del teléfono guiaba sus pasos hasta la calle San Nicolás. Llegó puntual, pero ya la estaban esperando Pacón con Andrés de Juni, que se levantaron cuando la vieron entrar.

—Anda, siéntate ahí, que es donde siempre se ponía Peregrina...

Socorro no supo qué decir, salvo que Peregrina le parecía un nombre muy bonito.

—Qué tía. A mí me hubiera encantado conocer al padre —dijo Andrés.

—Decía que él no quería que le hiciesen estatuas porque solo valían para que se les cagasen las palomas...

La periodista no sabía cómo decirles que a ella esas batallitas de la Guerra Civil le traían al pairo.

—Mi padre es que fue comunista —se zafó.

Andrés de Juni carraspeó.

—A ver si nos traen la sopa, que ya verás que está buenísima.

Y era verdad. Era un cocido muy clásico como el que se podía comer en cualquier casa, pero quizás por eso, Socorro pensó que era tan reconfortante. Le gustaba la sopa espesa e ir tomándose el caldo para dejarse los fideos ya tibios al final. Y metérselos en la boca de una cucharada grande. Pero la periodista no quería que Andrés de Juni se fuera por las ramas y no quiso seguir ahondando en disquisiciones gastronómicas.

—Me han dicho que la Cachucha está muerta. Poco después del asesinato, se casó con el Lonetas, que la dejó viuda.

—Ese era un pobre putero infeliz que no salía de Las Infantas Cachondas... Como el subnormal de Sito Pérez. La policía estaba convencida de que el autor había sido él porque así parecía demostrarlo todo, pero...

—¡Que no te lo crees! —sentenció Pacón, apurando una copa de ese vino áspero que ponen con los menús del día en Madrid.

De Juni hizo un gesto que Socorro supuso que en otra época hubiera sido una calada de cigarrillo. Pese a que solo aspiró el aire cargado de cocido y carraspeó como si dijera algo que no se pudiera decir.

—Ese pobre hombre no hubiera sido capaz de matar —y menos aún violar— a unas niñas solo. Estoy convencido de que alguien le obligó a hacerlo. Por lo demás, la zona estaba llena esos días porque se daban cacerías, y al menos en Villahermosa y Almedina, de donde eran las niñas, se había dejado cazar el pelo. Había mucha gente de fuera que volvía al pueblo... Y ¿qué quieres que te diga...?

Pacón preguntó qué era eso y Socorro le explicó que era cuando los que arrendaban los términos municipales para cazar perdices dejaban matar conejos y liebres a los que estaban en el pueblo.

—De esta manera, todos se comprometen a guardar las perdices y el que tiene los términos controla la población de conejos y liebres, que hacen mucho daño en las viñas, los olivos... Y se ahorra indemnizar a los propietarios. Eso sí, el resto del año no pueden pegar un tiro —apostilló De Juni.

—Pues sí que aprendiste cuando fuiste por ahí. —Y Pacón se apuró la copa de vino.

Lo que De Juni no le confirmó de ninguna manera fueron sus sospechas sobre el suicidio de Sito. Al fin y al cabo, tenía motivo, ya fuese por el peso de la culpa, por miedo a los padres de las víctimas o simplemente porque considerara que ya no le quedaba nada más que hacer en el mundo. No había obtenido ninguna prueba más allá de su obsesión. ¿Y si el caso estaba claro? Los resortes de la mente de los suicidas siguen siendo un misterio. Pacón metió baza porque sintió que su Margarita Landi se estaba perdiendo en sus pensamientos.

—Pero, a ver, que Sito tenía en su cuerpo media farmacia, el gas abierto y se colgó... Si eso no era un suicidio, por lo menos eran tres.

—Te digo yo que ese chico, las pocas veces que hablé con él, no sabía ni dónde estaba en pie. Era un zumbado inofensivo... Otra cosa es que le gustara metérsela a las chicas del puti, pero eso les gusta a todos los tontos. Hasta a mí.

A Socorro le desagradó la crudeza de Andrés.

—Lo que yo haría, si fuera tú, sería ir a Carrizosa para hablar con las hermanas de Pérez. No eran mala gente, las clásicas hijas de cacique, pero decentes. Siempre me pareció que ellas eran más conscientes de lo que había hecho el hermano que él. En el juicio fueron incapaces de mirar a los padres a los ojos.

—Eso ya lo había pensado. De hecho, tengo ya sus direcciones para poder hablar con ellas. Solo una vive en Carrizosa. He tenido mucho lío en el periódico y no he podido ir antes. Como bien sabes, no puedo permitirme el lujo de estar centrada en una historia y no publicar otras cosas.

—Ya. Luego, si quieres saber cómo era el tal Sito..., habla con las amigas de la Cachucha, Maggie y Brenda. Le conocían muy bien. Ya te digo que ese pobre diablo echaba las tardes hablando con ellas. Y si alguna vez se dejaban..., pues también. Pero la mayoría de las veces, les pagaba solamente por la charla y manosearlas un poco.

Trajeron entonces los garbanzos, la carne del cocido y un cuenco con tomate frito. Pacón cogió un trozo de tocino y lo untó en pan. Después le puso sal y se lo comió.

—Te digo que el cursi de Oriol no sabe lo que se pierde con que no le gusten las cosas de los pobres.

Socorro se había puesto un poco de todo y mucho tomate frito, que era una de las cosas que más le gustaban desde que era pequeña.

Uno de los comensales de otra mesa se acercó a Pacón y le dio un golpecito en la espalda.

—Lo que más me gusta de lo que haces son las crónicas del Real Madrid. Yo era mourinhista como tú.

—Y como yo —se metió Socorro—. Ojalá se hubiera quedado más tiempo.

Su predilección por Mourinho era de las pocas cosas en las que a Socorro no le importaba ir contra el mundo. Sentía que el portugués había devuelto cierto algo al Madrid después de los años triunfales de Guardiola. Pero no era de esas cosas que le gustara decir en alto. Ya se había decepcionado de Benzema, de Bale, de Cristiano...

—A ver qué fichajes promete Florentino ahora que va a haber elecciones —dijo ella con la boca llena de garbanzos.

—Dicen que será un mero trámite. No hay ni dios que se quiera presentar contra él —observó Pacón.

Andrés de Juni los miró con escepticismo.

—Afortunados vosotros que también os gusta el fútbol.

Socorro lo miró extrañada. Pacón se lo explicó muerto de risa.

—Al pobre solo le gustan los toros. Y a los aficionados de verdad no les quedan ni las ganas ni el dinero.

35

Hay direcciones en Madrid que tienen más señorío que otras, y a alguien como Enrique Andújar le gustaba hacer ver que para él había otras cosas más importantes que el dinero. Su empresa, Circular, tenía oficialmente su sede en Murcia en varios pisos del edificio Hispania, en el centro de la ciudad, aunque él lo seguía llamando Banco Vitalicio, como cuando pensó que quería tener ahí una casa, aunque luego tuvo oficinas. Pero había alquilado una parte de Torre Picasso porque era el edificio desde el que soñaba trabajar cuando estaba estudiando. Quizás las Cuatro Torres de Madrid ya eran más altas, pero a él le parecía más elegante que le vinieran a ver a su despacho en la última planta del edificio de Yamasaki, que fue quien proyectó las Torres Gemelas, donde también le hubiera gustado trabajar. Bin Laden las tiró antes de que él tuviese dinero para poder mudarse a Nueva York. Aunque nunca lo hizo, porque lo suyo era Sudamérica, donde empezó a desarrollar proyectos de renovables antes de que los objetivos 2030 se convirtieran en parte del lenguaje común. Andújar no desayunaba nunca si salía a cenar porque cumplía estrictamente sus catorce horas de ayuno. A esa hora ya lo tenía todo hecho, incluida su rutina de gimnasia con una entrenadora venezolana que le daba la caña física que él necesitaba y que a las seis y media de la mañana se presentaba en su despacho, donde se había hecho instalar un pequeño gimnasio, con aparatos Technogym.

Serían las cinco de la tarde cuando una de sus secretarias le dijo que Pila Lequerica estaba al teléfono. A Enrique se le iluminó la cara. A él le gustaba rodearse de todo lo que le sonara que fuera de «buen tono», como decían en las novelitas que leía su madre. Y las Lequerica lo eran. La voz de Pila le envolvió.

—Buenas tardes, Enrique.

Él tosió y sacó su voz más honda.

—Qué tal, Pila. Dile a Pincho que ayer Marisa y yo nos lo pasamos fenomenal. Y vaya homenaje de caviar nos dimos.

Pila se rio al otro lado de la línea.

—Eso es cosa de Paco Alcañiz, que por lo que se ve es tan dadivoso como contamos los periódicos. Pero, bueno, te llamaba por si te apetecía venirte el fin de semana que viene a Los Manantiales a tirar ese venado tan grande del que hablamos.

—¿El que fallaste?

A Pila le dolió la interrogación porque era evidentemente retórica. Enrique conocía perfectamente la respuesta.

—Sí, es bastante grande para ser un venado totalmente salvaje y autóctono. Así que si lo matas con el arco, será un mérito para ti, pero también para la finca. Supongo que has matado venados más grandes, pero este nuestro ha nacido en libertad y es de aquí.

—Joder, Pila. Pues mil gracias. Me hace mucha ilusión.

—Solo estaremos mi hermano Ignacio, Pincho, Marisa, si le apetece venir, tú y yo. Lo pasaremos muy bien, ya verás.

—Después de cómo nos tratasteis ayer, seguro que será un fin de semana inolvidable.

A Pila el tono de Enrique se le hacía un pelín empalagoso, como si siempre quisiera agradar a su interlocutor. Como el de los empleados de las tiendas Nespresso.

—Bueno, y ya se lo dije a Paco, que vamos a dar una cacería de perdices en El Lanchar a finales de noviembre, pero ahí no vas a poder usar el arco.

—No te preocupes, que me defiendo bien con la escopeta, como puedes imaginar con todo lo que cazo. Muchas gracias, Pila.

—Nada, hijo, solo espero que mi hermano no te dé mucho el coñazo con *El Matinal*. A ver si tenemos suerte y vemos al venado.

Por supuesto, la respuesta de Enrique no defraudó a Pila.

—Si no lo vemos, será cosa de la caza. Ahora, te prometo que no lo fallaré. Ya he matado antes venados muy grandes con el arco.

—Ten en cuenta que este venado es totalmente salvaje y que Los Manantiales no es un corral.

La llamada se cortó antes de que Andújar pudiera contestar y ninguno de los dos consideró que fuera necesario despedirse. Ya se dirían todo lo que se tuvieran que decir en el fin de semana.

Unos segundos después, Pila hizo una llamada a tres con sus hermanos para contarles que ya había invitado a Andújar a matar al Camello.

—Y a Alcañiz también le he invitado para más adelante a la cacería de perdices. ¿Sabes que conoce muy bien la zona? Al parecer en los noventa empezó a coger muchos albañiles de Infantes para las obras.

—Pues no tenía ni idea. Como ahora le gusta ir de elegante y eso —dijo Ignacio.

Pila quiso ponerse los galones que ella pensaba que se merecía.

—Ya no podéis reprocharme que no haga nada por *El Matinal*. Siempre decís que soy una egoísta.

—Estás desconocida, Pila —le dijo Pincho.

Su hermano le prometió que no se arrepentiría.

36

El coche que le habían alquilado en *El Matinal* era todo lo que se podía esperar. Tenía *bluetooth*, una llave gorda y un montón de luces que no servían para nada. Socorro puso una lista de reproducción que había hecho para Luis Gordon. Estaba «La quiero a morir», de Junco; «Fruto Prohibido», las más melosas de Juan Luis Guerra, el disco de Manzanita... Y mecida por la nostalgia de la música y el desamor, se dejó ir por la carretera sin mirar el mapa porque conocía bien el camino a Carrizosa. Y de la melancolía. ¿Estaría siendo demasiado dura con Luis? Ella era libre y sin cargas, pero él tenía hijos, una mujer y una bodega... Lo mismo había exagerado todo. En un negocio como el suyo, y como en cualquiera, las relaciones públicas eran algo fundamental. Solo a través de muchos contactos podía colocar sus vinos, ya que la competencia era feroz. Las bodegas tradicionales del marco de Jerez, además, hacían cada vez cada vez más botellas. En rama, en rama envejecida, pasada...

Para llegar a Carrizosa lo más conveniente era salir de la Nacional IV en dirección a Manzanares/Membrilla. A Socorro nunca le había hecho gracia el nombre del topónimo de Membrilla hasta que Luis Gordon, con el tono de señorito embaucador que gastaba con ella, la empezó a llamar carnecita de membrillo. Para ella los membrillos eran lo que su madre ponía en los jerséis de sus señoras para que oliesen bien, aunque también le sirviesen para hacer dulce, la carne, para el queso. Lo hacía de dos tipos, con azúcar moreno, que era rotundo e iba bien con el queso

manchego en aceite que picaba un poco, y con azúcar blanco, que era más suave y se podía tomar con queso poco cu-
rado. Mi carne de membrillo, se dijo Socorro, era de azúcar moreno. Enjuta, justa. Bien trabajada.

Después de Membrilla se enfilaba a La Solana y de ahí,
en una rotonda, Socorro decidió ir por Villanueva de los
Infantes, cuya iglesia, la torre, se empezaba a ver al pasar
un pantano que habían llenado sin sacar los postes de la
luz. Así que cuando se secaba y bajaba el nivel del agua, se
veían los postes y los cables como un cementerio de elefantes bastante tétrico. Y desde ahí solo se tardaban diez
minutos a Villanueva de los Infantes, el lugar de La Mancha, según algunos cervantistas y unos estudios de univer-
sidades norteamericanas. Como en muchos pueblos españoles, Infantes tenía un cementerio en el que se recortaba
la silueta elegante de los cipreses verdes que contrastaba
con los muros encalados. Y en esa rotonda se cogía la carretera de Carrizosa por la que también se iba a las Lagu-
nas de Ruidera, donde Socorro se había bañado muchas
veces cuando los bañistas de domingo no hacían la zona
insoportable e incluso la privaban de toda belleza que, sin
afectación ni cursilería, podía decirse que el paraje tenía a
raudales.

Carrizosa era un pueblo pequeño y no le fue difícil llegar a donde vivía una de las hermanas de Sito Pérez.
Había decidido dejar el coche que le había alquilado el periódico frente a la casa donde había muerto el asesino y
desde ahí solo tardó unos minutos caminando. La casa de
Concha, una de las hermanas de Sito, era de esas recias y
bonitas de La Mancha. Gruesos muros encalados y rejas.
Socorro llamó a la puerta. Le abrió una señora de unos setenta y muchos años, bien vestida y con gafas.

—Buenas tardes, ¿qué necesita usted?

Socorro empezó con la retahíla habitual.

—Buenas tardes, soy periodista y quería hacerle unas
preguntas sobre su hermano Sito. No se preocupe, que si
quiere, no hace falta que diga que ha hablado conmi...

Pero Concha Pérez le cerró la puerta antes de que pudiera terminar. A Socorro no le extrañó. Los comportamientos deleznables con los familiares de los delincuentes, sobre todo de los asesinos y violadores de niñas, eran habituales y no solo en los pueblos. Se notaba que aquella señora había sido señalada, escupida y vilipendiada muchas veces desde el mismo instante en que su hermano fue detenido en 1995. Socorro recordaba las imágenes que había visto de niña de la detención de Sito Pérez: los paisanos que antes le reían las gracias, convertidos en una jauría que profería todo tipo de insultos y maldiciones. «Ojalá te hagan en la cárcel lo mismo que les has hecho tú a Alba y a Sonia». «Hijo de puta»...

Así que Socorro asumió que no sacaría nada de esa señora y se fue caminando hasta que dio con un pequeño bar donde había unos pocos parroquianos ya jubilados que apuraban botellines de cerveza. Socorro enseguida se dio cuenta de que eran personas de campo por el pantalón de pana y las camisas de cuadros que se atisbaban debajo de los monos de trabajo, rotos por el desgaste. Ella pidió una Coca-Cola y unas patatas fritas de bolsa. Un señor barrigudo se le acercó con un palillo plano sobresaliéndole por la comisura de la boca. Ella había aprovechado para liarse unos cigarrillos.

—Pareces forastera, pero tienes cara de ser de aquí.

Socorro se rio.

—Vivo en Madrid, pero soy de Terrinches. He venido a hacer un reportaje.

—Ya me decía que me sonaba tu cara. Tú eres la periodista que sale en la tele hablando de crímenes y esas cosas.

Socorro asintió con los hombros encogidos.

—Me temo que sí.

—Vienes por nuestro famoso del pueblo, supongo. Los periodistas siempre le estáis dando vueltas a lo de Sito, pero aquí todos estamos cansados de hablar de las pobres niñas. Te va a ser difícil que alguien te conteste a algo de lo que preguntes.

A Socorro no le sorprendió porque le había pasado lo mismo cuando había estado en Puerto Hurraco, Alcàsser, Mijas... A nadie le gustaba que su pueblo se hiciera famoso por un crimen. O porque sus asesinos fuesen sus vecinos. Como si ser asesino fuera en los genes o en el agua que se bebe.

—No estoy haciendo un tema de las niñas. Solo estoy con una historia sobre cómo se suicidó Sito Pérez y le garantizo que será respetuosa con el pueblo.

El hombre la miró y se caló la boina tanto que parecía que se la había puesto de rosca. Se notaba que se llevaba poniendo la misma en los últimos treinta años.

—A ver... A lo mejor tienes suerte. Porque Concha Pérez no te va a decir ni mu, pero su hermana Carmen está aquí de visita, porque como vive desde hace mucho en Guadalajara, ve las cosas con distancia.

—¿Y dónde la puedo encontrar?

—Me parece que oí a su marido que iba a caminar hacia el santuario de la Virgen del Salido.

Socorro sonrió.

—¿La Virgen del Salido?

—Pues menos cachondeo, que aquí la queremos mucho.

Pero Socorro solo podía pensar que qué raro que Andrés de Juni no hubiera utilizado lo de la Virgen del Salido para sus crónicas sobre el asesino y violador. Quedaba jocoso. Afortunadamente, en los noventa, cuando Sito Pérez mató a las niñas, no existían los graciosillos de Twitter.

—¿Y Sito Pérez era también devoto del Salido?

—Menos cachondeo y más respeto, que los que os vais a las ciudades os creéis muy listos, pero no os enteráis de nada. A ver si aprendéis a respetar, porque los pueblos no son parques de atracciones a los que venís con vuestra cesta esperando encontrar algo idílico.

Y Socorro no pudo evitar darle la razón. Le dio las gracias.

—Ve con Dios —le dijo él.

Cogió el coche y recorrió pocos kilómetros de la carretera hasta que llegó a una vía de servicio que desembocaba en una pequeña ermita con una plaza de toros. Apartó el coche en un lado del camino y se bajó, consciente de que podía despedirse de lo limpias que llevaba sus zapatillas. Empezó a caminar hacia donde veía una señora con unos niños pequeños que jugaban mientras andaban. El camino era rojizo, salpicado por los charquitos de las recientes lluvias que los niños iban saltando con sus botas de agua para desesperación de su abuela.

Ella parecía asumir el rol con paciencia. Socorro caminó rápido hacia ella. «Perdone, perdone», gritaba.

La señora se giró cuando estaba a punto de alcanzarla.

—Hola... Me acaba de llamar mi cuñado que venía a buscarme. No sabía que las periodistas de la tele seguían interesándose por lo que hubiera podido hacerse mi hermano. O más bien, le hicieron, porque yo...

Carmen Pérez le habló tan de corrido que Socorro pensó que no le hacía falta recurrir a la retahíla profesional habitual. La dejó hablar mientras las dos empezaron a caminar. En ese instante, uno de los niños saltó en el charco y salpicó a Socorro. Carmen le levantó la mano amenazante.

—... Yo nunca me creí demasiado que mi hermano se matara así.

—Quizás los remordimientos...

—Al contrario que mi hermana Concha, que es más pesetera, nunca me desentendí del pobre Sito y, cuando lo soltaron, pagué a un taxista de confianza para que lo trajera de madrugada a casa sin que nadie se diera cuenta. Y luego le llevaba comida. Como era verano, estaba aquí en el pueblo y me ponía muy contenta de que comiera un pisto, chuletillas..., esas cosas que no se toman en la cárcel.

—¿Le contó algo?

—Que estaba seguro de que no lo había hecho él, aunque no lograse acordarse de nada de aquella noche. Y que era mentira lo que decía la Cachucha. Me dijo que a él le gustaban las mujeres de verdad, a él le gustaban los chochos bien peludos, como él decía. Que lo único que le pasaba a mi hermano es que perdía la cabeza con todo lo que se tomaba, pero matar... Lo máximo que hacía era ir al cementerio, llorar a mi madre y hacer esas cosas feas que hacía ahí. Pero él solito. Nunca con nadie. —Socorro intuyó lo que iba a decir—: No era capaz de matar un mosquito.

—Pero las pruebas parecían concluyentes. Los Gitanes, los pelos... Eso quedó claro en el juicio. Y lo que les hicieron a las niñas... En fin, que su hermano fuera drogado es una buena explicación para lo que hizo. Y con cosas feas, ¿a qué se refiere?

—Pues iba a la tumba de mi madre y el muy guarro se tocaba... como un perro. Pero él estaba con esas cosas, pero en solitario o con las chicas del club, que estaban encantadas porque le sacaban los duros.

—Creo que era muy popular con ellas.

—Y con los que también se dejaban caer por Las Infantas Cachondas, que le sacaban lo que querían. Me acuerdo de un chico de Infantes que me decía que era muy simpático. Que era el único que no se aprovechaba de él. Pero si te soy sincera, nunca prestaba mucha atención a lo que decía mi hermano. Se le iba tanto la cabeza.

—¿No cree que su hermano fuera capaz de violar...?

—Pues como no sea a las ovejas del pastor, si es que eso se considera violación. Pero, cuando era poco más que un chiquillo, una se quedó preñada y el muy bobo pensó que nacería un niño-oveja raro, escarmentó y no lo volvió a hacer. Esas cosas pasan en el campo, pero os olvidáis. Anda que esas feministas animalistas que dicen que a las gallinas ponedoras las viola el gallo.

—Pero si yo soy de Terrinches.

Era la segunda vez en el día que Socorro decía de dónde era.

—Y te voy a decir una cosa más. Mi hermano nunca conducía si se pasaba con las drogas y el alcohol. Iba haciendo dedo hasta el club. Era como era, pero sabía lo que tenía que hacer. Alguien le tuvo que llevar.

—El tipo ese del que hablaba él.

Carmen Pérez arqueó las cejas y vio que el niño más pequeño se había caído de bruces en el charco. Se echó a llorar. Carmen se puso en jarras.

—El crío. Si es que te lo he dicho, que te ibas a caer.

Le hizo un gesto con la mano, pero no le dio. De repente, se echó a reír.

—Si hubieses visto las tortas que mi madre le daba a Sito...

Carmen no le quiso dar el teléfono a Socorro cuando al despedirse se lo pidió.

—Entiende que ya, después de tantos años, haya dejado de fiarme de los periodistas. Al final, contáis lo que os da la gana.

Socorro le hubiera contestado que ella era diferente, pero luego se dijo que su jefe, el que mandaba, ya había escrito que el hermano de esa señora se había suicidado. Socorro pensó que quizás ella pudiera hacerle cambiar de opinión. Le estrechó la mano a la hermana de Sito Pérez y se fue hacia Villanueva de los Infantes, directa hacia lo que ella recordaba como cuartel de la Guardia Civil. Estaba enclavado en una casa antigua del pueblo y siempre le había parecido un lugar bonito. Pero se dio cuenta de que la Benemérita ya no debía de estar allí.

—Ahora hay un nuevo cuartel cerca de la Huerta de los Alberdi —le dijo una señora gordezuela que parecía caminar a saltitos.

—¿Dónde? —preguntó Socorro.

—Eres la periodista de la tele, ¿no? —Socorro asintió—. Ya me han llamado para decirme que estabas en Carrizosa preguntando por lo del Sito. Si llego a saber que nos íbamos a encontrar, me arreglo más. —La periodista no supo qué decir. La mujer continuó explicando—: Yo fui la que olí el gas en la casa del alcalde y llamé a mi hijo para que viera lo que pasaba. Es guardia civil y por eso estoy aquí. Donde están ahora me gusta menos porque mi amiga Angelita vive por aquí y he venido a visitarla. —Socorro no podía creer su suerte. Era la primera vez que le pasaba algo así. Se había dado de bruces exactamente con la persona que la podía ayudar. La señora se presentó—: Te vienes a tomar algo con nosotras y te contamos. Me llamo Migue.

Y la cogió del brazo y se fueron caminando hasta una casa que tenía una puerta de madera y una aldaba muy maciza de hierro...

La puerta la abrió una señora de pelo negro zaíno que debía haber sido muy guapa de joven.

—¿Y esta? —le preguntó a Migue.

—Es la periodista de la tele que está haciendo algo de lo del Sito, el de Carrizosa que metieron en la cárcel por lo de Sonia y Alba. ¿Te acuerdas?

—¿Cómo no me voy a acordar si tenían la edad de mis nietos?

Socorro no dijo nada mientras la hacían entrar en un salón con una mesa camilla con un brasero que aún no habían encendido.

Angelita les ofreció un café con leche, agua, una cerveza.

Socorro le dijo que un vaso de agua estaba bien. Mientras Angelita y Migue volvían de la cocina, Socorro se fijó en las fotos. Había imágenes de un señor de aspecto muy serio con una trompeta, e instantáneas con el rey Juan Carlos...

—Mi marido Domingo era guarda mayor y se encargaba de las cacerías de aquí, en los términos. A veces cogían cientos de personas para ojear, porque era mucho terreno, y uno de esos era el famoso Sito Pérez.

Otro golpe de suerte para Socorro. Seguramente Angelita también le podría aportar datos que la ayudarían a construir el perfil de Sito Pérez.

—¿Y cómo era?

—Pues no debía de ser malo porque no tenía queja de nadie y te puedo decir que yo me enteraba de todo. Y no le debía de hacer mal a nadie porque justo poco antes de Navidad, uno de los cazadores, un francés, al que le hizo de secretario en los ojeos, le regaló el cartón de tabaco del que todo el mundo hablaba esos días y por el que le pillaron como asesino.

—Los Gitanes. ¿Y era secretario? ¿Nunca cargador?

—Supongo que no lo veía tan avispado como para ser cargador. Ya sabes que los cargadores llevan las armas, cargan las escopetas a los cazadores y cuentan las que caen muertas... Y yo creo que al pobre Sito le costaba llevar la cuenta tan rápido.

—Pero siempre has dicho que era como un perro recogiendo las perdices muertas. Y eficaz —intervino Migue.

—Claro, no me extraña que le regalaran el cartón de Gitanes, aparte de sus buenos mil duros de propina.

—Mil duros eran treinta euros.

—A los cargadores se les daba más. No me acuerdo tanto. Y, además, el jornal... Por eso todos querían ir de secretario o cargador. Y eso también era tarea de Domingo, aparte de guardar el campo para que hubiera perdices, pero ya... Qué pena, qué viejos somos y ya... dentro de nada.

A Socorro no le gustaba hablar de eso. Volvió a insistir con Sito.

—¿Y del francés que le regaló el cartón?

—Pues uno de estos que venían por aquí. Pero eso no era raro. Y se fue días antes de que mataran a las niñas.

Socorro se dirigió a Migue.

—Tú que eres de Carrizosa, Migue. ¿Qué pensaste cuando detuvieron a Sito por lo de las niñas?

—Pues me quedé de piedra. Porque nosotros le teníamos como un tipo inofensivo, aficionado al puterío, pero incapaz de hacer daño. Y era el hijo del alcalde... Nadie le veía capaz de hacer eso. Si a veces lo disfrazaban las hermanas y nos reíamos de él.

Era ya casi la hora de comer y Socorro sintió que Migue y Ange, como ya las llamaba, tenían que hacer cosas.

—Ahora viene uno de mis nietos que está haciendo no sé qué en el pueblo con sus otros abuelos.

Angelita se fue a la cocina y volvió con una cajita.

—Te he puesto unos rosquillos y unas flores para que desayunes o meriendes o te las tomes de postre. Nosotras las tomamos con café con leche mientras te vemos en la tele.

Socorro le dio las gracias. No tenía ganas de comer, pero se fue hacia la plaza, que era muy bonita y, de niña, era uno de sus lugares favoritos porque había unos valencianos que le parecía que hacían el mejor helado de turrón del mundo. Como era octubre estaba cerrado, así que se tomó un mosto y unos tigres en un bar. Con eso tiraría hasta que volviera a Madrid. Por primera vez en el día, miró los mensajes. Luis Gordon le había pedido muchas veces perdón.

Socorro empezó a dar vueltas a todo lo que le habían contado aquel día. Era extraño, pero ninguna de las personas con las que había hablado consideraba a Sito Pérez capaz de asesinar y violar a las niñas Alba y Sonia.

Sentía que el mosto y los tigres le daban vueltas en el estómago casi vacío mientras conducía. Dejó el coche en la agencia y paró un taxi para que la llevara a casa. En la puerta estaba Luis Gordon. En cuanto lo vio, todo el mal cuerpo se deshizo en un almíbar cálido y agradable. Ese mismo que sintió al sonreírle de cerca, al abrazarlo y al revolverle los rizos rebeldes. Cuando Socorro abrió la puerta, Luis la cogió en brazos como en las películas.

—Tengo unas rosquillas buenísimas. Solo te puedo dar eso de cenar.

Y él la miró con esa cara que... «Las mujeres somos gilipollas», se dijo Socorro. Y en esa dulzura de saberse idiota, ella se pasó algunos días, alternando estar y esperar a Luis con el trabajo en *El Matinal*. Los artículos sobre los crímenes sin resolver eran lo más leído de la web y había conseguido nuevos suscriptores. Hasta Ángel Rojo la felicitaba por el seguimiento que habían hecho las televisiones de sus temas. A Socorro solo le quedaba volver a Terrinches una vez más.

37

Tener una amante, ser infiel, no es tan difícil como dicen las canciones y los poemas. Solo se trata de saber organizarse y de no cometer errores tontos. Como oler a la otra o equivocarse de nombre en el momento inoportuno. Si Socorro hubiera vivido en El Puerto, donde Luis residía con su mujer Lucía y sus hijos, este habría convencido a la periodista para que comprara el mismo gel y el mismo champú que utilizaba en casa y, por supuesto, también la misma loción de afeitado. Y eso que él hacía muchos años que había dejado de utilizar el perfume que llevaba de joven porque le empalagaba. La otra clave era no provocar a la otra para que no estuviera enfadada por su situación respecto a su mujer. Por eso, evitaba hablar con Lucía por teléfono delante de Socorro y trataba de ocultar que, si bien no llevaba una vida totalmente feliz, sí que podía decir que era muy cómoda y agradable. Lucía era más de lo que sus padres habían esperado de él y siempre sabía qué decir y de qué hablar con sus clientes. Y, además, sabía de cuentas y era más importante de lo que nadie podía imaginar en la organización de Milésima, la bodega que le había ayudado a sacar adelante. Era la madre de sus hijos y eso estaba por encima de casi cualquier cosa. Incluida Socorro, con quien tenía un enganche muy físico y se lo pasaba muy bien, pero, como él mismo se admitía, nunca sería más que una buena amiga porque simplemente no pegaban. Y, afortunadamente, al menos eso creía Luis, Socorro lo sabía porque nunca le preguntaba directamente cómo estaban las cosas en casa. Un lacónico «¿Qué tal todo?», que siempre tenía como respuesta «Bien», bastaba para finiquitar cualquier asunto que no tuviera que ver con ellos dos y con ese futuro que apenas duraba un par de horas o como mucho un día o dos. Socorro quería a Luis con toda su alma, pero no quería ser la responsable de destruir su familia ni de que él se viera obligado a cargar con ella donde no quería. Comprendía y hasta agradecía que el bodeguero no quisiera arrastrarla a compromisos en los que se hubiera sentido acomplejada. ¿Y cómo reaccionarían los padres de Luis si dejaba a «una niña ideal» como Lucía por la hija de la muchacha? A menudo, Socorro se castigaba imaginando lo que dirían de ella y de su madre si eso pasaba. Y lo que dirían las Lequerica…, aunque, seguramente, serían las más comprensivas con ella. Pero su madre, Antonia, no se lo perdonaría. En cualquier caso, eso no estaba en la cabeza de Socorro y mucho menos en la de Luis.

A Socorro tampoco le venía mal. Reservarse algún tiempo para Luis le costaba poco, pero ahora necesitaba centrarse en el periódico. Y ya se había dado cuenta de que Luis solo le dedicaría el tiempo que le sobrara, como le había demostrado el día que la dejó tirada para seguir de borrachera y a saber qué más. Estar en *Vida* le exigía mucho tiempo, y luego, si quería escribir su serie, necesitaba tirar de sus horas libres. Socorro, como enamorada de su profesión, consideraba que eso era lo que había que hacer. Cuando publicaba sus asesinatos sin resolver, hacía que mejorase el tráfico de la web del periódico y ya le habían felicitado varios de sus jefes, incluido Pepe Ciempozuelos y Ángel Rojo.

El encargado de *Vida* vivía también un momento dulce y no solo porque Socorro hubiese mejorado las cifras de la sección, sino porque andaba como un perrito faldero detrás de María Casares, que, en efecto, debía de ser muy lista, pero al final cayó. Como otras tantas antes que ella. Después de la tarde de teatro en los monólogos de Virginie Despentes, se habían ido a tomar una copa por Malasaña. Él había pedido uno de esos *gin-tonics* complicados y ella le imitó porque no sabía qué pedir si iba con el jefe, aunque realmente de lo que tenía ganas era de un vaso de agua porque no le apetecía beber alcohol. Pero el *gin-tonic* con solo un puñadito manoseado de esos cócteles de frutos secos que ponen en los bares bastó para que se le subiera a la cabeza y, de repente, lo que pensaba sobre lo que debía pasar (o no pasar) entre un jefe y una empleada quedó más difuso. Además, Ángel era guapo, encantador. No era ese pieza que seducía a todas las niñitas que pasaban por la redacción. No podía serlo, se desvivía por sus dos hijos, de quienes no paraba de hablar.

—Para mí son lo más importante, aunque tampoco soy uno de esos padres agobiantes que acaban siendo odiados por sus hijos por entrometerse constantemente en su vida. Yo solo quiero que ellos sean felices y que lleguen a donde quieran. En eso estamos de acuerdo mi ex y yo.

—¿Ah, sí...?

—Por eso los llevamos a un colegio Montessori que, por supuesto, paga mi suegro, porque, como puedes imaginar, con nuestro sueldo...

—Tú también te sacabas un extra con la tele.

—Ahora he renunciado a esos ingresos, aunque de vez en cuando les paso algún tema de los que no vamos a publicar. Ten en cuenta que Hacienda me crujía, y no me parece mal, porque hay que financiar los servicios públicos.

A María no le apetecía entrar en ese tipo de conversación sobre los impuestos porque pensaría en los argumentos que esgrimía su padre en cuanto alguien le tocaba el tema. «Y todo el dinero se va a un montón de caraduras y asesores...». Pero eso, sabía, era una exageración porque la mayoría de los impuestos se gastaban en pensiones, sanidad y educación...

—¿Y qué tal va la serie de Socorro? —dijo, por cambiar de tema, aunque ya conocía la respuesta.

—Pues francamente bien. Y no es mérito de Socorro, sino también del momento en el que lo hemos sacado y, sobre todo, que los sucesos son lo que más le gusta a la gente. ¿Has visto todos esos podcast y documentales que hay? Si yo tuviera tu edad, me dedicaría a eso en vez de hacer esto tan caduco y deprimente que hacemos nosotros.

—¿No te gusta el periódico?

—Creo que es algo destinado a desaparecer y más si seguimos en manos de algunas personas. El otro día, el pobre Eduardo tuvo que perder la mañana explicando a Pincho Lequerica cómo funcionaba Partial, la app de audiencias, y los motivos por los que era tan importante saber lo que se quería leer.

María volvió a la carga, solo por el placer de arrancarle una confesión a Ángel. La chavala recibía bien los avances de Ángel, que cada vez le hablaba más bajo e iba acercándose a su oído.

—Entonces estás contento con Socorro.

—Pues sí, aunque es tan siesa que... no sé. La verdad es que vamos a trabajar, no a ser amigos o a caernos bien, así que... mientras sus temas funcionen.

—Pero tú...

—Yo sí quiero ser tu amigo.

Y en ese momento, le plantó un beso. Y no podía decirse que María no lo esperara porque también había desplegado todos sus encantos. Así que la joven periodista le devolvió el beso y una cosa llevó a la otra, y en la madrugada María se vio en la cama del apartamento de Ángel Rojo en el centro. Se agobió y no supo qué decir en la situación en la que le gustaría no haberse despertado. No estaba sobria, pero tampoco estaba borracha y no había pasado nada que no hubiera querido. Pero era su jefe y le preocupaba lo que pudiera pensar el resto de la redacción. Ángel dormía como un leño, pero se despertó al ver que ella se levantaba.

—¿A dónde va la chica más guapa de *El Matinal*?

Y sin saber cómo e incapaz de esgrimir razones suficientemente sólidas para negarse, volvió a engarzarse con las caderas de Ángel. Le apetecía y no tenía nada de malo. Entre besos, solo le pidió una cosa.

—No se lo cuentes a nadie en la redacción. Ni a los chicos.

Así era como Ángel se refería a los periodistas de *El Matinal* con los que solía comer.

—Claro —dijo él.

Y siguieron.

En la madrugada, Ángel ya recibió el primer mensaje en el grupo de WhatsApp. Los chicos esperaban el resultado de la noche del redactor jefe de *Vida* con la tía más buena de la redacción. La Corza, como la llamaba alguno.

38

La agenda *setting* es una teoría que aún sirve en estos tiempos en que los medios han perdido relevancia. Hace unos años, cuando Brooke Shields era joven, todo el mundo sabía quién era. Ser famoso era otra cosa. A los famosos los conocía todo el mundo. Pero ahora hay personas relevantes en unos nichos y otras personas, muchas, no tienen ni idea de su existencia. Y esa conjunción solo es una de las particularidades de los medios. La agenda *setting* viene a decir que son los medios quienes deciden de qué asuntos se habla. O de quiénes se habla. Aunque eso ya no quiere decir que la gente no hable de ello.

Enrique Andújar era un habitual de la prensa desde hacía unos cuatro años, cuando, en 2019, una revista nombró a su empresa Circular la más sostenible de un *ranking*. Aunque un año antes había aparecido en la lista de los más ricos de España, que elaboraba un medio con gran minuciosidad. Contaba su trayectoria económica pasando muy por encima de los purines y resaltando ante toda su apuesta por las renovables en Iberoamérica y ese afán por buscar cómo almacenar estas energías en unas pilas especiales de las que había hablado posteriormente en revistas económicas en el mundo entero. Y que habían hecho que el interés de los inversores por su empresa se disparara.

A partir de ahí, habían llegado otros reconocimientos de los medios. Mejor empresa para trabajar, mención especial por la diversidad y el sello de calidad de *green efficiency* que daba un organismo con lazos con la ONU. Y entre estas cosas, Andújar había aparecido en la prensa por otros motivos más allá de por los éxitos de la empresa. Había hecho donaciones millonarias para mascarillas durante los confinamientos de la pandemia en 2020, y a través de la Fundación Enrique y Marisa Andújar había empezado a hacer contribuciones a museos y a conceder becas para investigación. Así, una vez al año, se garantizaba que aparecía en los medios en otras páginas que nada tenían que ver con la economía ni con las afirmaciones de esos pesados empeñados en resaltar sus buenas relaciones con ministros de todos los partidos y en que era receptor de subvenciones y ayudas a las renovables. Pero aquello le daba igual porque era una minoría, y en verano, España era capaz de abastecerse casi al completo de lo que producían los molinos y las placas solares. El sol no solo era riqueza para el turismo. Era, nunca mejor dicho, el petróleo de España. Así lo había destacado en algunos titulares en los que solía subrayar que las renovables eran la única solución para una transición ecológica con garantías.

Lo cierto era que Enrique Andújar tenía una sola obsesión desde niño y a ese fin había condicionado toda su carrera e incluso las elecciones de su mujer: ser presidente del Real Madrid, una tarea que Florentino le había facilitado sin saberlo al establecer unos requerimientos difíciles de cumplir, lo que apeaba a otros rivales que podrían haber sido fuertes en la competición. A Enrique le había hecho socio su padre el mismo día que nació, no tenía otros cargos en el fútbol y podía presentar un aval de más de trescientos millones si así se lo proponía. ¿Y qué otro podía hacerlo? Tan solo necesitaba crear esa aura de ser superior similar a la que emanaba Florentino para poder arrebatarle la confianza de los socios, tan fascinados por él como sus fichajes más recordados. Como Figo, como Zidane, como Vinicius, como Bellingham, como Modric, como Alonso... Enrique Andújar era consciente de que si quería lograr su objetivo, debía presentarse como Ronaldo en el Bernabéu, como un sueño, como garantía de goles, calidad y un señorío un pelín macarra, pero respetuoso con las mocitas madrileñas. Señorío del no es no, que es más madrileño que el «solo sí es sí». Y sobre todo fiable. Ahora que cualquiera podía aspirar a ser presidente del Gobierno, él debía demostrar que, de todo lo que podía ser, había elegido serlo del Madrid. Y para eso necesitaba a los medios.

Era lo que más o menos le estaba contando a Eduardo García cuando le explicaba el plan de medios que le habían hecho sus asesores, pensando que tan solo quedaba un año para que se celebraran elecciones. *El Matinal* era el periódico más seguido por los socios del Madrid y era fundamental para él. Eduardo parecía entenderlo.

—Mira, lo primero que deberíamos hacer es sacarte de las páginas de economía que, al final, solo se las leen unos pocos. Creo que *Vida*, nuestro suplemento diario, es lo más adecuado. Te podemos sacar un perfil con entrevista que te puede hacer Fiona Portocarrero y otras informaciones personales. El corazón, la prensa social, es siempre lo más leído. Y si las informaciones las firma Gabriela Dueñas, ahí tu mujer y la fundación... pueden servir.

Eso era música para los oídos de Enrique.

—Te debo mucho.

—Bueno, bastante vas a hacer por el periódico patrocinando los foros de la nueva economía 2030, el del poder de las mujeres y los premios... Y ya lo que hables con Ignacio cuando vayas a matar el bicho ese, pero no me cuentes, que la caza me horroriza, aunque no me pueda posicionar en contra por los lectores.

—Hombre, pero algo... Me parece muy ético cómo habéis tratado ciertos asuntos. Sabes que creo mucho en la importancia de los medios y que su crisis es la crisis de la democracia.

—Ya hablaré con tus asesores porque es verdad que todos necesitamos ayuda...

—¿Todos? —preguntó Enrique.

—Todos.

En el despacho de Torre Picasso había un molinillo de café. Enrique se había acostumbrado a beberlo de filtro en

Estados Unidos y detestaba el de cápsulas, que era el que le gustaba a Eduardo.

—He tenido que pedir a mi secretaria que comprara una máquina para invitarte al café.

—Pues te vas a reír, pero a mí se me ha roto la mía y tenía que comprar una por Amazon.

Enrique se rio.

—Pues llévate esta. A mí es que no me gusta ese café. Solo me gusta gastarme el dinero en lo que me gusta.

—Ese debería ser un principio de pobres, pero es un principio de ricos. Solo la gente sin dinero se compra cosas que no quiere.

—Más o menos.

39

El invierno había llegado en otoño a Los Manantiales, y aunque en Sierra Morena el clima era más suave que en La Mancha, cuando hacía frío, hacía un frío negro, como decía siempre Pila copiando a Segundo. El ingeniero estaba nervioso. Casualmente, la invitación de Pila a Enrique Andújar había coincidido con un viaje a Bilbao que había organizado su mujer por su cumpleaños y la mayor de las Lequerica le había dicho que, por supuesto, no hacía ninguna falta que estuviese.

—Y, además, como eres del Barça, eres capaz de soplarle en una oreja mientras esté apuntando al venado.

José Mari se rio con su risa de gigante, pero no podía ocultar que no le gustaba un pelo no poder estar aquel fin de semana echando una mano a las hermanas. Afortunadamente, había podido ir a la finca con Pila para ayudar a los preparativos y comprobar que todo estuviera bien. Le tranquilizaba que Antonia fuera a estar para supervisar a Yoli y a Geñi que solo trabajaban en la casa de Los Manantiales cuando hacían falta y no se las veía cómodas con las formalidades. No eran precisamente unas estiradas.

—¿Ponemos a don Enrique en la habitación de la buhardilla? —preguntó Antonia, que había acompañado a Pila desde Madrid.

Pila dijo que le parecía bien. Ese cuarto era el mejor de la casa y era lo conveniente, aunque Andújar ya había avisado que llegaría el viernes, pero que, por desgracia, su mujer no podría acompañarle.

—A mi hermano, como en la buhardilla va Andújar, métele en el que da al patio pequeño, que fue de los que arregló Casilda cuando hicimos la obrita.

Antonia asintió. No le habría hecho falta que Pila le dijera nada porque la conocía muy bien.

—Y de aperitivo ponemos morcilla, filetitos de venado empanado y un poco de presa que han comprado en el pueblo. El viernes creo que podemos poner un *carpaccio* de venado, que le gustó mucho, con laminitas de queso manchego y, al día siguiente, las palomas que mató la señora.

—Me parece estupendo. ¿Y de comer?

—Pues al mediodía había pensado en un pisto con huevos fritos.

—¿Y nada de aperitivo?

—Pues un poco de jamón, y me dicen que han matado unos conejos chicos que pueden estar muy buenos así frititos con ajo.

—¿Y el domingo?

—Había pensado en hacer una paella.

Pila se rio.

—Pues nada, Antonia, todo perfecto. Visto lo visto, lo mejor sería que tú te quedaras con José Mari y yo me fuese con su mujer a Bilbao, que seguro que ha reservado en uno de esos restaurantes en los que nunca hay sitio cuando te apetece ir.

—Por eso me temo que me ha dicho que no puede cambiar el viaje.

Antonia se fue a organizar la cocina mientras Pila se quedaba hablando con José Mari en el salón de los venados grandes, como llamaban al cuarto en el que la familia de las Lequerica había ido colocando los trofeos de la finca y en donde, sin duda, habrían colgado al Camello si Pila no lo hubiera fallado por culpa de los putos...

—Por cierto —dijo observando que solo los viejos Oli y Buga estaban en el sofá—. ¿Dónde demonios están los otros perros?

Segundo puso un gesto de cansancio.

—Pues en cuanto ha llegado, se han ido detrás de algo. Hay un jabalí muy cerca de la casa y a lo mejor están liados con él.

—Con un poco de suerte, lo mismo me mata a alguno. Qué pesadilla de perros.

Segundo sabía que lo decía en broma, pero le hizo gracia que Pila todavía estuviera rabiosa por haber fallado el Camello.

—¿Se ha visto al venado estos últimos días? —preguntó ella.

Él ladeó la cabeza.

—Aparece, come y se va. Ahora están menos visibles que en septiembre, pero lo tienen ahí, más o menos bajo control. Lo que pasa es que ha llovido y los animales se mueven, eso ya lo sabe. Está empezando a caer la bellota.

—Con estas cosas nunca hay certeza alguna. Lo mismo no lo vemos y hay que esperar al año que viene.

—Esperemos que no. El venado tiene pinta de ser viejo, la contraluchadera es ya más corta y tiene ese corpachón de los viejos. Está en el momento perfecto para matarlo.

—Bueno, pues a ver si hay suerte.

En ese momento, llegaron los perros con la lengua fuera y con las arrugas de alrededor del hocico dibujándoles la sonrisa.

Pila olisqueó. El olor a putrefacto casi la hizo vomitar.

—Joder, no sé cuál, pero huele fatal. Seguro que alguno se ha revolcado en un bicho muerto que se hayan encontrado.

Segundo sabía muy bien lo que había que hacer en esos casos y salió a buscar al casero para que bañara a los perros.

La menor de las Lequerica se quedó mirando a Oli y a Buga, los más viejos, que por una vez no se habían escapado a hacer lo que las hermanas llamaban maldades.

Al día siguiente, viernes, Pincho cogió el AVE a Puertollano y se encontró que su hermana la estaba esperando en la estación.

—Vaya... Pensaba que me recogería alguno de los chicos.

—Lo más cómodo era que te viniera a buscar yo porque ellos tienen mucha faena.

—¿Y Segundo?

—Pues nada, que su mujer reservó hace unos meses en un restaurante de tres estrellas en Bilbao y ya sabes.

—Claro, claro, que se vaya con ella porque la pobre debe de estar a punto de divorciarse porque cree que le pone los cuernos contigo.

Las hermanas se subieron en el Land Cruiser, que estaba sucio porque no les había dado tiempo a limpiarlo después de que Pila saliera a dar una vuelta por la noche.

—Anda que como tío Alfonso viera que llevas el coche tan sucio... te desheredaba.

Pila puso una de sus muecas supuestamente cáusticas.

—Ya te hubiera gustado a ti.

Y las dos se echaron a reír. Llegaron en algo más de una hora a Los Manantiales y se quedaron esperando a Ignacio y a Enrique, que habían decidido venir juntos en coche.

A Pila eso no le hacía demasiada gracia porque consideraba que era un atropello a su hermana.

—Van a ir hablando de cosas de *El Matinal* que a ti te interesan mucho y no te vas a enterar.

Pincho sabía que su hermana tenía razón, pero no le apetecía alimentar las ganas que tenía siempre de discutir con su hermano Ignacio.

—No te imaginas lo que te agradecemos que hayas invitado a este a matar tu venado.

—Ya me ha dicho Ignacio que Andújar piensa meter un montón de dinero.

—La verdad es que espero que a *Juglar* nos caiga un buen pico gracias a esta invitación.

—No sé si será por eso. Tengo la sensación de que se lleva muy bien con Eduardo, así que no todo el mérito es mío. A mí me cae mejor Paco, al que también, por cierto, he invitado a la cacería de El Lanchar.

Su hermana no le contestó. Se había quedado enfrascada leyendo un PDF que le habían mandado de una editorial francesa.

40

Puerta de Hierro era el lugar que Angus, la mujer de Paco Alcañiz, había elegido para establecer su residencia. Y nunca había ocultado que el motivo era por ser la urbanización donde vivía Isabel Preysler. Aunque a estas alturas de la vida podía decir que en su casa había más habitaciones y cuartos de baño —Ussía había bautizado la casa de la filipina como Villa Meona— que en la de la Preysler. Y también más servicio. Una de las cosas que podían decirse positivas de Angustias Rodríguez, el nombre completo de la mujer de Paco Alcañiz, era que nunca se había olvidado de dónde venía ni de sus amigas de siempre, que seguían viviendo en Getafe. Por eso, a veces, las invitaba a merendar a su casa, donde se deleitaba en cebarlas con todo tipo de «cosas finas» y de colmarlas de regalos. También jugaban a las cartas. Ni ella ni su marido habían renegado de sus orígenes, aunque ahora sus hijos y sus nietos solo se relacionaran con gente de dinero y de apellidos compuestos, como decían sus amigas. A Angus le encantaba compartir el dinero que había hecho con Paco, porque ella había contribuido mucho al crecimiento de la empresa, además de parir nueve hijos como nueve soles. Desde cocinarle hasta lavarle los calzoncillos y hacer economías en casa para que Paco pudiera cerrar sus tratos y recorrer España en busca de oportunidades. Y ahora sus hijos y sus nietos hablaban entre ellos idiomas que no entendía. Una era médico, otro abogado, otra arquitecta... Todos le habían salido bien y eso era algo que siempre le dejaba dormir tranquila. Ninguno se había metido en drogas ni se había casado con algún indeseable que le hiciera la vida imposible. Hasta tenían un nieto que les había «salido trucho», y Paco se lo había tomado tan bien que hasta le gastaba bromas de pésimo gusto, pero sin mala intención.

Su amiga Fani esperaba en el semáforo de avenida de América en el que quedaban siempre porque quería que la acompañara a comprar unos regalos para las Lequerica, que los habían invitado a una cacería. Paco les quería mandar más caviar, pero ella pensó que era mejor regalarles cosas más personales. Así que las dos señoras se bajaron en la tienda de Louis Vuitton en Serrano. En cuanto las vieron descender del Mercedes con chófer, a las dependientas de la tienda se les puso la pupila de dólar. Aquella señora era de billete fácil y siempre que iba arrasaba con lo que había. Después continuaron con más visitas a otras tiendas. Y a Fani le cayó de regalo un bolsito «chiquitito, muy mono», «para su nieta la mayor». Después las dos se fueron a comer a Quintín, en la calle Jorge Juan.

—Pues vaya regalos les lleváis a las dos locas esas. Un bolso, varios pañuelos, una bufanda... ¿Y dices que Pila Lequerica sigue yendo de puta?

—Pues sí. No sabes qué piel tiene. Y tenemos la misma edad. Pero es simpática y lista. A mi Paco lo tiene como loco, pero ya sabes que eso no es ningún mérito con lo pieza que ha sido toda la vida.

—Y después de lo que le has aguantado, no te va a poner los cuernos con una señora de tu edad.

—No creo que mi Paco, que es como es, sea el tipo de Pila Lequerica. Ella es de esas que creen venir de la pata del Cid. O lo parecen. Vamos, que no necesita tirarse a un tío feo y viejo como es Paco ahora.

A Fani le divertía que su amiga le contara la verdad tras esos cuentos que ella solo podía leer en las revistas.

—¿Y a qué os han invitado?

—Pues a una cacería en su finca de Terrinches.

—Eso está por La Mancha, ¿no? Lo vi una vez en la tele, cuando contaban las cacerías a las que solía ir el rey Juan Carlos.

—No tengo ni idea de dónde está, pero Paco ha estado varias veces por la zona porque se traía muchos albañiles de allí y a saber qué más. Si hasta me dijo que quería comprarse un finca.

—Qué sinvergüenza ha sido tu marido siempre.

—Por lo menos no me trajo al hijo de ninguna pilingui, que sería lo propio.

—¿Y cuándo os vais a la cacería?

—En un par de semanas. A Enrique Andújar, otro de los que fueron el otro día a la cena de su casa, le han invitado a cazar un venado con un arco.

—Cómo son los ricos.

—Ese sí es de los que a la tal Pila le gustarían, pero ella es gallina vieja y a los hombres como ese no les gusta el buen caldo solo. Quieren más carne.

41

Hay quien no está acostumbrado a vestirse de campo y eso los que sí saben vestirse lo perciben. Uno de esos casos, pese a las muchas veces que había estado de caza, era Ignacio Lequerica, que, por lo general, siempre iba muy apropiado. Quizás, pensaban sus hermanas, se debía a que la caza y el campo nunca le habían interesado o, simplemente, era una manera de distanciarse de ellas. Hacía fresco y se había puesto un traje de *tweed* que apenas había usado. Ignacio nunca estaba feo, pero se le notaba cuando no estaba cómodo en su piel. A él le gustaba más esquiar o ir en barco. Andújar, sin embargo, iba bien. Un pantalón beige y una chaqueta de *tweed* vieja y desgastada. De cazador de muchos años, aunque seguramente, pensó Pila, no debió de empezar a cazar en grandes fincas ni con galácticos, como llamaban a la pandilla de ricos que iba con el rey Juan Carlos, sino más bien en otro tipo de entornos. En Murcia había mucha afición a la caza, como ella bien sabía.

Se besaron y enseguida pasaron a cenar. Pila había sacado los clásicos que nunca fallaban: Imperial, Viña Ardanza, Riscal, Tondonia... Vinos de Franco, los llamaba el tío Alfonso. Y Antonia se había esmerado en la cena. El *carpaccio* de venado impresionó a Enrique Andújar.

—¿Cómo conseguís que el venado esté tan bueno? ¿Y que sepa a venado, pero no tenga ese regusto...?

—Pues porque aquí hacemos la caza selectiva, el control de población, como un descaste, con mucho cuidado. De un tiro certero en el codillo, en el corazón, y enseguida lo destripan y se lo llevan a la cámara. La mayoría los vendemos para carne, pero nos quedamos los más jóvenes que, desafortunadamente, dada mi edad, como pasa como los humanos, están más buenos... La carne de montería, que es lo que normalmente se come en España, está más estresada.

—La verdad es que es una maravilla.

—He pensado que lo mejor es una cena ligera porque mañana tendrás que madrugar para ver si tenemos suerte. No te acompañaré, pero iré a despedirme y a que me enseñes el arco.

Pero al día siguiente, la menor de las Lequerica le mandó un recado a Enrique diciéndole que había pasado una mala noche. Así que se fue con el guarda con el que Pila había fallado el venado, convencido de que él sería más afortunado.

—¿Pero de verdad va a tirar con el arco? —le preguntó.

—Sí, es que me he aficionado. Sobre todo en rececho, como es el caso.

Pero por la mañana, Enrique no tuvo suerte, algo de lo que Pila en su fuero interno se alegró. No iba a llegar aquel tipo y besar el santo con su arquito.

Cuando volvió a la casa sobre la una para comer, le enseñó el arco. Pila se quedó asombrada.

—Casi no parece un arco, sino el mecanismo de una nave especial.

—Ahora los hacen así. No te puedes imaginar lo efectivo que es. Si quieres que probemos...

—Yo ya te dije que no me veo embarcándome en inventos a mi edad. A mí me gustan mis rifles de siempre.

Por la tarde, el otro guarda llamó por la radio para decir que el Camello estaba en una tira de monte cercana a un barbecho.

Pila decidió acompañar al guarda y a Enrique para verle, pero no pudo acercarse con él al venado porque el terreno estaba complicado y no querían hacer ruido. Sin embargo, pudo ver el lance desde el coche con sus prismáticos.

Enrique y el guarda lograron acercarse andando como a treinta metros del animal. Pila no escuchó nada. Solo vio que el Camello hizo un gesto de tiro, de flecha en el corazón —dicen que es como si le picara una avispa— y se desplomó. Enrique se acercó con el guarda, que estaba muy orgulloso.

—Es enorme...

Pila vio la flecha partida en el corazón.

Enrique le dio un beso.

—Muchas gracias, Pila. Ha sido muy emocionante.

Pila tenía sentimientos encontrados. Por un lado, le alegraba por la finca que aquel hombre hubiera matado un venado tan grande y, por otro lado, le daba rabia no haber sido ella. Llamó a sus hermanos por teléfono para que vinieran a ver el venado en el campo. Ignacio se había puesto un sombrero del tío Alfonso que le quedaba muy bien y le pidió al guarda que hiciera una foto de los cuatro antes de la consabida sesión de Enrique en solitario.

—Esta va a mi despacho —dijo Ignacio.

Al llegar a la casa, Enrique estuvo un rato metido en su cuarto. A la salida le estaban esperando tomando una copita de Tío Pepe, jamón y unos filetitos de venado empanado en el porche en el que la chimenea estaba encendida. Pila estaba fumando sus cigarrillos entre ufana y jodida.

El chófer de Enrique apareció de repente con una caja de Vega Sicilia. Se la había traído desde Madrid.

—Como estaba seguro de que mataría el venado, quería celebrarlo con algo especial.

Pila le dio las gracias.

—Pues mañana, si quieres, puedes seguir haciendo la caza selectiva con el arco, hay que bajar la población o se cargarán el monte.

Él se rio.

—Me temo que mañana tengo que hacer unas cosas importantes en Madrid por la mañana y me voy a tener que ir.

A Pila le disgustaba que Enrique llegara a Los Manantiales, besara al santo o lo matara, y se fuera tan fresco.

—Pues te quedas sin paella y sin conejo. A mi hermano Ignacio le encanta, así que estará encantado porque tocaremos a más.

Ignacio se levantó muy incómodo.

—Yo me voy con él. Así voy hablando con Enrique de negocios.

—También lo podéis hacer ahora en la mesa, que más vale que estemos enteradas.

Enrique supo que los hermanos no solo se estaban enfrentando porque él siguiera un día más en Los Manantiales.

—Y claro que hablaremos.

En ese momento, dijeron que ya se podía pasar a cenar. Las palomas que había hecho Antonia eran una receta nueva, rehogadas con aceite y un poco de mantequilla y coñac y oloroso. Y el Vega Sicilia iba a la perfección.

En el postre, unas natillas, Enrique dejó que Ignacio se luciera delante de sus hermanas.

—Circular va a patrocinar los foros y eventos que hagamos. Y va a poner páginas semanales de publicidad, aparte de convertirse en patrocinador principal de *Juglar*.

Enrique apuró la copa de vino decidido a regalarle la oreja a Pincho.

—Es que me encanta cómo lo haces y tu criterio.

Enrique Andújar, tuvo que reconocer Pila, no podía ser más encantador y atento. Se contaron muchas cosas. El dinero que iba a invertir en *El Matinal*, lo bonito que estaban Los Manantiales... También le recordó a Pila alguna de sus andanzas con políticos y glosó las novelas de un autor al que Pincho había alabado en *Juglar*. Se notaba que aquel tipo sabía qué decir a cada persona con la que hablaba. A Ignacio le volvió a insistir sobre la importancia de los medios para la democracia. Él sonrió muy complacido y le guiñó el ojo a Pila. Se notaba que estaba muy agradecido porque su hermana hubiera invitado a Andújar a matar aquel venado. Cuando se fueron a la cama, por primera vez en mucho tiempo, les dio un beso en la frente.

Al día siguiente, Enrique e Ignacio se fueron a las nueve de la mañana. Pincho todavía no había salido a desayunar.

Antes de irse, dio a Antonia mil euros de propina para que los repartiera entre el servicio y dejó quinientos para el guarda que le había acompañado.

—Ya te llamará Pila para preguntarte dónde quieres que te deje la cabeza del venado.

—Pues lo mismo le pido que, si puede, me lo mande a Murcia. A Marisa no le gustan los trofeos en la casa de Madrid.

Y se fueron. El Porsche Cayenne rugió.

42

Socorro y María se habían distanciado algo desde la vuelta del verano. Toda la amistad que habían forjado en casa de las Lequerica al calor de la investigación del caso de Aldara Ortiz de la Vega parecía ya de otro tiempo. Y en realidad no era culpa de Socorro, que nunca había sido de tener amigos, sino más bien esa reticencia que ahora también sentía María. De ninguna manera quería que Socorro supiera que estaba saliendo a escondidas con Ángel Rojo. ¿Estaban saliendo?, se preguntaba ella. Claro que sí. Dormían muchas veces juntos, se escapaban a comer, ella había conocido a los pocos amigos que él tenía que no eran periodistas y ella se lo había presentado a alguna de sus amigas menos estiradas, porque a las otras no se atrevía. ¿Qué hacía ella con un tipo que era su jefe? Notaba, además, cierta animadversión de Socorro hacia Ángel que, por supuesto, como la mayoría de los sentimientos en la vida, era mutua. Pero, al final, las tardes en la redacción forzaban a las dos periodistas a hablar.

—¿En qué andas? —le preguntó María.

—Pues estoy rematando lo de Macastre para la serie de crímenes sin resolver. Y aún me da tiempo para hacer llamadas con lo de los tipos esos que ataron y violaron a aquellos ricos en su finca de Guadalupe hace unos años...

—¿A esos no los cogieron nunca? ¿Tampoco se resolvió ese caso? Pensaba que sí. Me acuerdo de la paliza tan brutal que les dieron y todas las imágenes tan bonitas del pueblo que contrastaban con las barbaridades que se contaban.

—Claro. Esta es una serie de crímenes sin resolver. Lo más tremendo es que una de las hijas se quedó embarazada en la violación y con el ADN del niño sí que podrían encontrar a los tipos, al menos su procedencia por los test genéticos. Pero la hija, que se quedó al bebé y no lo dio en adopción, no quiere hacerlo porque no quiere que el tipo sepa que tuvo un hijo. Supongo que entonces tendría algún derecho o algo si lo reclamara... No me queda claro.

—La comprendo. Yo no querría que el padre de mi hijo me hubiera violado.

—Y a tus dos hermanas y a tu madre. Qué historia tan triste la verdad.

—¿Y todo esto lo vas a contar? Si el asesino lo lee, lo mismo...

Socorro se quedó callada y de repente dudó.

—No lo sé. Es un asunto demasiado delicado. Lo comentaré con mis fuentes y trataré de hablar con la familia.

—¿Y cómo te has enterado? ¿Ha sido Sergio Navarro? Intuyo que has vuelto a hablar con él.

Socorro no quiso contestar a la pregunta y decidió cambiar de tema. Era muy celosa de sus fuentes como todo periodista.

—Mañana me voy al pueblo de mi madre, Terrinches, para seguir con la serie, y me quedaré un día. Pasado mañana temprano estaré aquí de vuelta para meter en página la historia del asalto a la familia y la violación...

—Pero ten cuidado, a ver si no metemos la pata. Ángel siempre dice que a veces somos monos con ametralladoras.

—En eso tiene razón. En cualquier caso, hablaré con los padres y solo lo contaré si me dan permiso. No pensaba poner nombres, solo iniciales, aunque cualquiera que busque un poco en internet puede dar con la historia.

43

Terrinches es un nombre de pueblo con carácter. Terrinches suena berrinches y el gentilicio —terrinchoso, terrinchosa— suena a personas que tienen carácter y lo ejecutan, como demostró Agustín González San Millán, el alcalde del pueblo durante el 23F, que ese día suspendió las libertades constitucionales, cerró los bares y como no tenía ejército puso a desfilar a los guardias de las fincas de los alrededores, incluidos los de El Lanchar, la finca de las Lequerica, que habían ido al pueblo a tomarse una cerveza. El juicio contra Agustín González fue el primero en celebrarse por el 23F y lo condenaron a seis años y un día de inhabilitación.

Pero nadie había oído nunca que ningún terrinchoso ni terrinchosa se hubiese molestado porque José Mota dijera eso de: «Eres más tonto que los de Terrinches». Porque no era así, aunque José Mota le cayera tan mal a Antonia como González San Millán, que hizo que aquel día su marido, Rosario Núñez, miembro del PC y el más comunista de Terrinches, se echara al campo para esconderse como después de la Guerra Civil. Rosario era un comunista comprometido que toleraba más o menos bien que su mujer trabajara con las Lequerica. Y, de hecho, a veces, Alfonso Lequerica, el tío de las hermanas, lo cogía como eventual para que hiciera algunos trabajos en la finca. Y siempre se guardaron respeto, incluso cuando en la jornada de reflexión de las primeras elecciones libres en 1979, Rosario se personó en lo que él consideraba la mejor parte de la finca de caza para quedársela cuando la colectivizaran para el pueblo. O más cómico aún: un día que fue a hacer arreglos a la casa grande, aprovechó para meterse en el despacho de don Alfonso, que había cazado en varias ocasiones con Franco, para ponerle cuernos, bigotes y rabo en todas las fotos. Rosario Núñez era un poco cabeza loca, algo que había heredado Socorro, tan obcecada como su padre, pero en su caso con los crímenes en lugar de con el comunismo.

A la reportera le habían dado el mismo coche en la agencia que en su anterior periplo por Infantes y Carrizosa. Iba pensando que hacía muchos años que no volvía al pueblo. Había dejado en manos de su madre el arreglo de la casa de Terrinches, pero ella parecía que no quería que las obras terminasen nunca. Llevaba demasiado tiempo viviendo con las Lequerica y no era consciente de que alguna vez fuera a necesitar aquella casa de su marido, que, para rematar, estaba en un estado bastante lamentable.

Ese era uno de los motivos por los que Socorro nunca regresaba a Terrinches y por el que, desde hacía algunos años, pasaba las vacaciones de Navidad sola en Madrid en el piso de Tetuán.

«¿Y cuando las señoras —así las llamaba Socorro cuando hablaba con su madre— no están o se largan de viaje?». La respuesta era siempre la misma: «Pues me quedo tranquilamente en la casa cosiendo o viendo la tele con el resto. Si estoy en El Puerto o en Madrid, pego la hebra con Nelson y Marina; si estoy en Terrinches... ¿Para qué quieres que esté contigo si estás todo el día mirando el móvil o trabajando en el periódico?».

Y no le faltaba razón. Tampoco le faltaba a don Gabriel, el cura de Terrinches, al que odiaba su padre (la eterna lucha entre el comunista y el cura del pueblo que tan bien contaba Guareschi) porque lo consideraba inculto. Como si Rosario Núñez, con mucha verborrea comunista y pocas lecturas, no tuviera también sus carencias. Socorro se acordaba de las lecciones del religioso: «¿Cuántas espuertas de tierra hay en el cerro Conejero?». Y cuando alguno de los pocos niños que tenía en clase le respondían que lógicamente era imposible de saber, él les decía golpeando con la garrota en la mesa: «Pues hay "x". X espuertas de tierra en el cerro Conejero». Una vez, pinchada por su padre, Socorro le preguntó dónde estaba Surinam Paramaribo. A don Gabriel no se le movió un pelo con la respuesta. «En el mapa». Y Socorro supo que esa respuesta era indiscutible, pero no se lo dijo a su padre para que no la llamara cualquiera de sus cosas comunistas.

El acceso a El Lanchar estaba en una carretera que iba de Terrinches a Albaladejo. Para llegar a la casa había que ir por unos caminos que estaban bien cuidados hasta un muro con una entrada enmarcada con dos salientes con sus faroles y un tejadillo que coronaba también todo el perímetro.

A partir de ahí empezaba un jardín cuidado para que creciera salvaje, autóctono, con la concesión de unos cientos de metros cuadrados de césped cerca de la piscina rodeada de cipreses. Socorro dejó de lado la casa de las Lequerica y fue directamente a aparcar el coche en la parte trasera, donde estaba la salida de la cocina y lo que llamaban la cocina de los hombres, que es donde comía el servicio y pasanteaban todos los tipos que trabajaban en la finca. En la oficina, en una estancia anexa a la casa, le esperaba José Mari Segundo con su camisa de cuadros y su bolsillo con bolígrafos y la libreta para apuntarlo todo. Cuando vio a Socorro se levantó y aunque no se dieron dos besos ni la mano, enseguida supieron de lo que tenían que hablar.

—¿Has hecho buen viaje?

—Pues sí, aunque espero que sea al menos tan productivo como los dos anteriores que hice, que hasta hablé con el padre de Sonia, la hermana de Sito y la mujer que dio la voz de alarma por el gas.

—El pobre Toni no ha levantado cabeza. Como su mujer y la otra, pobre, que se ha quedado viuda. Yo los he visto alguna vez en el coche. Tú sabes... Hay que ver que un tontaco como el Sito resultara tan hijo de puta.

—Es que no está reñido.

—Ya lo sé, pero es duro pensar que un imbécil pueda causar tanto dolor. Parece como más injusto que si lo hace alguien realmente inteligente.

Socorro decidió sacar la retranca.

—Más injusto sería que solo los listos pudieran hacer daño. Bueno, al grano, que no te quiero entretener ni abusar de ti. ¿Me averiguaste algo de Brenda y Maggie, las otras prostitutas que eran amigas de la Cachucha?

—Pues he conseguido acercarme a Brenda y me ha dicho que llamaría a Maggie para que hablaran contigo hoy a la hora del café en un bar de la plaza.

—¿De verdad? —Segundo asintió—. No imaginas la alegría que me das. Me daba apuro llamarte porque mi madre...

Él la interrumpió.

—Tu madre es una boba porque yo te voy a ayudar de mil amores. No me cuesta nada, además. ¿Nos vamos? Es que no vamos a llegar.

Cuando Socorro ya cogía sus cosas para subir a su coche, José Mari le preguntó si había comido. Ella le dijo que no.

—Pero si has dicho que teníamos prisa.

—Porque contaba con que comeríamos algo rápido. Les he dicho que te hagan una tortilla de patatas y una ensalada. Les digo que te la saquen a la cocina de los hombres.

A Socorro le hizo ilusión porque en ese mismo cuarto había comido muchas veces de niña mientras su madre estaba cocinando. Comió con José Mari, que no hacía más que comentarle lo que le gustaba la tortilla de patata y que no la cambiaba por todas las mamarrachadas que le había hecho comer su mujer en el viaje a Bilbao para celebrar su cumpleaños. «Y encima te meten un rejonazo...». En la tele estaba puesto el telediario y el tiempo anunciaba lluvias.

—A ver si es verdad, porque hace falta que se llenen las charcas de Los Manantiales.

Salieron escopetados hacia Infantes. José Mari iba en su Nissan y Socorro en el coche de alquiler. Hubiera ido con el ingeniero hablando, pero habían decidido que sería mejor si cada uno iba en su coche. José Mari no volvía a la finca después de comer, y así no se veía obligado a llevarla para que pudiera irse a Madrid. Dejaron los coches en la calle adyacente a la plaza desde donde se veía la torre de la iglesia de San Andrés. De Infantes se podían decir muchas cosas. Que es donde está enterrado Quevedo, que adquirió mucha importancia tras la batalla de Las Navas de Tolosa, que Lope de Vega hablaba del pueblo, pero a Socorro solo le importaba que en su término estaba El Teatino, la finca en la que había tenido lugar el asesinato de Sonia y Alba. Al menos, donde las habían encontrado.

—Ahí tiene mi primo la floristería de su mujer —le comentó José Mari—. Debe de estar liado porque la semana que viene es el Día de Todos los Santos y es cuando más trabajo tienen.

Socorro asintió. Llegaron a la plaza y en uno de los bares había dos mulatonas ya algo añosas bebiendo café en vaso y comiendo gominolas. Socorro enseguida adivinó que eran Brenda y Maggie. Ser prostituta, como ser cura, haber ejercido, imprime carácter. Los pantalones muy estrechos pese a los kilos que da la edad, los taconazos en el empedrado, el culazo sandunguero... y los cigarros finísimos. Como los de Pila, pensaron José Mari y Socorro, aunque ninguno lo quiso decir en alto.

Una de ellas, la más gorda, habló. Pese a que llevaba muchos años en Infantes, seguía conservando su acento caribeño.

—A ti te conozco de vista —le dijo a José Mari.

—Claro, del pueblo.

—Del pueblo, no —lo corrigió ella—. De Las Infantas, de hace muchos años cuando eras muy jovencito.

José Mari dijo que era probable, pero que solo había ido de vez en cuando a Las Infantas Cachondas para tomar una copa...

—Y a ver a qué es a lo que vais a los sitios como Las Infantas. Bueno, a lo nuestro. Tú eres la periodista que quiere saber de la Cachuchita.

Socorro asintió.

—Quizás me podríais contar.

—Pues ella es a la que mejor le fue de nosotras después de que se quedara viuda.

—No sé si sabes —intervino la otra— que las amargadas del pueblo que nos siguen odiando porque sus maridos, que venían al club a gastar dinero, decían que habíamos hecho brujería a nuestros hombres para que se muriesen y nos dejaran colocadas.

—Pero el de la Cachucha fue cáncer, el de esta fue de viejo y el mío tuvo un accidente con la moto. El pobre estaba tan borracho que se subió a la moto parada, se cayó y se dio un golpe con el bordillo que lo dejó seco.

—No matamos a nuestros maridos, no —ratificó la otra sorbiendo con una pajita el poco café que le quedaba entre los hielos deshechos.

—Decías que a la Cachucha le fue bien después de quedarse viuda.

—Siempre fue muy negocianta y luego le tocó la lotería. El gordo de la Navidad ni más ni menos. Y luego tuvo sus cositas. No le fue mal... Eso nos contó a nosotras.

—¿Se acuerdan de cuándo murió?

—Pues fue a principios de 2017.

—El mismo año que soltaron a Sito.

—¿Cuándo le soltaron?

—En julio de 2017.

—Pues la Cachucha yo creo que murió antes porque hacía mucho frío cuando la enterramos en el cementerio con su marido. Y eso que el cura, que es muy pesetero..., se resistió porque había sido prostituta y, según las beatas, medio bruja. Pero la Cachucha lo tenía todo pagado desde hacía tiempo, al parecer.

—¿Y su dinero?

—Pues lo que era del marido se lo quedó la familia y luego lo suyo lo había ido mandando a Cuba, porque tenía familia ahí y ya sabes.

—¿Hijos?

—No. Se los hubiera traído cuando se casó. Es una pena. Cuando estaba en el club, se quedó embarazada y se lo quitó... Dijo siempre que se arrepentía de haberlo hecho porque podría haberle dado a ese niño todo lo que hubiese necesitado. Al contrario que nosotras, nunca necesitó dinero.

—¿Y de dónde era el décimo que le tocó? Es raro que no le tocara a nadie del pueblo —quiso saber Socorro.

—Nunca nos lo dijo. Ella tenía sus cosas y era muy reservada para lo que quería. Tenía sus negocios. Dijo que lo había comprado en un viaje que había hecho a Barcelona. No le tocó a nadie más del pueblo.

Socorro cambió el tono.

—¿Y a Sito Pérez le conocisteis?

Brenda siguió llevando la voz cantante.

—Esta no, porque cuando llegó, enseguida se casó con su marido, que era un vejestorio y tenía prisa. Pero yo sí le conocí, sí.

—¿Y qué piensas de él?

—Pues estuve con él un par de veces y era sosito. Con muchas ganas, como un animalito, pero el pobre en cuanto le tocabas se corría enseguida. Era una cosa pequeñísima, ridícula. Notabas más cuando te metías un támpax.

—¿Y tú eras de las que tenía aspecto infantil? Como decía la Cachucha que le gustaban a Sito.

—A lo mejor serían las rusas, que no nos hablaban a ninguna porque se creían superiores. Creo que esas eran las que tenían más pinta de pequeñitas. Yo tengo estas dos tetas bien grandes desde los trece y el culo... pues lo mismo. Pero yo no era del gusto de Sito. Menudos dinerales se dejaba en el club. Los otros que estaban ahí siempre le hacían invitar.

—¿Y de las rusas qué fue?

—Pues mucho ruido, pero desaparecieron y eso que, en la zona, en Manzanares, hay mucho cachondeo con eso de que hasta que la rusa os separe.

—Con esas solo se hablaban la Cachucha y sus clientes —intervino Maggie—. Había uno que solo ella conocía y que se entendía con las rusitas.

—Y no era Sito.

—Forastero, como dicen aquí.

Socorro miró su teléfono.

—Me tengo que ir a Madrid ya, pero me gustaría preguntarte cómo murió la Cachucha.

—Pues la arrollaron, y el que lo hizo se escapó sin dejar rastro. Era de noche y no lo vio nadie, pero ya sabes... En invierno, en este pueblo, con el frío, la gente se retira al calorcito en cuanto puede. Pero debió de ser muy fuerte porque nos dijeron que fue instantáneo.

—¿Y no es raro?

—Hombre, yo creo que la cuñada, la mujer del hermano del Lonetas, no la tragaba, pero no tiene carné...

—El carné es muy útil —señaló Maggie—. Mi marido me hizo sacármelo en cuanto nos casamos.

—¿Y para qué quieres saber tú todo esto? El Sito se suicidó, y bien merecido se lo tenía, y la Cachucha ya no le importa a nadie.

Socorro frunció los labios.

—¿Por qué creéis vosotras que la gente quiere que le cuenten lo que pasó, aunque lo sepan?

—Porque somos todos unos desgraciados y nos gusta saber que hay otros más desgraciados que nosotros. Y ese Sito era... un pobre...

—Asesino y violador de niñas. Eso era —acabó José Mari la frase con contundencia.

—Exactamente —dijeron ellas.

Socorro les agradeció la conversación y se levantó para caminar hacia el coche junto con José Mari.

—No sé si debería haberle pedido el teléfono a Brenda. Lo mismo se acuerda de algo más después de nuestra conversación. Voy a volver, a ver si me lo da.

Y echó a correr, pero al llegar a la plaza, Brenda y Maggie ya no estaban. Segundo la tranquilizó.

—Yo te consigo el número.

Socorro no podía dejar de pensar que la Cachucha había muerto el mismo año en que habían soltado a Sito Pérez.

44

Ignacio Lequerica llamó a Eduardo y le dijo que Andújar quería que invitara a algunas firmas destacadas de *El Matinal* a la cena que iba a dar en su casa. Pero no «al pedante de Oriol Prada o al tal Sánchez Mesta, al que no le entendía una papa de lo que le leía». Y eso que pretendía enseñarse, casi ponerse de largo para que se supiera su intención de ser presidente del Real Madrid, y Sánchez Mesta, madridista de verdad y antipipero, escribía del Madrid en *El Matinal*. Quería que fueran Gabriela y Fiona. Para que contaran, o al menos, supieran lo distinguido e importante que era.

—Director, ocúpate de que vayan las dos, que para una cosa que me ha pedido. Y luego busca que lo saquen de alguna manera en el periódico. O en entrevista o, como quien no quiere la cosa, dejando caer en alguna columna de sociedad que es parte fundamental de la élite económica española.

Al principio, Andújar pensó en dar la cena en la biblioteca del Santo Mauro, pero luego decidió exhibir su poderío. Que supieran que no era ningún paleto. Su casa, sus vajillas, sus vinos.

La casa estaba en un edificio nuevo en Juan Bravo. Andújar debía de ser el único vecino que no era venezolano. También había algún mexicano. Aunque, le habían contado, estos solían preferir casas cercanas al Bernabéu. A él no le parecía mal esa querencia. Había pocos vecinos porque, aunque el edificio era grande, cada domicilio tenía más de un piso y amplias terrazas. También una piscina en la azotea, pero comunitaria, como el gimnasio. Comunitaria, pero para cuatro gatos ricos.

Gabriela y Fiona quedaron en Milford para tomar una copa antes y llegar juntas. Se sentaron en la mesa de la esquina. El director en persona las había llamado, pidiéndoles que asistieran. Les avisó de que recibirían un tarjetón de Andújar, pero que ya se encargaba él de confirmar su presencia. El tarjetón sirvió para que Gabriela y Fiona comprobaran que el tipo este no escatimaba ni en papel ni en contratar a una de esas personas que escribían con perfecta caligrafía. Casi era para enmarcar. Gabriela lo puso al lado del ordenador como alfombrilla del ratón y telefoneó a Fiona. En Milford, Gabriela pidió lo mismo que tomaba Fiona.

—Un vino rosado.

—Te ha llamado a ti también el director, ¿no?

—Sí, querida. Tiene suerte de que no tengo nada mejor que hacer. Que sí lo tengo, quedarme en mi casa y no cenar. Pero, por suerte, no voy a tener que cancelar nada.

—Parece muy interesado en que vayamos. Y la cosa viene de Ignacio Lequerica.

—No sé qué negocios se traen entre manos, espero que por lo menos pongan dinero en el periódico, ya que nos llevan de putifinas. Aunque no estemos en edad.

—El vino rosado va mucho con nuestro cometido. Es vino de putilla.

En ese momento, llegó Socorro vestida de negro, el color que ella pensaba que era siempre elegante. Estaba guapa con su pelo recogido y los tacones. Gabriela le silbó de broma.

—¿Te ha hecho venir también a ti García?

Socorro negó con la cabeza.

—La verdad es que quería ver cómo era la fiesta de Enrique Andújar. Y, al parecer, al director le venía bien que fuésemos varios periodistas para hacer ver que damos importancia al tipo.

Las dos veteranas periodistas no pudieron resistirse a las aceitunas que les habían traído.

—Hay que ver en las cosas en las que estamos los medios. Halagar al peso.

—¿Nos vamos? —preguntó Socorro.

—Debes de ser la única de las tres que tiene ganas de ir.

Fiona levantó una mano e hizo el gesto de firmar para que un camarero le trajera la cuenta. Apenas se tardaban unos minutos en llegar.

Llamaron al telefonillo, saludaron a un portero que les indicó dónde estaba el ascensor, admiraron toda la madera cara que cubría las paredes, llegaron al séptimo piso y en la puerta estaba Andújar esperándolas. Socorro se presentó, pero él ya tenía preparado su monólogo.

—Muchas gracias por venir, no sabéis lo feliz que me hacéis. Soy un admirador de las tres. Ojalá todos los periodistas fueran como vosotras —les decía mientras entraban.

—Muchas gracias a ti por invitarnos. Tienes una casa impresionante —dijo Fiona por lo poco que ya había visto.

—Sí, gracias. Coincidimos hace unos meses en una inauguración del Thyssen. Una exposición sobre Chanel —dijo Gabriela mientras tomaba una copa de champán rosado que le sirvió un camarero.

—Ah, es verdad, sí, un compromiso que tenía con los dueños... de Chanel.

—Este Perrier-Jouët está buenísimo —apuntó Fiona.

—Gracias. El Belle Époque Rosé del 2013 es una *cuvée* fascinante. El mérito es de mi bróker de vinos.

Gabriela y Fiona evitaron mirarse. Andújar tenía un bróker de vinos, uno que compartía con alguno de sus amigos ricos, que solían hacer las mismas cosas, ir a los mismos clubes, a las mismas cacerías en el extranjero, a los mismos sastres...

Un camarero le dijo a Andújar algo al oído.

—Perdonad, ahora vuelvo, me llama mi mujer.

—Su bróker de vinos... Será cretino. Mira, no me creo que este tenga un compromiso con los de Chanel. Si los dueños ni siquiera estaban en el Thyssen. Vamos, dudo que los conozca —le susurró Gabriela a Fiona mientras avanzaban por un salón camino de la terraza.

—Desde luego, esta casa no tiene nada que envidiar a la de algún oligarca ruso que he visto en Eaton Square, una de esas que ahora espero que estén confiscadas. No sé de dónde sacará el dinero, pero aquí se huele —dijo Fiona mientras aceptaba una tostada, un canapé, le quiso especificar el camarero, de anguila ahumada.

Socorro dejó que Gabriela y Fiona siguieran comentando la casa y se escapó a explorar un poco. Las casas, por lo general, la impresionaban poco porque ella había conocido las de las Lequerica desde niña, pero la de Andújar era impresionante, aunque ella no entendiera de decoración. Los espacios, la amplitud, la altura de los techos... El champán le pareció que estaba buenísimo.

Andújar había invitado a las Lequerica, pero tuvieron que declinar por un compromiso posteriormente adquirido. Uno que se inventaron. Su hermano Ignacio sí estaba, y no le hizo ninguna gracia que sus hermanas le hicieran ese feo, pero ya sabía que bastante habían hecho con ofrecer la cena en su casa. Había unas veinticinco personas, la mitad del Ibex, la mitad con más dinero. Y periodistas de la competencia, pero solo firmas, personas con influencia. O que a Andújar le interesaban. Socorro volvió con las dos periodistas.

—¿Qué hacemos nosotras aquí? —les preguntó Gabriela a Fiona y Socorro.

—Somos importantes. O él cree que lo somos. No le saquemos de su error. Y qué demonios, ni que fuéramos nosotras ahora a tener el síndrome de la impostora ese. La impostura es un arte. No todo el mundo vale para eso.

Ignacio Lequerica se acercó.

—Qué alegría veros. Es un orgullo para *El Matinal* tener a mujeres como vosotras.

Se acercó al cuarteto la mujer de Andújar. Fiona y Gabriela le echaron un ojo y calcularon que debía de llevar encima unos veinticinco mil euros en lujo discreto. Salvo los zapatos, que se notaba que eran unos Roger Vivier, aunque ahora hasta la reina llevaba una marca barata y española que imitaba la hebilla.

—Qué suerte tienes, Ignacio, con esas joyas en el periódico. No me pierdo una entrevista de Fiona ni una crónica de Gabriela. Y debo reconocer —dijo mirando a Socorro— que los sucesos son un placer culpable. Se nota que sabes mucho más de lo que escribes, ¿eh, Gabriela? Como eso que dice Peñafiel. Al menos yo lo noto cuando conozco a la gente de la que hablas.

—No puede una acabar con todas las balas, puedes necesitarlas luego. De todas maneras, no te fíes de los periodistas, que somos muy perros y sabemos dar a entender que nos guardamos información cuando a lo mejor no hay más de lo que se ve.

—Y encima modestas —dijo la mujer de Andújar—. Os dejo, que enseguida vamos a cenar. No dejéis de probar los zorzales. Por supuesto, tienen cabeza.

Ignacio también se fue.

—Por lo menos no es una cursi —apuntó Fiona—. No todo el mundo se atrevería a poner pajaritos en una cena elegante.

—Creo que estos se comerían a su madre en papillote si lo necesitaran para algo. Dices que se huele el dinero, y es verdad. También se huele el trepismo.

—¿Crees que eso que hay al lado del Samuro de Tresserra es un Picasso de verdad? —preguntó Fiona.

—No sé qué es eso del Samurái, voy a reconocer un Picasso.

—Ja, ja, ja. El Samuro, ese mueble precioso que hay ahí. Abierto es todavía más bonito. Es de las cosas que ya me gustaban de España antes de venir a vivir aquí, los muebles Tresserra.

—Supongo que serán caros, pero si quiere presentarse a presidente del Real Madrid, dinero tiene. Que para hacerlo hay que avalar con tu patrimonio personal el quince por ciento del presupuesto del club. O sea, que tienes que tener más de cien millones de euros.

Socorro las escuchaba con atención. Ella no era socia del Real Madrid, pero pensaba que todos los aficionados deberían poder votar para criogenizar a Florentino y que no se fuera nunca.

—A ti no te tengo fichada. Pero he visto en la lista que te llamas Socorro Núñez y he mirado lo que escribes. Tienes un trabajo muy duro. Escribir de sucesos... —Socorro se sorprendió de que Andújar se hubiera molestado en ver quién era y qué escribía. Andújar prosiguió—: Pero es admirable lo que haces. No soy muy fan de la tele, pero, por lo que he visto, eres una de las mejores.

—¿No le interesan los sucesos?

—No mucho. No soy lo que se dice una persona morbosa.

—En realidad, mi trabajo es casi detectivesco. Es increíble lo que puedes averiguar de las personas por cauces legales.

—¿Y por los otros?

—A esos es mejor no recurrir, aunque también se pueden pedir favores.

—Pues la información es ahora el recurso más importante en cualquier negocio. No solo para un periódico como *El Matinal*. Yo pago mucho dinero por informes para invertir.

A Socorro le gustó el tono con el que le había hablado Andújar. Normalmente, las personas asimilaban el periodismo a ser tertuliano o escribir columnas. Pero conseguir información era siempre lo más importante. Él le guiñó un ojo.

—Estoy seguro de que nos volveremos a encontrar.

—Soy muy madridista, además —dijo Socorro.

—Pues solo te diré que, si soy presidente, te ficharemos.

—¿De verdad?

—Ya verás que sí.

Andújar le dedicó una sonrisa amplia antes de volverse para diluirse entre el resto de invitados.

Durante los días siguientes, como un goteo, fueron apareciendo en diferentes periódicos, y desde luego en *El Mati-*

nal, artículos que presentaban a Enrique Andújar poco menos que como el hombre de moda en España. La amenaza de Florentino. El empresario moderno y amante del arte. Hasta el más elegante.

45

Pincho sorbía la taza de café negrísimo en la mesa pequeña de su sala de estar. Pequeña, pero lo suficientemente
grande como para tener desplegados varios periódicos
mientras desayunaba. Varios periódicos y poca comida.
Media papaya y jamón con pan integral. En *El Matinal* le
sorprendió ver la foto de Enrique Andújar con lo que parecía el traje perfecto. Como si fuera el anuncio de una sas-
trería en Saville Row. Era un artículo de Gabriela Dueñas
sobre los «Españoles a los que nadie tose». Uno era Florentino. Otro, Amancio Ortega. Aunque con el gallego la izquierda se permitía hacer exhibición de su animadversión.
Por rico asqueroso. Por donante de aparatos carísimos a la
sacrosanta sanidad pública. Hablaba Gabriela de pecados
originales de algunos ricos que trataban de lavar su imagen dando dinero a espuertas para las más diversas causas. Citaba a Bobby Axelrod, de *Billions*, una de sus series
favoritas. Aunque no quedaba claro cuál era el pecado original de Andújar más allá de ser millonario. O multimillo-
nario, como reclamaba Trump ofendido cuando le llamaban millonario. Apareció Pila esa mañana a una hora poco
habitual para ella porque tenía una revisión médica rutinaria.

—Mira, Pila, según Gabriela, Andújar tiene Picassos en
su casa —dijo Pincho, levantando el periódico.

—Cualquier día se hace con *Arco y flecha* de Kandinsky.
Claro, que de arcos y flechas el cuadro solo tiene el título
y no le vería la gracia. Lo veo más pidiéndole a Antonio
López un retrato posando como Robin Hood —dijo Pila

mientras se disponía a comerse un par de kiwis ya pelados y partidos—. Da un poco de vergüenza esta hagiografía de los ricos solo porque nos interesan, ¿no?

—Todos los ricos nos interesan por una razón u otra. Aunque no los saquemos en el periódico. ¿O no te interesa a ti Elon Musk desde que pusimos en Los Manantiales la antena de Starlink?

—Anda, y a ti. Dios le bendiga. Por fin tenemos un internet que se pueda llamar así, que era ridículo tener que ir por el campo con el móvil como un zahorí.

—Por no hablar de los ricos esos de la universidad que nos quieren comprar los terrenos.

—Si yo no estoy en contra de los ricos, estoy en contra de que les lamamos las botas en público.

—Son tiempos en que nos tenemos que tragar algunos orgullos de otra época. Y si se necesita el dinero, tampoco estamos renunciando a nuestros principios.

—Pues yo no tengo muy claro cuáles son esos principios leyendo algunas cosas en nuestro periódico.

—Lo que me hace gracia —siguió Pincho leyendo el periódico— es que pusiera zorzales en el aperitivo de la cena a la que no fuimos. No sé yo si con eso le caerá bien a la gente. Si querría que eso se contara. Pero si no quieres, no los pongas. Y no invites a periodistas. Hasta para Gabriela es como Mitterrand comiendo ortolanos. Aunque ella cita algo llamado *Billions*, una serie, y a su protagonista con la cabeza tapada con la servilleta.

—Lástima perderme los zorzales. Ya sabes que no fuimos porque tuvimos compromisos posteriormente adquiridos. Además, ya tienes a Gabriela para saberlo todo.

—No sé si quiero saber tanto de esta gente que ha buscado Ignacio. Que a veces tiene un ojo...

46

Noviembre es un mes bobo en los periódicos porque las empresas editoras y los medios saben que se juegan los resultados en el último trimestre del año. Es el momento en el que se concentra la inversión publicitaria, que es como se llama a poner anuncios, acordar redaccionales, pagar a *influencers*. Así que en el despacho de Ignacio en Editasa se multiplicaba la actividad y su secretaria, Leticia con c, como ella siempre recalcaba, no dejaba de pasarle llamadas y de mover su agenda de diciembre, que ya empezaba a cerrarse. Ignacio no era feliz, pero sí estaba tranquilo. De alguna manera, era un respiro estar solo en casa sin que ni su madre ni su mujer o su hijo le metieran en líos que no le apetecía afrontar. Ya fuera organizándole cenas, haciéndole ir a fiestas o simplemente contándole la última ocurrencia que tenían para arreglar *El Matinal*.

Con los patrocinios de Andújar y los anuncios de Alcañiz esperaba teñir de negro números que por lo general serían rojos. Incluso sus socios canarios, los propietarios de Timanfaya, le habían felicitado porque Andújar también se había interesado por las cabeceras regionales. Por otro lado, otra buena noticia para Editasa eran las suscripciones a las que la Universidad Douleia se había comprometido porque Pincho le había insistido a Pila. Iban a mantener una suscripción por cada diez alumnos, lo que era un número considerable de nuevos abonos.

Pero las cifras macro del periódico a Socorro le importaban un pito. De momento, estaba disgustada porque había decidido no publicar la historia de los ricos apaleados en la finca. La periodista, quizás influida por lo que había estado hablando con María, se había echado atrás en la historia de que la hija se había quedado embarazada de su violador para que no le pudiera reclamar la paternidad y quitarle al niño.

Sin embargo, hubo un suceso que le divirtió mucho en Quintanilla de Onésimo. Al parecer, una adolescente había denunciado a cinco integrantes de un equipo de fútbol del pueblo por violación y, sobre todo, por haberlo grabado. Y para variar, el pueblo se había puesto del lado de los chicos porque la chavala en cuestión tenía muy mala reputación. Socorro fue a investigar y, como en la mayoría de los casos, comprobó que aquellos tipos eran unos burros y unos indeseables acuciados por las hormonas de la adolescencia que solo querían hacerse los machotes. Y ella, para variar, era una de esas mujeres que por estar con el que le gustaba accedía a tirarse a sus amigos, como si de esas historias pudiera salir algo normal. La cosa se complicaba porque, además, a los futbolistas se les había ocurrido la genial idea de grabar a la chica, una menor, follando con cada uno. Y claro, la pobre se temió que la grabación se distribuiría por todo el pueblo, como así sucedió. De hecho, llegó hasta a la abuela, que, cuando la vio, no le dijo nada a su nieta. Así que Socorro llamó a la puerta de la abuela y se encontró a una enanita, una señora con acondroplasia, vestida con licra de leopardo. Lo único que le dijo fue que a su nieta se le había ido el asunto de las manos y que aquellos tipos eran unos indeseables por haberla grabado. Y que ella solo quería acostarse con el que le gustaba. Aquella historia le quedó muy bien por lo pintoresco.

La serie de los crímenes sin resolver seguía teniendo mucho éxito. Lo último que había publicado era sobre el cadáver de una chica que habían congelado antes de colocarla en un escenario sembrado de pistas falsas para simular un móvil sexual. Socorro estaba ocupada en lo que más le gustaba y desocupada con lo que más le gustaba, que era sin duda alguna Luis Gordon. Y cuando tenía un rato, pero poco, se metía en el Telegram de Perlita Smith y se leía las parrafadas inconexas que escribía en inglés y que ella metía en un traductor, lo que resultaba un pelín tétrico por lo cómico. «Y entonces él, mi torturador, me empujó contra la pared y me violó analmente. Solo tenía catorce años y nunca había estado con nadie salvo con él, aunque no por detrás. Hasta que un día...». El relato de Perla incluía un catálogo de atrocidades que impresionó a Socorro, si bien no les daba demasiada credibilidad. ¿Por qué aquella chica no iba entonces a la policía? Por lo que contaba, aquel tipo tenía un miembro descomunal que seguramente le impedía mantener relaciones placenteras con ninguna mujer. Y explicaba cómo la quemaba, le introducía botellas en la vagina y en el ano, la mordía hasta hacerle sangre.

Sin embargo, había algo que Socorro no terminaba de creer en Perlita. ¿Por qué no hablaba si algunas de las víctimas de Epstein lo habían hecho? ¿Por qué iba a temer más a este tipo que a Epstein?

47

El Lanchar era una finca que alternaba los quebrados y los llanos moteados de olivos, tomillo y chaparros. En los llanos había siembra de relativa calidad, aunque las Lequerica solo la cultivaban para poder echar triguillo a los comederos de las perdices. Una de las obsesiones de Pila era que las perdices fuesen salvajes, esto es, nacidas y criadas libres en el campo, algo que ya no era habitual en España, pese a ser uno de los países en los que la perdiz roja es autóctona. Y uno de sus momentos predilectos del año era junio, cuando los pollos de perdiz caminaban con sus patitas de paja por los caminos con su madre, la hembra con el cuello delicado, y se hacían las toradas de machos con su cabeza gorda como un pomo.

La finca de las Lequerica estaba llena de comederos y bebederos y a los guardas se les daba una gratificación a final de año si la cacería —solo se podía dar una— salía bien, por lo que se esmeraban para mantener a los predadores naturales de las perdices —los zorros— lejos de El Lanchar, y controlar que las urracas y las ratas no se comieran los huevos de los nidos.

Aquello era difícil porque en los alrededores cada vez se cuidaba menos el campo (con perdices soltadas el mismo día de la cacería, qué falta hacía gastar dinero todo el año) y los predadores iban a donde había más caza, a la finca de las Lequerica. Como los linces que los guardas conseguían ver de vez en cuando, porque en El Lanchar también había muchos conejos.

El día de la cacería era el más importante para El Lanchar. Pincho y Pila solían invitar antes al rey Juan Carlos, pero desde que se había ido a Abu Dabi era más difícil contar con él. Una pena. A las hermanas les divertía el dispositivo y la competitividad que desplegaba el monarca, que acababa cazando muchos días al año por toda España.

También invitaban a algún banquero hijo de banquero amigo y a personas que, por lo general, les caían bien como Jorge Pérez de la Mata, duque de Portocarrero, que, como siempre, iba acompañado de Fiona. Y también aquel día estaría Javier Sainz, el marido de Teresita Gil Casares, que tenía un fondo de inversión, Gizah, un magnífico negocio. Y además del hijo de un inglés que Pincho había conocido con su marido antes de que este muriera, estaban invitados Enrique Andújar y Paco Alcañiz, por lo que también iría a pasar el día Ignacio Lequerica, que no cazaba, pero que disfrutaba saliendo de la ciudad. Así que con Pila eran ocho en la línea de escopetas. A la menor de las Lequerica le gustaba marcar el terreno de los hombres y se ponía en las puntas, los extremos de la línea de los cazadores, por deferencia con sus invitados, como siempre había hecho su tío Alfonso. Cuando le preguntaban por qué siempre respondía lo mismo:

—Pues porque me hace más ilusión que vosotros tiréis. A mi edad ya se me han pasado los afanes competitivos. Y tiro con el 20 muy cerrado y mata muy lejos.

Pila tiraba con una pareja de Holland & Holland del calibre 20 que le había regalado un amante francés. Hacía años había hecho que le grabaran escenas del *Kamasutra*, una rareza muy refinada de la que a Pila le gustaba presumir. Aquello solía escandalizar a sus invitados y quizás por eso las solía sacar. A su edad, se decía, ya podía escandalizar con poco. ¡Qué boba era la gente! Paletos de mundo pequeño, se solía decir.

Como las dos mil cien hectáreas de El Lanchar eran insuficientes para preservar la cría de perdices, las Lequerica arrendaban parte del término de Terrinches y lo guardaban todo el año. Como siempre había hecho el tío Alfonso, permitían que los del pueblo tiraran un par de días al año los conejos y los zorros si es que se veía alguno, lo que solía ser considerado un fracaso. Aquello era el famoso «pelo», que es como se denominaba lo que no era pluma.

En casa de las Lequerica se mantenían ciertas formas que algunos considerarían anticuadas. La caza —matar animales, al fin y al cabo, que se guardaban el resto del año— requería cierto respeto y una manera de demostrarlo era vestirse bien. También lo merecía el dineral que costaba El Lanchar a las Lequerica, finca totalmente improductiva desde el punto de vista de los negocios, concebida para el disfrute.

El primer día se cenaba vestido de manera informal porque los invitados llegaban cada uno a la hora que podían. Ya al día siguiente, después de la cacería, se pedía chaqueta azul, de terciopelo —*dinner jacket* lo llamaban los ingleses—, o corbata, aunque cada vez era menos habitual.

Teresita y Javier llegaron los primeros en un Range Rover nuevecito que acababan de comprar por los buenos resultados de Gizah, clasificado por la prensa económica como uno de los fondos de mayor rentabilidad de España. Dejaron el coche al lado del Range que Pila había heredado de tío Alfonso, que tenía casi treinta años y una dirección sin dirección alguna, pero cuyo diseño anguloso y macizo seguía siendo imbatible. Eso sí, Pila nunca lo sacaba a la carretera, porque era muy peligroso y se iba en las curvas. Como Teresita y Javier eran de confianza, entraron por la cocina y dejaron un bizcocho que Teresita había comprado en la pastelería de la hija de una amiga suya que también se dedicaba a la alfarería. «Ocupaciones de ricos», pensó Antonia mientras se lo contaba a toda velocidad y aportando todo tipo de datos que la cocinera consideraba innecesarios. A saber: que la hija de su amiga era «una niña ideal», que «llevaba un carrerón», pero que quería ocuparse de sus hijos y hacer algo que le gustara, pero «como el dinero no le hacía falta...».

—El bizcocho es para el desayuno —dijo besando a Antonia, a quien conocía desde niña, por lo que se tuteaban.

—Qué bien. A las señoras les va a encantar, aunque ya sabes que el desayuno suele ser ligero porque el taco se da justo después del primer ojeo.

Teresita asintió pensativa encogiéndose de hombros.

—Pues entonces lo pones para el té... ¡Qué horror! No sé quién se empeña en llamar deporte a la caza. Se engorda tanto...

Antonia hizo caso omiso a su observación.

—Anda, si tienes la misma talla que de niña. Por cierto, ya sabes dónde dormís.

—Donde siempre, ¿no?

Antonia asintió señalando la puerta.

—Nelson ya habrá sacado las maletas del coche y estarán en el cuarto.

La casa de las Lequerica era una casa buena de campo, pero estaba lejos de otras que se habían hecho en las fincas grandes en España. Esta era relativamente sencilla, manchega, con sus patios, sus vigas de madera recias, pero imponía poco y carecía de solemnidad, de gravedad. Las revistas nunca la hubieran calificado de «espectacular casa» o «mansión». Las Lequerica tenían trofeos en las paredes, fotos, cuadros de caza... Por fuera estaba revestida por un zócalo azul que resaltaba sobre las paredes encaladas.

Los siguientes en llegar fueron Fiona y su marido Jorge, duque de Portocarrero, que, como era lógico, lo hicieron por la puerta principal que daba a un patio empedrado que los dos atravesaron con gracia, porque Fiona se había puesto zapato plano. La jauría de las Lequerica los recibió con los ladridos pertinentes porque al duque no se le había ocurrido otra cosa que traerse a su *springer* que, pese a que dijo que estaba muy bien educado, se hizo pipí en la pata de un sofá en cuanto llegó. Enseguida recibió la consecuente respuesta del resto de los perros anfitriones, indignados porque aquel extraño les marcara su terreno. Las Lequerica tenían una fama que, por supuesto, había llegado a *name droppers* como el duque de Portocarrero: «La casa de tus jefas huele a pipí como las de los Rothschild». Y era un poco verdad, pero ellas pasaban, pese a las regañinas de Antonia. Quizás porque no lo tenían que limpiar.

El duque de Portocarrero, le decía siempre Pincho a Pila, se comportaba y miraba como si siempre llevara monóculo. Tenía una barba recortada como de Artajerjes y un bigote de austrohúngaro. Era el clásico monárquico comprometido con los reyes y con la Diputación de la Grandeza, en cuyos encuentros y cuitas participaba con cierta delectación cursilona.

—Pincho, Pila, qué honor que contéis con nosotros —dijo Jorge con la voz engolada.

—Si estamos encantadas de tener a Fiona aquí —le respondió Pincho, dejando claro que el duque venía como consorte de la periodista de *El Matinal*.

—Hemos venido nosotros solos. Mañana llegan el cargador y el perrero en otro coche con el resto de las fieras y mis escopetas.

—Claro, no te preocupes.

Cuando se fueron a su cuarto, Pila no pudo dejar de comentar a Pincho:

—Con lo mal que tira el duque, no sé por qué se trae un cargador si los de aquí cargan superrápido.

Pincho sonrió.

—Pues para decir que trae su propio cargador. Con lo cursi que es y lo pagado de sí mismo que está... La verdad es que no sé cómo Fiona se casó con semejante...

Pero no pudo acabar la frase porque llegaron más invitados.

Paco Alcañiz y Angus no tenían cargador ni perros, pero llegaron con un Mercedes conducido por un chófer sin uniforme y el maletero atestado de bolsas de tiendas caras que, dejaron claro, eran regalos para las Lequerica. Pila se quedó encantada cuando las vio, porque intuyó que el lunes podría ir a cambiarlos por lo que le diera la gana.

—Y también te traigo unos chorizos que hace uno de mis yernos que están buenísimos —dijo, apartando a su mujer, que había logrado no caerse de sus taconcillos por el empedrado.

Marisa, la mujer de Enrique Andújar, que llegó con ella unos minutos después, se había decidido por unos tacones mucho más altos y apenas pudo llegar a la entrada. Besó a las Lequerica, y les explicó que como no sabía si le daría tiempo a cambiarse para cenar, había venido ya arreglada. La pobre se había vestido de más, quizás porque su marido, que también iba más vestido que el resto, no se había enterado de que el día que había que arreglarse, el elegante, era el siguiente.

Pincho le dijo que justo se iban a sentar a cenar, así que los Andújar fueron a su cuarto a lavarse las manos y pasaron al comedor. La cena era ligera. Un caldillo de espinacas y un rodaballo de casi ocho kilos al horno que la propia Antonia se había encargado de pedir a Pescaderías Coruñesas. Lo servían en unas fuentes de barro con las patatas y la cebolla perfectamente cocidas, con los granos de pimienta salpicando los lomos del pescado. De postre, Antonia había hecho su imbatible helado de queso manchego.

La noche no se prolongó porque al día siguiente había que salir de caza.

—A ver si vais a fallar —dijo Pincho.

E Ignacio, que estaba feliz de hacer méritos ante Andújar y Alcañiz, dijo algo tan vulgar como que donde ponían el ojo, ponían la bala o algo así.

Pila lo tuvo que corregir y decirle que las perdices se tiraban con cartuchos. Y dejó muy claro que le encantaba molestar un poco a su hermanastro.

48

El primer ojeo se dio muy bien. Era en un quebradito y casi medio centenar de ojeadores remetían caminando casi trescientas hectáreas para que las perdices fueran hacia las escopetas. Algunos, la mayoría, llevaban banderas blancas, pero también había otros más motivados con la bandera rojigualda. Resultaba extraño, pero en cada país los ojeadores tenían su propio grito. En Francia gritaban con sonidos guturales más oh la la. En España se daban voces para que las perdices volasen hasta los puestos. Y también tocaban esas trompetas sin notas por las que solo había que soplar.

Como no cazaba, a Pincho le gustaba irse con Segundo y con un par de perros atados con correa a una de las banderas de los extremos desde donde se podía ver todo el ojeo.

Lo ideal era que las perdices entraran chorreadas, de pocas en pocas, para que los cazadores tuvieran más tiempo de tirar (las escopetas solo tenían dos cartuchos). Sin embargo, era inevitable que muchas levantaran el vuelo a la vez —se animaban unas a otras— y pasaban por encima de los puestos en barra, muchas de golpe. En aquel ojeo no pasaban muy altas, pero había viento y eran difíciles.

—Ese de ahí tira bien —dijo el encargado a Pincho.

—Bueno, el marido de Teresita tira desde siempre, y sabe.

—Y se aprovecha de que el de al lado no sabe.

—El banquero debe de tener la cabeza en otro lado. Menudo lío tiene con lo de la herencia del padre. Ah, que no es el banquero. Qué mala es mi hermana Pila. Ha colocado al duque al lado de Javier Sainz para que le dé un repaso.

—El que tira realmente bien es el del centro. Las mata de un tiro y hace todo el tiempo dobletes.

—Pila le ha dejado el mejor puesto. Es Enrique Andújar. Mi hermano está con él porque le estamos haciendo la pelota para que nos ponga publicidad en *El Matinal*.

—Pues tira fenomenal, aunque la mejor es su hermana. Mire qué doblete acaba de hacer. Y eso que desde que está con el 20...

—Ya sabes que esto es lo que le gusta. Y se ha vuelto a poner falda larga de *tweed*.

Últimamente, se había acostumbrado a ir siempre con *knickers*.

—El que peor tira es Paco Alcañiz... Me parece que conocía a mi padre. Mi madre me lo ha dicho esta mañana cuando le he contado quiénes eran los invitados. En algún negocio ruinoso estarían juntos, porque ya sabe que mi padre no tenía buena cabeza para el dinero. Lo único que hizo bien fue recomendarme a su tío Alfonso para que trabajara con ustedes.

Al final, cuando los ojeadores ya estaban como a treinta metros de las pantallas verdes tras las que se ocultaban los cazadores y ya solo podían tirar contra el cielo, Segundo le hizo una señal a Pila, que estaba en la punta, y esta tocó una trompetilla dorada con sus iniciales que llevaba en el cuello colgada de un cordel. Sin embargo, Andújar no hizo caso y tiró dos perdices que entraban sueltas. El cargador, que era muy tímido, le dijo que el ojeo ya había terminado y que ya no se podía tirar. El empresario no hizo caso y mató otra por detrás. No era peligroso, pero parecía como si pasara de las reglas y estuviera solo concentrado en matar.

Enseguida soltaron a los perros y los labradores de varios colores que cobraban en casa de las Lequerica se mezclaron con los *springer* del duque de Portocarrero. Mientras, los secretarios y cargadores recogían las perdices y esperaban las que les traían los ojeadores que los cazadores les habían matado delante. Uno de ellos le llevó cinco al puesto de Andújar.

—Estas las ha tirado muy largas y delante. Bravo. —Era un señor mayor y Andújar, como siempre amable, le dio las gracias. Después le entregó otra perdiz muerta—. Esta me la ha matado encima. Al final del ojeo. Eso no está bonito.

Ignacio, que le había acompañado al puesto, ignoró lo que había dicho el señor.

—Has tirado fenomenal. Estoy impresionado. Yo no sé mucho de esto, pero me he quedado de piedra.

El tipo se les quedó mirando desde lejos y siguió caminando hacia los coches porque debían ir al siguiente ojeo, mientras los cazadores hacían la necesaria pausa. Normalmente, era el momento elegido por las señoras para irse detrás de una mata «a hacer pipí». Una cosa que siempre le había hecho gracia contar a Pincho era lo difícil que era encontrar una mata libre de Guardia Civil cuando el rey Juan Carlos estaba invitado a cazar. Sobre todo antes de que ETA dejara de atentar. «Los agentes estaban en todos lados... Así que un día que mi hermana Pila no se podía aguantar más, se levantó la falda de lana sin que se le viera nada, se bajó la ropa interior y se agachó al abrigo de la tela delante de todos».

El taco se ponía en una mesa con un mantelito a cuadros rojos y blancos. En una nevera forrada de cuero había Coca-Colas, cervezas, fino, vino blanco, vino tinto que servían en unos vasos de cristal como de cafelito de los bares. De comer ponían cosas sencillas que no requirieran cocina ni complicaran mucho: picos y regañás, jamón, queso manchego, sardinas Cuca picantes, que eran las favoritas del rey Juan Carlos. Para los que tenían frío había unos termos con caldo que se ponían en unas tazas. Javier, el marido de Teresa, se lo puso con un chorreón de vino tinto. Aquello era una extravagancia. Lo tradicional era ponerles un poquito de fino.

Cuando Pila, Segundo y Pincho llegaron, los cazadores ya estaban con su vaso servido. El encargado se fue a hablar con los cargadores para saber cuántas perdices se habían cobrado y ver lo que se había matado. Sin embargo, Pila fue a su coche y llegó a la mesita con mantel con una vasera de cuero con vasos pequeñitos.

—Alguien quiere un poquito de *cream* o de oloroso. O los dos juntos, como los tomaba mi tío Alfonso para entrar en calor.

—Dame un poco de tu droga —le dijo Alcañiz de broma.

Ella empezó a reír. Aquel hombre era poco refinado, pero le hacía mucha gracia. Desde luego lo prefería a un cursi pagado de sí mismo como el duque de Portocarrero.

A esa hora trajeron en coche a Angus; a Marisa, la mujer de Andújar; y a Fiona, que no había podido salir al campo por la mañana como había querido porque tenía que rematar una entrevista para el domingo. La mujer de Alcañiz había ido directamente a la comida.

—Me tienes explotada —le dijo Fiona a Ignacio cuando lo vio.

Y el dueño de *El Matinal* se echó a reír.

—No digas eso delante de tu marido, que siempre me lo reprocha cuando nos encontramos. No te quejes, que te encanta trabajar.

Fiona se rio y se fue a hablar con Andújar, con quien tenía que cerrar una entrevista porque Ángel le había dicho que debía hacer un perfil del hombre de moda, que en ese momento se había alejado para hacer pis.

Segundo, que no había visto a los invitados de las Lequerica hasta entonces, pasó por detrás de él cuando se acercó a Pila con su libreta.

—Se han cobrado trescientas cuarenta y siete, pero faltan las de los perros.

Pila señaló a Enrique, que volvía caminando. Ella se fijó en que se estaba lavando las manos con agua de una pequeña botella que debía de haber cogido de la nevera. Internamente se lo agradeció porque no le podía decir nada.

Pila siempre había pensado que los hombres iban al baño en el campo y luego no tenían complejo alguno de meter la mano en el plato de jamón del que comían todos.

—Tú eres el que más ha matado —le dijo con cariño.

—Mira qué alegría.

Segundo se quitó la gorra y se presentó.

—¿Tira mucho? —dijo Segundo algo lacónico.

—Pues no mucho. Tiraba de niño, pero no demasiado, luego descubrí que es lo que más disfruto, aunque me gusta que el pájaro vuele bien. Por eso ahora cazo sobre todo *grouses* en Inglaterra, que me pone bastante más.

—Aquí hay mucha caza natural, pero los *grouses* son divertidos. De joven iba mucho, pero no había tantos como parece que hay ahora —dijo Pila.

—Es que no he venido mucho por esta zona.

—Pues aquí en La Mancha hay mucho Andújar... Claro, el pueblo está en Jaén, pero relativamente cerca.

—Es un apellido bastante común por aquí, sí.

Segundo asintió pensativo y se fue caminando hacia su coche para ver cómo iba el remete del siguiente ojeo. Veinte minutos después llegaron los cazadores para colocarse. Antes de la comida ya se habían apuntado casi setecientas cincuenta perdices y aún faltaba el último ojeo, que se daba después del almuerzo.

A Pila y a Pincho les encantaba comer en el campo. Lo hacían en un cortijo en el que habían arreglado un comedorcito con chimenea que, si no llovía, como era el caso aquel día, permitía poner las mesas en el patio al sol y al abrigo del viento. Se cocinaba en una lumbre en el exterior y se solía comer siempre lo mismo. De primero, tortilla de patata *baveuse*, como le gustaba a Giscard, con ensalada de tomate, y después, chuletitas de cordero.

—Aquí las chuletas son muy buenas, porque como necesitan las ovejas para la leche del queso, hay muchos corderos —le contaba Segundo a Fiona.

De postre, antes del café de puchero, pusieron unas naranjas en rodajas en una fuente de porcelana.

Segundo era muy laminero y observaba desde su esquina de la mesa a los invitados mientras vaciaba el tubo de leche condensada en el café. Y también le ponía unas onzas de chocolate con almendras.

—Es increíble —le comentaba Fiona—. Los chocolates industriales tienen algo, porque me parece que este está buenísimo. Cuando vivía en Inglaterra era totalmente adicta al Cadbury.

—Y más con la botella de vino que se ha apretado la señora duquesa —dijo José Mari sin saber que aquello le había quedado involuntariamente gracioso y que por eso se reía la señora duquesa. Fiona tenía razón. El vino era un Valdepeñas sencillo, pero muy agradable y ligero. Con un vino fuerte nadie hubiera tenido ganas de cazar después de comer.

Segundo se levantó y le dijo algo al oído a Pila. Ella asintió y el encargado se fue a preparar el siguiente ojeo.

—Si queréis una copita o algo antes de salir, es vuestra oportunidad, pero os digo que para el siguiente ojeo hay que caminar por una vereda dura y ni con un helicóptero os podrían rescatar si os rompéis una pierna.

Ellos rieron.

—Pues, duque, tú y yo nos tomamos el whiskicito a la vuelta en la casa mientras el resto se echa la siesta —dijo Alcañiz.

Jorge se atusó el bigote como respuesta.

Se subieron en los coches con un pelín de desgana, porque a todos les costaba moverse después de beber vino, y en veinte minutos llegaron a dos riscos enfrentados entre los que pasaba un río con juncos donde no se podían poner las pantallas.

—No habléis mientras os colocáis, que no se espanten las perdices. Hemos remetido uno de los lados del barranco para que pasen más perdices en el ojeo.

Y así fue. En cuanto Pila se puso, llegó una barra de perdices enorme a casi cuarenta metros de altura que parecían una de esas escenas de *La guerra de las galaxias*. Aquellas perdices había que apuntarlas y no eran fáciles. La menor de las Lequerica, en su punta, hacía lo que podía con la escopeta del 20. Y de nuevo destacaba Enrique con su escopeta del 12 con los cañones *full choke* que permitía que los plomos llegaran concentrados a mayor distancia y, por lo tanto, eran más letales. Solo el banquero y el inglés joven fueron capaces de matar más de diez.

—¡Qué malo eres! —le dijo Fiona a su marido.

—Es que son muy difíciles y encima me ha tocado al lado de Enrique, que no falla una.

Segundo recorrió caminando toda la línea para saber cuántas habían matado. Andújar se había apuntado setenta y siete, muchísimas para un ojeo tan difícil.

—Déjeme que le felicite porque además apenas ha herido. Las perdices caían secas hechas un taco.

Él sonrió.

—Al que hay que felicitar es a ti. Hacía mucho tiempo que no disfrutaba tanto una cacería en España. Cada perdiz había que apuntarla y correrle la mano. Era como un safari. Muy excitante.

Pila oyó satisfecha aquellos comentarios y se alegró de haber invitado a aquel tipo que no solo iba a ayudar a sus hermanos con *El Matinal*, sino que también apreciaba lo que ella hacía en el campo.

Al final del día se habían apuntado casi novecientas perdices, una buena cacería.

—Un par de ellas más arriba o abajo, según los cargadores.

—Joé, pues fenomenal. Y, por otra parte, han quedado muchísimas. Si llueve y se da bien el año, criarán. Este año habrá que darles una buena gratificación a los guardas.

Segundo sonrió. Sabía que aquella tierra, que valía mucho menos que Las Seguidillas, era más importante para las Lequerica que ninguna. Quizás porque cuando caminaban por ella reconocían los olores, los ruidos, las sensaciones con las que habían crecido, y esa niñez, la juventud, no tenía precio.

En la siesta, Jorge, duque de Portocarrero, pensó que se tomaría su whisky con Paco Alcañiz. Así que preguntó por él a uno de los hombres que atendían a los invitados.

—¿Sabe dónde está el Trapero, perdón, el señor Alcañiz?

Él le dijo que lo único que sabía era que se había ido con Segundo a Villanueva de los Infantes y que no tardarían en volver. Así que se quedó en el salón de la chimenea bebiendo solo hasta que Alcañiz regresó con un aire risueño, casi travieso.

—Me he ido con José Mari a dar una vuelta por Infantes porque ha resultado ser el hijo de uno con el que quise hacer un negocio, pero no salió. Me hubiera gustado saludarle porque era un tío majo, pero ya ha fallecido.

—Pues para que no te salga a ti un negocio...

—Eran otros tiempos y me venía bien tener algo en Infantes. Tuve muchos albañiles de ahí y, de hecho, nos hemos encontrado con uno. No imaginas la ilusión que le ha hecho.

—Pues me has dejado tirado con el whiskicito.

—Como si a mí me hiciera falta la siesta o tres horas para tomarme un whisky. —Y se tomó el que había pedido de un trago—. Y ahora me pones otro.

Portocarrero se atusó el bigote.

—Pero este nos lo tomamos tranquilos, que estoy deprimido por lo mal que he tirado, aunque no es tan grave como para emborracharme sin sentido.

Y los dos siguieron hablando hasta que Angus llegó para llevarse de la oreja a su marido.

—¡Golfo! Ven a arreglarte.

Por la noche, nadie tenía hambre, pero se pusieron la chaqueta de terciopelo para cenar huevos revueltos con trufa negra y quesos —Andújar había traído algunos franceses— con Castillo de Ygay. Alcañiz quiso cubrirse de gloria con un discurso. «Además de a nuestras anfitrionas por un día de caza como este, quiero dar la enhorabuena a nuestro campeón Enrique... Que, aparte de ser una gran escopeta, tiene su otra escopeta de un calibre muy gordo, por lo que me han dicho». Evidentemente, estaba copeado, y Angus casi se muere de vergüenza. «Por favor, Paco, no bebas más».

Pero nadie le hizo caso porque, en ese momento, unos tipos con guitarra se pusieron a cantar.

—Vaya éxito, hermana —le dijo Ignacio a Pila.

Ella se sintió muy satisfecha.

—Para que luego digáis que no hago nada por *El Matinal*.

49

Los fines de semana no existen para muchos periodistas. Los periódicos solo paran el día de Navidad, de Año Nuevo y el Sábado Santo, y nunca hay festivos porque eran los festivos cuando tradicionalmente se vendían (y leían) más. Y por algún extraño motivo —quizás la inercia o algún oscuro convenio— eso no había cambiado, pese a que los hábitos de consumo de la información habían variado. Curiosamente, los fines de semana se lee menos prensa digital que entre semana, lo que confirma el carácter apremiante de las webs noticiosas, eyaculaciones de noticias sin orden ni concierto, que diría Oriol, defensor del periódico maquetado ya fuera en papel o en alguna aplicación que permitiera la visualización del diseño impreso. Con la tele pasa algo parecido. Cuando se tiene sensación de tiempo libre, esto es, cuando no se está jubilado o se es un niño, se ve menos la tele. Por eso, los fines de semana y las vacaciones son propicios para los programas de descarte o los experimentos. Socorro tenía la costumbre de tener siempre la tele puesta, aunque no la estuviera viendo, y ese lunes estaba leyendo los periódicos en casa mientras veía los temas que estaban tratando los magazines matinales porque en unas horas sería ella la que estaría en una tertulia en ese mismo programa. Por lo general, eran los periódicos los que alimentaban de temas a las televisiones. Las páginas de sucesos, las de sociedad eran tratadas en televisión, muchas veces, por los mismos periodistas que las firmaban. Aquello era un poco absurdo, porque las teles daban gratis lo que trataban de vender los periódicos, salvo que con imágenes, sonido y mejor producción.

Sin embargo, a veces, los magazines matinales tenían también temas propios porque pagaban fortunas a periodistas de sucesos para que trabajaran con ellos. Eso es lo que habían hecho durante algunos años con Ángel Rojo y ahora hacían con Socorro, aunque la periodista había dejado claro, como le había exigido Rojo cuando le designaron su jefe en *Vida*, que sus exclusivas eran propiedad de *El Matinal*. «Y si veo que aportas información en la tele, te prohíbo volver a las tertulias», la había amenazado. Este era el motivo por el que Socorro se cuidaba mucho de ofrecer enfoques nuevos, pasar números de teléfono o decir algo que no hubiese dado ya *El Matinal*.

Sin embargo, aquella mañana, el programa al que Socorro solía ir anunciaba una «gran exclusiva que revolverá las tripas a todos los espectadores». La periodista se quedó sorprendida porque no había visto en la prensa ningún hilo de los que pudieran tirar las televisiones para tener información propia, así que debía de tratarse de una exclusiva. Se empezó a vestir mientras esperaba que la presentadora desvelara aquel tema. En unos minutos, un coche de la tele pasaría a recogerla y seguramente le tocaría hablar de aquel asunto. Y por fin llegó el momento. Con mucha solemnidad, la presentadora saludó a los espectadores, hizo un pequeño editorial sobre el problema político del día y después les anunció que traían novedades impactantes, «... sobre el caso del empresario que hace unos años, seguro que todos ustedes lo recuerdan, fue secuestrado en su finca de Guadalupe, en Cáceres, con toda su familia, y tuvo que ver cómo violaban a su mujer y a sus dos hijas». Entonces la presentadora se puso solemne: «Y la policía nunca fue capaz de detener a los culpables. Sin embargo, hay una posibilidad de proseguir la investigación, pero supone un grave dilema para la familia. Lo veremos en nuestra sección de sucesos».

A Socorro le dieron ganas de vomitar el café. Era el mismo tema que ella había descartado por respeto a la víctima y los padres. Y ahora, era un asunto del que querría saber toda España —«un pelotazo», como decía el jefe de internet—. Socorro no sabía si le daba más rabia que alguien hubiera tenido la indecencia de hacer público el asunto o que se lo hubieran robado. Y en eso se quedó pensando durante el trayecto en el coche hacia los estudios de televisión. En maquillaje se encontró con el redactor jefe de sucesos del programa y le comentó que la información la había conseguido él y, en efecto, se trataba de que la niña se había quedado embarazada de su violador y que esa era una manera de encontrar a los criminales. Un escalofrío recorrió la espalda de Socorro. Ese tío, ella lo sabía bien, era íntimo amigo de Ángel Rojo y además habían trabajado juntos. ¿Y si se lo había contado él? Sabía que la persona que se lo había dicho a ella no era fuente de Ángel, que tenía muchas otras. Pero Sergio Navarro, a quien le había consultado el tema, le había garantizado que solo lo tenía ella y que estaba seguro de que no lo sacaría otro periodista. «Estamos tratando de que esa familia pueda pasar página. Si cogemos a esos sádicos, será en silencio y sin filtrar lo del embarazo de la hija. Bastante mal lo ha pasado hasta ahora».

En la mesa de tertulia, Socorro confirmó que se trataba exactamente de la misma información de la que ella disponía. Afortunadamente, el redactor se había preservado de la demanda contra la intimidad del menor —el bebé que había tenido la niña— ocultando su identidad, como también se había ocultado cuando se filtró el secuestro de la familia. Pero no era difícil averiguar quién era el empresario porque no había muchos empresarios con fincas en Guadalupe. ¿Quién habría contado eso? Si sus fuentes no hablaban con Ángel Rojo y Sergio le había garantizado que nadie más, aparte de Socorro, estaba indagando en ese tema ni tenía la información... De repente cayó en la cuenta. ¡María Casares! Aquello fue como una puñalada. Pensó que la joven periodista era su amiga, pero... Empezó la tertulia y a Socorro se le hizo eterna porque apenas podía hablar. La indignación y la rabia la devoraban. Solo acertó a decir que creía en la importancia de preservar la intimidad del niño y que prefería no pronunciarse sobre el tema. Pero los tertulianos se peleaban sobre si era más reparativo para la víctima que encontraran a su violador o dejarlo pasar. La actitud prudente de Socorro no gustó a los productores, que generalmente pretendían que los tertulianos se engancharan en agrias polémicas que exacerbaran los más bajos instintos, en lugar del sentido común, que solía ser menos adictivo.

Socorro se fue pitando en cuanto pudo. En el taxi que la llevaba a la redacción recibió una llamada de la productora.

—Oye, si vuelves a hacer otra como la de hoy, no vuelves. Así duermes a la audiencia.

La periodista quiso despacharla rápido y apenas pudo mascullar un «No volverá a ocurrir» para poder colgar. Necesitaba concentrarse en lo que le iba a decir a María Casares si la podía coger por banda en la redacción de *El Matinal*.

Socorro llegó a la sede de Editasa y, cuando le tocó pasar los tornos, estaba tan nerviosa que no encontraba la acreditación de seguridad que le permitía el acceso a la redacción y de paso fichar para que le contaran las horas trabajadas.

Socorro fue directamente a la mesa de María, pero la joven no había llegado. Le puso un mensaje seco preguntándole dónde estaba. Ella le contestó que llegaría a la hora de la comida. Y Socorro se puso con sus artículos hasta que María llegó algo retraída porque sabía exactamente por qué Socorro, que durante el último año había mostrado más confianza con ella, estaba tan arisca. Le preguntó directamente.

—¿Cómo se ha enterado Ángel de lo del bebé de la hija del empresario de Guadalupe?

María bajó la mirada. Socorro notó que no quería hablar allí.

—¿Te acompaño a fumar?

Socorro se dio cuenta de que no se había liado un solo cigarrillo en toda la mañana del disgusto y cogió su bolsita con el tabaco, los papeles y los filtros, y salió a la calle con María.

—Se lo has dicho tú, ¿no? —dijo sin dar ningún tipo de rodeo. Pero María solo pudo bajar la mirada avergonzada y la dejó hablar—: Pero ¿cómo se te ocurre? Y, para más inri, de cara a la empresa es lícito lo que Ángel ha hecho porque yo había descartado publicar esa información y si se la ha querido contar a su amiguito de la tele...

La joven titubeó.

—Es que se lo dije sin pensar...

Socorro estaba hecha una furia.

—Solo explícame cómo ha sido. ¿Entraste en su despacho? ¿Lo dijiste en el comedor delante de más personas...?

Y de repente cayó en la cuenta de toda la rumorología que había oído a Gabriela y a Fiona a propósito de la relación que Ángel tenía con María y que ella había catalogado de habladurías malintencionadas.

—¿O se lo has dicho después de follar?

Entonces María se puso colorada porque había sido exactamente así, aunque luego hubiese hecho jurar a Ángel que no diría nada porque la información la había conseguido Socorro. Pero Ángel había pasado de sus ruegos y se había saltado a la torera su juramento.

—De verdad, no sé cómo te puedes estar tirando a ese idiota. ¡Tu jefe! Pensé que eras más lista...

—Ya ves que no —se excusó María.

—Pues es que además de idiota eres desleal. Eso que has hecho no se le hace a una compañera.

María bajó la mirada. Sabía que Socorro tenía razón en lo que le estaba diciendo. En ese momento habría deseado que se la tragase la tierra. Solo acertó a decir algo que sonaba muy patético dadas las circunstancias.

—Pero, por favor, no le digas a nadie que estoy con Ángel. No quiero que la gente piense mal de mí ni de él. No es raro acostarse con quien se trabaja.

Socorro ya no sabía si pensar que María era una hipócrita o, simplemente, rematadamente tonta.

—Tranquila, que solo yo pensaré mal de vosotros. Espero que os vaya tan bien juntos como os ha ido por separado. Desde luego, María, no me esperaba esto de ti.

Y la periodista se volvió a la redacción caminando sin acabar el cigarro. La decepción le había quitado hasta las ganas de fumar. Con lo bien que le había ido la vida sin fiarse de nadie.

Cuando regresó a su mesa vio que tenía una llamada perdida de la productora del programa de la tele. ¿Qué querría ahora? Lo mismo la despedía por no haber querido comentar nada del secuestro de la finca de Guadalupe. Llamó con cierto temor. Lo mismo querían prescindir de su presencia en las tertulias porque consideraban que no aportaba nada que pudiera interesar a la audiencia.

—¿Qué tal, Socorro? —No le dio tiempo a contestar—. Solo te quería dar el teléfono de una tal Brenda que ha llamado a la centralita para hablar contigo. Si te sale una buena historia, espero que sea para nosotros. Te lo mando por mensaje.

Y colgó.

A Socorro no le gustó un pelo el tono amenazante.

50

Por la tarde, Socorro llamó a Brenda que, supuso, no podía ser otra que la compañera de la Cachucha en Las Infantas Cachondas.

—Hola, perdona que te moleste. Es que te vi en la tele y pensé que lo mismo debías saber una cosa. Bueno, dos en realidad. —Socorro le dijo algo así como que era todo oídos—. Pues mira, el otro día no lo quise decir porque ibas con tu amigo Segundo, pero ese hombre estaba a veces con Sito en Las Infantas. No era de los que abusaba de él como el resto. Él siempre pagaba lo suyo... Es verdad que yo nunca le vi con ninguna chica y que solo iba a tomarse algo con nosotras, como hacían tantos hombres del pueblo.

La periodista se quedó muy sorprendida. Quizás Segundo fuese aquel chico de Infantes del que le había hablado la hermana de Sito Pérez.

—Quieres decir que era el chico que nunca bebía a expensas de Sito.

—Ya te he dicho que él no era de los que se aprovechaban de ese diablo.

—Pero a Segundo sí lo hubiera reconocido Sito, así que no podía ser ese chico desconocido al que quiso culpar.

—Mira, no sé. El otro día, tu amigo apareció por el pueblo con otro tipo, un rico, que ese sí que era habitual de las chicas de la Cachucha. Yo misma estuve con él un par de veces y...

Socorro se impacientó.

—¿Y qué?

—*Mamma mia*. Ese sí que era un papasito. Muy generoso, eso sí.

Socorro no supo muy bien qué decir. Lo primero que pensó que debía hacer era decirle a su madre que no entendía que Segundo no le hubiera contado que había conocido tanto a Sito, pero luego pensó que su madre era demasiado celosa de las vidas de la gente con la que trabajaba. Así que decidió postergar la conversación a cuando pudiera verla en persona.

51

Qué hijo de puta, qué hijo de puta, qué hijo de puta. María Casares no dejaba de decirlo en su pensamiento. Al llegar a su mesa en el periódico, encontró un paquete. Parecía un libro. Lo desenvolvió. *Adicta a un gilipollas* era el título. Y tenía pegado un post-it con una letra en mayúsculas que no supo identificar. Ponía «Los gilipollas no cambian». Miró a un lado y al otro. ¿Quién habría sido? ¿Socorro? Pero no estaba. Le echó un vistazo y se fijó en la palabra oxitocina, algo que las mujeres segregan la primera vez que se acuestan con un hombre. También cuando acarician un bebé o un perro.

Menuda sandez, pensó María. No necesitaba libro alguno, porque se había dado cuenta de que la relación con Ángel no la hacía sentirse bien, más allá de lo que Socorro pensara. ¿Lo sabría más gente? No estaba enganchada y mucho menos enamorada. Sus pensamientos iban de un lado a otro: «Es mi jefe, ¿en qué estaba pensando? No me ha obligado a nada. Los hombres siempre han usado su influencia para atraer a las mujeres. Pero yo no necesito a alguien como Ángel para que me lleve al Teatro Real o a Amazónico. Y menos al café Varela. Pero qué sitio horrible. Qué gente. A ver cómo lo hago porque a mí me gusta mi trabajo. Lo mismo hay represalias. Pero de mañana no pasa. La verdad es que me lo ha puesto a huevo yéndose de la lengua con lo de la chica embarazada del violador. No le voy a mandar un mensaje de "tenemos que hablar". Demasiado evidente». De pronto, recibió un mensaje de Ángel: «Mery, ¿vienes a dormir a casa esta noche? Sobre las diez creo que puedo estar fuera. Te llamo. Si no te importa, trae algo de tailandés, un *pad thai* y algún curri». «Encima tengo que llevarle la cena».

Pensó en darle cualquier excusa, pero tenía que resolver esto.

A las diez y media estaba en la puerta de la casa de Ángel con una bolsa de papel y la comida tailandesa. Subió. Ángel había dejado la puerta abierta, ni siquiera salió a recibirla. Estaba delante de la tele trasteando en alguna plataforma. María dejó la bolsa encima de la mesa baja.

Ahora sí.

—Tenemos que hablar.

—Qué solemne, niña.

—¿Cómo has podido contarle a tu amiguito de la tele lo de la chica embarazada? Aparte de traicionarme, ¿no ves el daño que eso puede hacerle a ella y a su familia? Mira, no puedo seguir con esto, sea lo que sea. No confío en ti. Me voy.

Ángel ni se levantó.

—Te falta mucho por aprender. Eso es periodismo. Me parece a mí que hablas demasiado con tu amiguita Socorro.

—Eso es una cochinada. Si eso es lo que me tienes que enseñar...

Y se fue. Ni siquiera se había desprendido del bolso.

—Pero, María. —Ahora sí se levantó Ángel—. No seas boba. —Y corrió detrás de ella para ver cómo salía por la puerta y bajaba corriendo los tres pisos para no tener que esperar el ascensor—. María, espera.

Regresó dentro, abrió la bolsa de comida tailandesa, empezó a sacarla y dijo en voz alta:

—Esta niña no ha traído arroz.

52

La envidia, decía Quevedo, es como un perro flaco y amarillo que muerde, pero no come. La decepción, una traición que se parece más al desamor. Había una parte de duelo, de asumirlo y, finalmente, se superaba. Entonces, pensaba Socorro, volvería a poder hablar con cierta cortesía a María Casares, aunque sabía que nunca —y en Socorro los nunca eran para siempre— confiaría en ella. Se lo podría haber contado a Luis alguna de las noches en las que hablaban, pero pensó que él lo tomaría como la clásica chorrada entre tías sin importancia. «Os tomáis una copita, lo habláis, pero no mucho para quitarle dramatismo a la cosa, y ya está». Por alguna razón, los hombres sabían relativizar este tipo de situaciones, y si no sabían, lo disimulaban. Tampoco Luis entendería muy bien por qué Socorro se había enfadado tanto con María, pero es que no era periodista y tampoco era de esos caracteres desconfiados y cínicos. «Pero si tú no lo ibas a publicar», le diría. A Socorro le daba pereza explicar a Luis que la causa de aquella chica era un poco la suya, como su historia. Luego se dio cuenta de que la relación de los periodistas con las historias que tratan es algo anómalo. Pensaba que el secreto de la familia era el suyo. Y, por otro lado, ya le había dicho a su fuente que no sacaría la historia, y así se lo había comunicado a Sergio. La renuncia le valió una palmadita en la espalda por su sensibilidad con las víctimas y una invitación a cenar en la que no pasó nada, pero de la que prefirió no contarle ni palabra a Luis. También se sentía mezquina. En el cráneo de su confusa cabecita repicaba más la rabia por que le hubieran levantado esa exclusiva —aunque ella no la hubiera querido publicar— que la intromisión flagrante, otro tipo de violación, en la intimidad de aquella familia.

Socorro seguía con su serie y cumpliendo con su desempeño en el día a día del periódico. Redadas a pederastas que tenían no se sabía cuántos discos duros de padres pederastas abusando de sus hijos; madres que eran las proxenetas de sus hijas y padres que las violaban. Eran las rendijas de la anormalidad normal por las que la maldad se colaba en una actualidad almibarada de compromisos con la sostenibilidad, enfoques feministas, la necesidad de empoderar, respeto... A veces, en los escasos momentos que Socorro dedicaba a la reflexión, pensaba que pese a lo que decía Oriol, tan pinkeriano, no estábamos viviendo el mejor de los tiempos por el desarrollo técnico y moral de la humanidad, sino que precisamente estábamos en el mejor de los mundos —porque váyase usted a Irán—, a pesar del hombre y de algunos malos, que eran los garbanzos negros y que venían a joderlo todo. Había tantos tontos y malos a los que les iba bien en la vida. O al menos mejor que a Socorro.

De repente, como sucedía cada madrugada, sobre las cinco, le llegaba la retahíla de mensajes de Perlita Smith en inglés. Había decidido descargarse una aplicación de ChatGTP para traducirlos y, si se daba el caso, contestar. Los otros seguidores que tenía Perlita en su canal tampoco solían responder nunca a lo que ella escribía. Pensó Socorro que tal vez se tratara de otros periodistas americanos. Los mensajes de esta noche de Perlita eran alentadores desde el punto de vista de Socorro. Decía que por «fin estaba lista para contar todo lo que le había hecho el *dirty* señor x», que es como a veces se refería a la persona que la había atormentado. La periodista no se habría tomado en serio las palabras de Perlita si al momento no hubiera recibido un mensaje. «Veo que tú tampoco puedes dormir. ¿Quieres que nos encontremos en el sitio de la otra vez?

Creo que ya estoy preparada para contarte todo». Socorro pensó que eso ya se lo sabía. Que de adolescente había conocido a un tipo amigo de Epstein que la había prohijado. Al principio todo iba bien, pero luego empezaron las cosquillitas (*tickle* en inglés, había aprendido Socorro) en zonas cada vez más pudendas para la niña y que luego le empezó a meter los dedos. En un principio pensaba que para Perlita eso debía compensar la atención que no recibía en casa de unos padres demasiado ocupados en salir adelante. «Yo siempre parecía más pequeña de lo que era, pero él me pagó un tratamiento de láser para que siempre estuviera perfecta. Sin un pelo en... ya me entendéis. Y así me quedé para siempre». Y luego fue a más. «Me hacía tanto daño. Tenía un "aparato enorme", pero no solo me metía eso. Era un sádico. Muchas veces pensé que no saldría viva...». Pero le pagaba muy bien. «Y luego me hice mayor y él ya no quiso saber nada de mí». A Socorro esas cosas le chirriaban. ¿Por qué volvía Perlita al hombre que abusaba de ella si no quería que le hiciera lo que le hacía? ¿Dinero? Muchas de las víctimas, y muchas lo eran desde el punto de vista mediático, habían intentado volver a los que más tarde habían querido denunciar después de chantajearlos. Y Socorro no entendía demasiado bien cómo funcionaba la mente de las mujeres cuando habían sufrido ese tipo de abusos desde niña. Quizás esa línea difusa que dibuja el consentimiento se borraba. Lo que estaba claro era que habían abusado de ella cuando era menor, lo que ya era violación si el tipo, como siempre sugería Perlita, era mayor.

Socorro se arrastró como pudo a Richelieu, que estaba menos concurrido a la hora del desayuno que a la del aperitivo. Era un sábado de principios de diciembre y se notaba que Madrid era la ciudad con más cachondeo de Europa. Chicos bien vestidos que llegaban de cenas de empresa que se habían prolongado, crápulas que nunca encontraban el fin de un vaso, chicas chillonas, marrulleros...

Perlita no había llegado, y como los radiadores exteriores aún no calentaban lo suficiente, subió a la parte de arriba, donde no había nadie y la chica podría explayarse. Eligió la mesa pegada a la ventana porque tenía más luz. Socorro estaba mirando a la calle Eduardo Dato pensando en todo lo que tendría que hacer y vio a Perlita bajarse de un taxi en la acera de enfrente, en San Fermín de los Navarros. El paso de cebra estaba a un centenar de metros, pero la joven parecía apremiada e iba algo más desaliñada de lo habitual, así que cruzó por la mitad de la calle. De repente, un coche como tuneado del que salía música muy alta se la llevó por delante y aceleró mientras sonaba reguetón a toda pastilla. Socorro miró instintivamente la matrícula, pero desde su perspectiva no se veía y, además, estaba tan nerviosa que no se habría fijado en los números que hubiera podido atisbar y memorizar. Cuando la periodista llegó donde Perlita yacía malherida, los camareros de Richelieu ya habían llamado a una ambulancia, a la policía y rodeaban el cuerpo para evitar que otros coches que bajaban la machacaran. ¿Qué coche era? «Un Seat León —dijo el más joven con gafas—, pero no me he fijado en nada más. Apenas se reconocía con esos alerones. Pero no creo que sea difícil de encontrar, cuando la ha atropellado ha sonado como si también se hubiera llevado un buen golpe».

Apareció la ambulancia.

—¿Está viva? —preguntó el conductor cuando llegó. El médico y su asistente bajaron la camilla y empezaron a atenderla.

—Sigue viva, pero está muy mal. Hay que llevarla al hospital —dijeron después de manipularla.

Subieron a Perlita a la ambulancia. Socorro dudó, pero decidió acompañarla al hospital. Perlita tenía los ojos cerrados.

—Me cojo un taxi —les dijo a los de la ambulancia.

—Vamos a La Princesa, que es muy bueno en neurología, y el golpe en la cabeza...

Y en menos de quince minutos ya estaba en La Princesa. Socorro se quedó esperando en urgencias sin saber muy bien qué hacer. Nadie le decía nada y ella no sabía qué decir, salvo que había quedado con ella para que le contara. «Ya hemos avisado a su madre», le comunicaron. Socorro fue capaz de identificar a la madre de Perlita cuando se presentó en el mostrador, desorientada, preguntando por su hija. Le explicaron que estaba siendo operada de urgencias porque tenía una hemorragia muy fuerte en la cabeza. ¿Respecto al pronóstico? No se sabía aún, pero estaba muy grave. Socorro se decidió a acercarse a la señora, muy gorda, pero con una piel reluciente y que hablaba con cierto deje americano. «¿Usted es la periodista con la que mi hija había quedado cuando la atropellaron?». Socorro asintió. «Pues váyase y no vuelva a aparecer. Fue un error que mi hija contara esas cosas, aunque yo la animé porque pensé que eso le ayudaría a estar mejor». Aquella mujer estaba destruida. La periodista sabía que en su estado podía decir todo lo que se le pasara por la cabeza. Los médicos se la llevaron para que pudiera ver a su hija en la UCI cuando terminara la operación.

Socorro se había quedado el teléfono de uno de los médicos de urgencias al que había caído en gracia para poder informarse. Y se fue. Por la tarde le preguntó a un policía si habían encontrado el Seat León tuneado que había atropellado a Perlita.

—Calcinado en un descampado...

Y empezó a sentirse culpable. Estuvo tentada de escribir lo que le había sucedido a Perlita en el grupo de Telegram, pero no se atrevió. La madre de la chica quería que la periodista se quitara de en medio.

Además, ya le había contado a la policía todo lo que había visto. Incluso que se iba a reunir con Perlita porque quería contarle algo de una persona importante, pero los agentes no prestaron el menor interés a aquello. Tan solo querían encontrar el coche y meterle un buen puro al borracho que la había atropellado.

Al día siguiente, supo que Perlita Smith había muerto. Las páginas de los locales lo trataron como si hubiera sido un conductor borracho que se había dado a la fuga. Quizás eso era lo que había pasado y Socorro ya le estaba buscando tres pies al gato. La explicación más sencilla solía ser la correcta. La navaja de Ockham... El navajazo de Ockham, se hizo el chiste. Qué idiota soy, pensó Socorro.

53

A Fiona Portocarrero le endosó el director por medio de Ángel una entrevista con Enrique Andújar. El empresario la recibió en su despacho de la Torre Picasso. Eligió para las fotos no llevar corbata. Pero sí chaqueta. Y una camisa con un cuello muy grande, como de Mortadelo. Aunque Fiona pensó en Karl Lagerfeld. Desde las ventanas se veía todo Madrid. O todo el Madrid que se alcanzaba a ver desde esa orientación de la Castellana. Había una mesa pegada a la pared con varias aguas, con gas y sin gas, refrescos, hielo, vasos y una cafetera.

—¿Quieres tomar algo, Fiona?

—Agua está bien. San Pellegrino o Perrier, que veo que hay ahí. Me da igual.

—¿Hielo y limón?

—Sí, por favor.

Se sentaron en un sofá frente a una mesa baja, mientras el propio Andújar servía el agua para los dos. El abridor tenía sus iniciales.

—Voy a empezar a grabar —dijo Fiona, dejando un móvil en la mesa. Un iPhone viejo que usaba para esos menesteres. Tenía otro. No se exponía a que le saltaran llamadas y prefería el móvil a una grabadora—. El fotógrafo vendrá enseguida.

—Perfecto.

—He leído que su empresa ha comprado una megacartera de energías renovables.

—Bueno, se trata de diversificar y no centrarse solo en un negocio por bien que vaya. Aunque estemos hablando de grandes cifras, no es más que poner los huevos en varias cestas.

—Tiene gracia, porque en inglés esa es una de las expresiones españolas que sí tienen una traducción literal.

—Sí. No como «de perdidos al río».

Y los dos dijeron a la vez:

—*In for a penny, in for a pound.* —Y rieron.

Y siguieron hablando de otras inversiones en torres de comunicaciones y en lo que afeaban el paisaje las placas solares que él fabricaba. «Pero las vendo en el extranjero», aclaró. Como si afear otros países no fuera reprobable. «Y sí, se podría obligar a instalarlas fuera del alcance de los ojos, lejos de las carreteras. Pero una cosa está clara: casi la mitad de la electricidad del mundo podría salir del sol en una década. Y España tiene ventaja. Sería un suicidio no aprovecharlo».

Cuando se publicó, la página sacaba a Enrique Andújar sin chaqueta, con Madrid a su espalda y los brazos cruzados. Fiona resaltaba en el texto que en la pared había un cuadro con un poema de William Blake enmarcado. Se trataba de unos párrafos de «Nueva Jerusalén» en su idioma original:

> *Bring me my bow of burning gold!*
> *Bring me my arrows of desire!*
> *Bring me my spear! O clouds unfold!*
> *Bring me my chariot of fire!*

O sea, «¡Traedme mi arco de oro ardiente! ¡Traedme mis flechas del deseo!...».

Fiona no hizo sangre con el poema. Pero cuando Pincho leyó la entrevista saltó:

—¡William Blake! Seguro que lo ha sacado de *Carros de fuego*. O de un tebeo de Alan Moore. Cuando lo vea le saco el tema, ya que Fiona no lo ha hecho.

—Pero qué te importa, qué ganas de cabrearte —dijo Pila ese domingo soleado que ella empezaba también con la prensa—. El pobre Andújar es un pedante sin posibilidades de serlo. Se le ve el cartón. Bastante tiene.

54

La muerte de Perlita Smith había descolocado a Socorro. La mala conciencia era un constante repicar en su conciencia. Quizás si hubiera sido más paciente con ella y la hubiese escuchado, le habría contado algo más. Ahora, sin embargo, estaba muerta. ¿Había muerto para nada? Los testigos habían dicho que se trataba de un conductor borracho, pero a Socorro le extrañó que se hubieran apresurado a quemar el coche y que no quedara ni rastro del conductor borracho si es que estaba borracho. Socorro volvió a revisar el chat de Telegram en el que se desahogaba Perlita. Le parecía que contarlo —o, mejor dicho, casi contarlo— no le había sentado bien. De hecho, hasta había responsabilizado a la persona a la que precisamente nada le había contado. Y eso era lo que Socorro no se perdonaba. Había puesto en duda su historia porque estaba cansada, insensibilizada en realidad, de escuchar historias que al final no cuajaban en nada según sus estándares. Era lo que pensaban de las otras víctimas de Epstein. A los dieciséis años, ella sabía perfectamente lo que hacía y lo que era ejercer la prostitución. Y desde luego, nunca hubiera vuelto a la casa de alguien que ella hubiese considerado que la había violado, o maltratado. Para eso Socorro no se andaba con contemplaciones y le molestaba que en los medios se le pusiera la etiqueta de pedófilo a Epstein cuando lo que evidentemente le gustaban eran las adolescentes, no las niñas. En masculino, cuando se hablaba de los curas, algunos corregían la pederastia por términos como efebofilia, que les gustaban los jovencitos, los adolescentes... Las parrafadas de Perlita eran bastante insoportables y confusas, y al meterlas en el traductor del chatGPT, se volvían aún más complicadas. En cuanto se zafara de lo que tenía que escribir para el día, se dedicaría a indagar en las pistas que le había dejado la chica en sus conversaciones.

María Casares ya no hacía esfuerzos por congraciarse con Socorro días después de que ella le reprochase irse de la boca con Ángel Rojo. Hablaban, claro, le preguntaba si había llegado algún texto para editarlo o si le parecía que metiera un teletipo sobre estadísticas de atracos en los diferentes barrios de Madrid. La situación no era cómoda, y Socorro había decidido mostrarse retraída con María para que se percatase de cuánto le había decepcionado su indiscreción.

A media mañana vio que su teléfono vibraba y que le entraba una llamada de José Mari Segundo.

—Hola, Socorro. ¿Te molesto? Me ha dicho tu madre que por las mañanas era un buen momento para hablar contigo.

—Claro, siempre me viene bien, aunque es verdad que por las tardes ya me pongo con el cierre del periódico. Además, me gustaría dejar el tema del suicidio de Sito Pérez antes de irme de vacaciones en Navidad porque está previsto publicarlo el día de Reyes.

—El mismo día que encontraron muertas a las niñas.

—Exactamente.

Socorro no sabía muy bien para qué la llamaba José Mari. De todos modos, gracias a Brenda sabía que había conocido a Sito Pérez más de lo que le había querido reconocer. Le intentó tirar de la lengua.

—Ya me ha dicho mi madre que la cacería salió muy bien y que las Lequerica estaban encantadas.

—La verdad es que sí. Afortunadamente, uno de los invitados tiraba bien y nos subió la media, porque al resto, salvo al marido de doña Teresita, se le daba regular.

Socorro seguía sin saber qué era exactamente lo que Segundo quería hablar con ella.

—¿Y en qué puedo ayudarte?

—Seguramente sea una coincidencia, una sensación. Pero don Enrique Andújar, uno de los invitados, me dijo que nunca había cazado por la zona y el caso es que a mí me suena su cara. No sé de qué, me gustaría acordarme...

—Andújar es el hombre del momento. No sé si has visto la entrevista que le ha hecho Fiona... Lo mismo te suena de eso.

—Sí, la he visto. A lo mejor por eso me resulta familiar.

Socorro no sabía muy bien por qué Segundo había decidido ayudarle tanto en el artículo. Era verdad que su madre y él se tenían mucho aprecio, pero nadie se tomaba tantas molestias desinteresadamente.

—¿Qué tal eran los invitados a la cacería?

—Pues aparte de lo de Andújar, lo mismo de siempre. Gente simpática en general. Vamos, que no quiero decir que Andújar no fuera simpático, pero me pareció un tío muy particular.

Socorro le hubiera preguntado con quién fue al pueblo, pero consideró que sería más sencillo sonsacarle a su madre y deducirlo ella misma. Entonces se le ocurrió otra idea. Se despidió de Segundo mientras trataba de preguntarse a sí misma por qué no era más directa con las dudas que quería plantearle. ¿Acaso sospechaba de él porque no le había hablado de que se trataba con Sito? Necesitaba cotejar algunos datos del caso.

Le escribió un mensaje a Sergio Navarro. «¿Te puedo llamar?». Él le respondió que lo hiciese en aquel preciso instante porque en diez minutos tenía una reunión.

—Hola, Sergio. Solo te quería pedir el sumario del crimen de El Teatino.

Él se quedó callado.

—¿El de las niñas Alba y Sonia?

Socorro le dijo que sí.

—Y, además, lo que tengas del suicidio de Sito Pérez.

—Joder, sí que estás *vintage*. Pensé que estabas haciendo una serie de crímenes sin resolver, pero esto... Uno está juzgadísimo y condenadísimo. Y el otro... me parece que fue algo de lo que no cabía duda. Claro que en esa época...

—Agosto de 2017.

—Pues yo estaba en Cataluña.

—Como yo.

—Como es un tema de documentación, no lo consideraré como un favor.

—Muchas gracias —dijo ella.

—Te lo mando en una memoria USB. Supongo que el sumario de las niñas estará digitalizado.

55

A última hora de la tarde, un motorista trajo una caja a la entrada de *El Matinal* para Socorro. Dentro estaban seis tacos de folios encuadernados de la peor forma imaginable. Se notaba que Sergio se había molestado en mandar a alguien a fotocopiar el sumario y encuadernarlo lejos de los recursos del ministerio. En la caja también había un USB, en el que había pegado un post-it escrito a mano. «Las diligencias practicadas en la muerte de Sito Pérez estaban digitalizadas, pero el sumario lo tuve que conseguir pidiendo algún favor». Socorro estaba inmensamente agradecida.

Insertó la memoria USB en su ordenador y empezó a leer. En realidad —y le dolía reconocerlo—, Ángel Rojo no había dejado pasar ningún detalle por alto y el suicidio era la única tesis posible, aunque la policía decidiera dar carpetazo al caso. Aquellas tres formas de suicidarse —el gas, las pastillas y la soga— le parecían a Socorro la mejor forma de que nadie se planteara que aquello no había sido un suicidio. Daba la sensación de que lo hubieran preparado. O, en el mejor de los casos, que Sito se veía tan incapaz de suicidarse que hasta preparó otros dos métodos para matarse por si uno fallaba. Sin embargo, había una coincidencia que a Socorro no se le iba de la cabeza. Y era precisamente que la Cachucha, la única de tenía que saber la verdad de la implicación de Sito, hubiese muerto unos meses antes de que a él lo pusieran en libertad. ¿Por qué a nadie se le había ocurrido fijarse en que la que había apuntalado la hipótesis de que el asesino de Alba y Sonia era Sito hubiese muerto no mucho antes de que este estuviera en libertad? Era verdad que habían encontrado pruebas —las colillas de los Gitanes, los pelos...— que probaban que había estado con las niñas, pero lo que había contado la prostituta hizo que la policía se centrara en él.

Y lo cierto era que Sito no tenía recursos ni cabeza para vengarse de la Cachucha si es que consideraba que lo había delatado. Por otra parte, ni las prostitutas que lo conocían ni su hermana habían dicho que a Sito le gustaran las niñas. El único de los que lo habían tratado en aquella época que parecía creer que Pérez era culpable era José Mari Segundo, del que Socorro había empezado a desconfiar. Especialmente después de saber por un comentario anecdótico de su madre que el invitado que le había acompañado a Infantes —y que había reconocido Brenda— había sido Paco Alcañiz. ¿Por qué le habría ocultado Segundo que él era el único que no se aprovechaba de Sito en Las Infantas Cachondas? ¿Y qué tendría que ver con Alcañiz? ¿Por qué lo había llevado a Infantes?

El sumario de la investigación del asesinato de Alba y Sonia tampoco aportaba nada que no supiera. De Sito habían encontrado suficientes evidencias como para situarlo en el lugar de El Teatino donde habían dejado a las niñas Sonia y a Alba. En el suelo de alrededor de la zanja hallaron dos colillas de Gitanes, una marca de tabaco que no era habitual en España. Y era la que orgullosamente Sito había estado fumando en las últimas semanas. Y también habían encontrado pelos y semen de Sito en la ropa de las niñas. Lo lógico, pensó Socorro, si, como le habían contado las prostitutas, se corría enseguida. En la boca de una de las niñas no encontraron ningún rastro biológico ni nada que les pudiera dar una pista sobre lo que se le introdujo y que le desencajó la mandíbula.

Por otro lado, habían deducido alegremente que Sito había violado y asesinado a las niñas en su coche, un Lada Niva que habían descubierto quemado. Tampoco se podía decir que la Guardia Civil hubiera hecho mucho por buscar al misterioso joven del que hablaba Sito. Almedina estaba repleto de forasteros en aquellas fechas porque se había dejado cazar el pelo al pueblo y los que podían habían invitado a sobrinos y familiares de fuera, que se sumaban a los que habían ido a pasar el día de Reyes. No debieron poner mucho interés porque el semen y la saliva de las colillas eran de Sito. Pero Socorro había aprendido que muchos violadores —los más listos— usaban condón para no dejar semen que les pudiera incriminar.

Pero sí que hubo algo que a Socorro le gustó encontrarse y fue la declaración de José María Segundo Nieto, padre de José Mari, como propietario de El Teatino, la finca donde habían sido halladas las dos niñas. No había más de lo que le había contado el ingeniero. También les explicó que la finca no estaba vallada ni tenía vigilancia, por lo que cualquiera podría haber ido allí a ocultar a las niñas en la víspera del día de Reyes. Y, como quien no quiere la cosa, cuando le preguntaron dónde había estado el día que habían matado a las niñas, dijo que con su amigo Alfonso Fernández de Córdova en su finca de Terrinches. «Mis hijos ya son mayores, trabajan y no creen en los Reyes Magos. Hacen sus vidas, es lo que les quiero decir». Y también habló de que llevaba años intentando vender El Teatino porque ya no lo podía mantener. «Incluso se lo he enseñado a algunos compradores, pero a todos les ha parecido caro. Hace nada le dije que no a un tipo de Getafe que tiene una constructora pequeñita. Tampoco me quiso dar lo que pedía». Y como le dijo el propio José Mari a Socorro cuando le preguntó, el hallazgo de las niñas en El Teatino solo empujó a su padre a deshacerse de la finca, que, a partir de entonces, le parecía maldita. Necesitaba hablar con José Mari antes de ponerse a escribir. Quería saber cómo era Sito y si su hermana y Brenda estaban en lo cierto. José Mari le había conocido bien porque pasaba las tardes con él en Las Infantas Cachondas. También quería que le explicara por qué no le había contado antes el trato que había tenido con Sito.

Llamó a su madre para preguntarle si sabía si José Mari tenía lío y si consideraba que podía volver a molestarlo. Socorro escuchó una de sus risitas irónicas y tuvo que aguantar cómo su madre volvía a recordarle que no debía importunarlo.

—Pero tienes suerte. Hoy está en Madrid. Lleva viniendo a menudo desde hace un mes o así. Está ayudando a las hermanas con cosas de notarios.

A Socorro le extrañó que el encargado de las Lequerica pasara tanto tiempo en Madrid.

—¿Y dónde se queda?

—Tiene un piso que era de sus padres. Ya sabes que son gente de dinerito, como dicen las Lequerica.

56

Socorro se llevó el sumario a su casa cuando terminó en el periódico. Se pasaría toda la noche comprobando datos y pasando sus notas a limpio porque muchas veces, la mayoría, era incapaz de entender lo que había escrito. Al llegar a su piso, encendió la tele y se abrió una cerveza. Le mandó un mensaje a Luis Gordon para preguntarle si tenía un rato para hablar. Las pocas veces que ella había utilizado esta táctica le había contestado pidiéndole diez minutos, lo suficiente para que pudiera salir de casa a darse una vuelta y hablar tranquilamente, pero, en aquella ocasión, Luis la llamó enseguida y ni siquiera le dio tiempo a meterse en la ducha.

—Qué tal, Soc. Tendrás mucho lío.

Ella le contestó que sí, que había conseguido buenas informaciones.

—Sergio Navarro me ha estado ayudando.

La periodista no dijo ese nombre inocentemente. Sabía que Luis le tenía cierta tirria porque le había contado que la pretendía, y esa noche, por la desazón que le había causado la muerte de Perlita, necesitaba que Luis le dijera que la quería solo para ella. Pero Luis no parecía interesado en entrar en el juego.

—Pues aquí esperando a Lucía, que ha salido un momento. ¿Sabes que las Lequerica me han invitado a una montería?

Socorro se quedó muy cortada.

—No sabía que te gustara la caza.

Luis parecía jovial y despreocupado.

—Pues no mucho, pero creo que después de lo bien que se han portado conmigo iré.

—¿Pero sabes tirar?

—Claro. De joven iba a bastantes monterías y no se me daba mal del todo. Y cuando pedí la mano de Lucía, sus padres me regalaron un rifle bastante bueno que todavía tengo.

A Socorro no le gustaba un pelo que Luis Gordon fuera a la finca de las Lequerica, donde seguro estaría su madre trabajando. En la cocina, en la zona de servicio. Pero Luis no le había terminado de contar todo.

—¿Y cuándo es?

—El sábado, víspera de Reyes. Por eso, Lucía ha dicho que vendría. Dice que ya ha organizado a los niños y que le apetece venirse conmigo.

De repente, la periodista sintió que se quedaba sin aire.

—¿Y la vas a dejar que vaya contigo?

A Socorro lo que más le dolió fue la tranquilidad con la que le contestó Luis.

—Claro. Estoy casado con ella y no quiero líos.

Socorro oyó ladrar unos perros, voces y un portazo. Escuchó entonces la voz de Lucía que debía de llegar. Luis en ese momento colgó el teléfono sin despedirse. Normalmente, no se hubiera enfadado, pero, de repente, sintió que algo amargo le quemaba el esófago. La rabia, quizás. Luis le acababa de dejar claro quién era la otra.

—Yo creo que hemos cortado —dijo ella en voz alta sin tener muy claro cuál era su situación sentimental. Nunca lo había sabido explicar. Socorro sintió una punzada en el alma. Le hubiera apetecido tener a alguien para desahogarse, pero lo suyo con Luis no era una de esas historias que se cuentan a una madre. Hasta pensó en mandarle un mensaje a María, que era la única que sabía parte de aquel rollo. Quizás podrían ir a un bar a despotricar y a emborracharse, pero entonces se acordó de que María la había traicionado. ¿Y si contaba su fracaso con Luis Gordon? A Ángel Rojo seguro que le encantaría saber que Socorro ha-

271

bía fracasado. Pero, claro, cómo la hija de la muchacha iba a acabar con un señor. ¿Habría roto María su promesa y habría contado quién era la madre de Socorro y su relación con las Lequerica? Ya había quedado demostrado que no era de fiar.

57

Ni Madrid ni ninguna otra ciudad eran para una persona como José Mari Segundo. Era cierto que tenía a sus dos hijos viviendo ahí, pero estaba incómodo. No le gustaba pensar que, bajo el asfalto, la acera, había túneles, el metro, a lo mejor un *parking*, las alcantarillas... y que el suelo de verdad, la tierra, estaba lejos de lo que pisaba. Y eso le agobiaba. José Mari siempre había tenido claro el tipo de vida que quería llevar. Le gustaba el campo, ver el horizonte, oler la tierra húmeda, la lana mojada y entender ese delicado equilibrio que rige la naturaleza y que ya han dejado de entender en las ciudades. Afortunadamente, pensaba que, sin tener que ocuparse de Las Seguidillas, ya no tendría que volver tanto a Madrid. Cuando iba a la ciudad, lo que le gustaba era salir a comer y ver las cosas que no se veían en Infantes o en la finca. Pero nada de luces de Navidad, museos o aglomeraciones, batucadas en el Retiro y otras cosas de las que se hablaba en los medios y que a Segundo le parecían una gilipollez. A él solo le gustaba lo que hacía su jefa Pincho en *Juglar* (aunque lo leyera poco) y algún tema de historia, a la que era muy aficionado. Su filia esencial era el tercio final del xix en España y el principio del siglo xx. En resumen: la Restauración, régimen que, en su opinión, no había sido tratado con justicia.

En estas cavilaciones estaba cuando recibió un mensaje de Socorro, la hija de Antonia. Le decía que sabía que estaba en Madrid y que, si no le importaba, le encantaría tomarse una cerveza con él. Ella no explicaba el motivo de su premura por verle, pero José Mari supuso que el tema sería Sito Pérez. Al encargado de las Lequerica no le preocupaba lo que Socorro pudiese haber descubierto de Sito, al que solo había tratado en Las Infantas Cachondas. Aquel pobre diablo siempre le había provocado mucha compasión, hasta que supo que lo habían detenido por el asesinato de las niñas. Segundo era de los que confiaba en las fuerzas de seguridad del Estado y en la justicia, una persona de ley y orden, seria, que prefería despreciar ciertos cinismos. Sabía que siempre iba a haber garbanzos negros y errores judiciales, pero prefería confiar, porque lo contrario le impediría volver a conciliar el sueño. Eso era lo que solía explicar a sus hijos. Quedaron en una terraza en el paseo del Pintor Rosales porque era donde le venía bien a Segundo, que tenía su piso, el que le dejó su padre, en la calle Ferraz.

El padre de Segundo, don José María Segundo Nieto, no era tan recto como su hijo, pero era mucho más divertido. «Un pieza», decían de él. Buen jugador de cartas, simpático, bebedor... Aficionado a las mujeres y de gustos refinados, casi tanto como su amigo Alfonso Fernández de Córdova, el tío de las Lequerica, a quien le unían muchas cosas, como el gusto por gastar, lo que acabó sentenciando el patrimonio de los Segundo, que pasaron de provincianos ricos a ricos de pueblo y, al final... «¡Pero si hasta el fontanero tiene dos Mercedes!», solía decir. Si alguien preguntaba a don José María qué haría si le tocara la lotería, él siempre respondía: «Pues vivir como vivo, pero pudiendo».

Pese a los disgustos que le había dado a su madre —ese trueno se seguía vistiendo de nazareno para ir a Las Infantas Cachondas—, Segundo siempre le había guardado a su padre ese respeto reverencial que dejó escrito Dios en el monte Sinaí y que ya parecía en desuso si se atenía en la forma en la que a veces le hablaban sus hijos.

Socorro le había citado a la una, la hora del vermú o de la cerveza. A José Mari le hacía gracia ver cómo se comportaban las personas de los pueblos pequeños en las ciudades. En Terrinches, en El Lanchar, Socorro adoptaba un aire jovial. Sin embargo, cuando la saludó al llegar a la terraza del bar, notó en su cara un rictus preocupado, grave. Algo le había pasado a esa chica en la última semana. Estaba pálida, ojerosa. Se notaba que no había pegado ojo. Tenía la piel espesa, como si no se hubiera duchado.

José Mari pidió un vino tinto.

—Este es un bar especializado en vinos orgánicos —le dijo la camarera.

—¿Tú qué quieres?

—Pues una cerveza.

—Solo trabajamos la cerveza artesanal.

—Sea —dijo ella muy triste.

Segundo tuvo que conformarse.

—Pues a mí tráeme el vino orgánico que quieras.

—Ahora le digo al dueño que venga. Como hemos abierto hace dos semanas...

A Socorro aquel comentario le recordó su fracaso. Luis se pasaba la vida hablando de vinos y lo que menos le apetecía en estos momentos era que viniera uno de esos fanáticos dispuestos a soltarle una chapa. Que si los vinos naturales, la biodinámica —el rollo de los cuernos rellenos de estiércol—, los orgánicos.

—Ponme el que te parezca a ti. El más barato que tengas por copas.

Y ella se retiró contenta de poder desempeñar su función sin tener que llamar al jefe.

Segundo le preguntó a Socorro de qué quería hablar con él.

La camarera, muy diligentemente, le trajo una cerveza que, por lo que les explicó, la habían hecho unos chicos de Malasaña con mucha iniciativa y luego soltó un rollo al que no quisieron prestar atención. A Socorro le dio igual: la cerveza le supo a pienso, casi sólida. Por lo menos, pensó, me llenará la tripa. Aunque no le hacía falta porque no tenía ganas de comer. Qué vergüenza que su conversación con Luis le hubiera afectado como si tuviera quince años.

El vino que le pusieron a José Mari tampoco fue de su gusto. Tenía mucha aguja y le dejaba un regusto extraño.

—Está pedorro —le dijo él a la camarera.

Y a la camarera le debió de hacer gracia la apreciación —porque seguramente le daba la razón— y se echó a reír por la sinceridad cruda de Segundo.

—Ni Robert Parker lo hubiera descrito mejor.

Les trajo unas aceitunas. Ella hizo el amago de rechazarlas, pero Segundo se las acercó cuando se las dejaron junto a su copa de vino.

—Solo te quería preguntar por qué nunca me contaste que conociste a Sito en Las Infantas Cachondas. Al menos, que os hablabais y que, según su hermana, eras el único que no se aprovechaba de él.

José Mari se quedó algo descolocado. Sus tardes en Las Infantas Cachondas no eran algo que le gustara recordar.

—Yo es que tenía otra edad, veintitantos años y, como te puedes imaginar, no podía ser amigo de alguien como Sito, que era como era y tenía cuarenta años. Otra cosa es que no considerara que estuviera bien vaciarle la cartera... Bastante tenía con lo que tenía, pobre infeliz.

—Pero me extraña que de todas las personas con las que he hablado fueras el único que no tuviera dudas de que él era el asesino de las niñas.

—Es lo que dijo la justicia.

—Quiero decir que es raro. Me hubiera gustado que me contaras más, porque de lo que estoy escribiendo (lo que me preocupa) es cómo era Sito Pérez y si era capaz de suicidarse.

Segundo no supo muy bien qué contestar a eso.

—Pues era un tonto. ¿Qué te voy a decir? Un pobre imbécil que destrozó para siempre dos familias. Y jodió la vida de sus hermanas que, según mi padre, no eran malas mujeres.

—¿Las conocías?

—Bueno, traté a su padre de joven y conocía a toda la familia de vista. Ten en cuenta que la gente relevante de los pueblos se trataba, y el alcalde de Carrizosa de Franco era un personaje. Si todavía en el pueblo los chiquillos que han nacido en los 2000 se refieren a él como el alcalde. Como si no hubiera habido otro.

—Es curioso eso...

—La costumbre. Y el pobre alcalde Pérez era tan franquista como lo podía ser cualquier persona en España en aquella época. Bueno...

—Pero ¿cómo era Sito? Lo que tú recuerdes...

—Ya te he dicho que lo conoció más mi padre... A mí me resultaba un tipo con el que nunca quise hablar. No quería nada de él. Ni su dinero. Y mi padre... pues de niño, sobre todo.

—¿Y qué decía él?

—Pues que era un niño raro, pero que a él le hacía gracia. Cuando era pequeño, su padre le llevaba como si fuera un perrillo. Lo mandaba a hacer recados, le pedía cosas, hasta lo ponía a servir las copas cuando se iban a comer a su cortijo. Era un poco el monito del grupo. Y ahí también estaba don Alfonso Fernández de Córdova, que siempre tuvo mucha paciencia con Sito y le regalaba muchas tonterías.

—¿El tío de las hermanas?

«Las hermanas» era como las personas que nunca las tuteaban se referían a Pincho y a Pila.

—Sí. Mi padre era un tipo de mundo como él. Y tenían cosas en común.

—Pero don Alfonso era... era...

—Homosexual, gay... Taquimari, como dice mi madre. Sí, pero eso no quitaba que fuera muy amigo de mi padre. Si supieras lo que perdió mi padre en las tacillas. Eso era su gran defecto. Era muy jugador...

Las tacillas, lo sabía Socorro, era un juego que tenía lugar durante los cuatro o cinco días cercanos al 14 de septiembre, por el Santísimo Cristo de la Veracruz, patrón de Cózar. El juego, del siglo XV, consistía en lanzar ocho bolas a las tacillas. Si el número que caía en el interior de ellas era par, ganaba la banca; si era impar, ganaban los que apostaban. No tenía secreto, pero muchos habían perdido fortunas, como, para desgracia de Segundo, había sido el caso de su padre.

—Y habríamos tenido que vender hasta la casa de Madrid si no hubiera tenido un golpe de suerte antes de deshacerse de El Teatino, que también se jugó alguna vez, por lo visto.

—¿Tuvo una buena mano?

—Eso debió de ser, porque no vendió nada y pudo cancelar sus deudas.

—¿Y por qué vendió El Teatino?

Segundo levantó la mano para indicarle a la camarera que le sirviera otro vino.

Ella llegó enseguida y rellenó la copa. Esta vez trajo unas patatas fritas.

—Pues no está tan malo.

—Eso es que el vino no estaba tan pedorro como has dicho.

—Mi padre me decía que tenía la boca dura, que no me gustaban las cosas refinadas. Y siempre se lamentó de ello. Decía que era un cazurro.

Después volvieron a Sito Pérez.

Socorro se dio cuenta de que Segundo estaba intentando no responder a sus preguntas.

—¿Por qué tu padre vendió El Teatino?

—Pues no lo sé. Ya te lo conté. Creo que fue para no tener líos con sus hermanos. Puede que alguno quisiera vender la finca.

La periodista no se dio por vencida.

—Cuéntame cómo era Sito.

—Ya te he dicho que no le trataba mucho. En el club lo tenían como un monigote y hacían de él lo que querían. Sobre todo la famosa Cachucha. Y yo vi muchas veces los numeritos que montaba. Ya sabes: se subía a las cajas y les pedía matrimonio a las chicas, a veces hasta se ponía a cantar unas jotas que decía que le había enseñado su padre.

—O sea, que con numeritos no te refieres a nada sexual o raro con alguna chica.

—Qué va. El pobre solo quería atención.

Socorro pidió otra cerveza. No le gustaba el regusto al cereal que notaba casi sólido, pero le apetecía beber y que se le soltara la lengua.

—¿Y tu padre tenía trato con la Cachucha?

El ingeniero le hizo a Socorro un gesto con los hombros como de que no se pasara de lista.

Socorro se dio cuenta de que no era propio de una hija de su madre, Antonia, preguntar a un «señor» sobre sus relaciones en el puticlub del pueblo. Ni tampoco por los asuntos económicos de la familia. Estaba claro que José Mari no quería que Socorro pensara mal de su padre. Por eso, la periodista decidió rebajar el tono inquisitivo para que el ingeniero no se sintiera incómodo y se cerrara en banda a seguir ayudándola.

—¿Y por qué fuiste con Alcañiz a Infantes?

La pregunta arrancó una carcajada a Segundo.

—Pues no te lo vas a creer. Alcañiz quiso en su día comprar El Teatino, pero le pareció que mi padre pedía demasiado dinero considerando que había que arreglar la casa, que estaba hecha una ruina, que allí no quedaba ni rabo de caza y que habría que empezar de cero.

—O sea, que la finca no le servía.

—Pues se ve que no. Él me dijo que entonces le pareció demasiado dinero por una finca de recreo y que ahora la compraría sin pestañear. Lo que quería era un lugar donde poder ir los fines de semana, con un picadero, placita de toros... Y hacer matanzas, chorizos... Y si criaban las perdices, dar alguna cacería.

—¿Y fue antes de que mataran a las niñas?

—Sí. La fue a ver un par de veces, pero al final se echó atrás.

—¿Y por qué fuisteis a Infantes?

—Simplemente a Alcañiz le apeteció ir y recordar viejos tiempos. Le hizo ilusión conocerme y hablamos de mi padre.

La periodista asintió ausente. Alcañiz también era habitual de Las Infantas Cachondas y de la Cachucha, que parecía ser la clave del crimen.

—Entonces, ¿tú crees que Sito Pérez era del tipo de personas que se suicidan?

—Pues te hubiera dicho que no, pero tampoco parecía un pedófilo, y ya ves, esas dos niñas. —Entonces Segundo quiso cambiar de tema—: ¿Y estás detrás de algún otro artículo?

—Pues sí, siempre hay varias cosas en danza. Desafortunadamente, no me puedo centrar en una sola historia. Siempre hay artículos que publicar cada día.

—Es lo que pasa con los periodistas, que no hay festivos, como en el campo. Ahora me voy a Los Manantiales, que doña Pila quiere organizar una montería y tengo que ver lo que hay.

A Socorro le dolieron las palabras de José Mari. Luis iría con Lucía y su madre lo vería. Y seguramente, aquella noche, cuando hablasen, se lo contaría a su hija sin saber nada. La puñalada dolía.

58

Había algo en la historia que le había contado Segundo que no funcionaba. O quizás ni él mismo supiera las respuestas, aunque las sospechara. ¿Hasta qué punto había sido Alcañiz amigo de su padre? ¿Y por qué había querido comprar El Teatino? Y, sobre todo, ¿qué había sido ese «golpe de suerte»?, como lo había llamado el padre de José Mari.

Por otro lado, se contaban muchas cosas de los caciques del pueblo, la mayoría supercherías. Hasta de don Alfonso, el tío de las Lequerica, se había dicho que era un depravado y que en sus viajes por el mundo había protagonizado no pocas correrías, muchas veces con jovencitos. Incluso que se había traído alguno a El Lanchar, como le había contado su madre sin darle la menor relevancia. «No eran niños precisamente. Y siempre se iban tristes, porque él les decía que se les había acabado el tiempo». Pero de Alfonso no se podía sospechar porque lo suyo no eran las niñas pequeñas. ¿Y los niños? ¿Y si le daba igual? Socorro se empezó a avergonzar porque se estaba dejando llevar por tonterías y habladurías. Y luego estaba otro asunto. ¿Acaso no era mucha coincidencia que llevaran a las niñas a El Teatino, la finca que había visto Alcañiz para comprarla? ¿Y que Alcañiz fuera tan amigo de la Cachucha? Lo que estaba claro era que aquella prostituta había desempeñado un papel importante en las decisiones de Sito.

Socorro tenía un cierto bullir en la cabeza. Los periodistas suelen creer que a veces las historias no llegan al público con toda la verdad que deberían. Y ahí Sergio le despejó las dudas gracias a un amigo forense. Casi veinte años después de que se juzgase a Sito Pérez, las pruebas seguían siendo concluyentes. Las colillas de Gitanes, los pelos, el esperma en la ropa de las niñas, todo indicaba que Sito había forzado a las niñas, aunque también que lo había hecho bajo el efecto de las drogas o algo así, porque el hombre no recordaba nada ni era capaz de aportar un solo detalle. En especial cuando le presentaron todas aquellas pruebas tan contundentes. Sito Pérez nunca confesó y responsabilizó de todo a un desconocido que le había llevado a un cortijo. Lo describió como un tipo guapo, encantador, de fuera. Lo de cometer crímenes bajo el efecto de las drogas le recordaba al asesinato de la niña de Almansa, en Albacete, que murió desangrada después de que su madre y tres amigas le sacaran los intestinos porque decían que estaba embarazada del demonio. Aquello había pasado en 1990. Socorro había leído las crónicas de aquel caso y de cómo las cuatro mujeres habían actuado bajo los efectos de una planta llamada beleño negro. Y se habían acostado entre ellas, defecado y orinado por la casa... Las drogas que tanto defienden algunos políticos también causan estragos. En 1992, la Audiencia Provincial de Albacete absolvió a las tres acusadas de asesinato por considerar que estaban en un estado de completa enajenación mental, que era considerado un eximente. Eso sí, decretaron que quedaran internadas en un psiquiátrico. ¿No podría Sito Pérez haber estado bajo el efecto de alguna droga que se había tomado con la Cachucha, que tenía fama de curandera? Y que así hubiese cometido aquellas atrocidades con las niñas. Era lo que tenía más sentido.

Y eso le estaba contando a Sergio Navarro, que en las últimas semanas se había vuelto a convertir en su confidente. Era lo natural. Por trabajo ella necesitaba a Sergio y Sergio la necesitaba a ella.

En ello iba pensando cuando fue a encontrarse con el exguardia civil en el bar de Príncipe de Vergara donde siempre se veían. Socorro había perdido mucho peso porque apenas había comido en los últimos días. No podía. El nudo en el estómago que se le había hecho después de haber hablado con Luis Gordon no se le deshacía. E iba a peor porque el vacío en el estómago también le había vaciado el pecho, como si el esternón se le hubiera quedado hueco y, de puro cristal, fuera a quebrársele. No había hablado con el bodeguero desde que Socorro le reprochó que se planteara ir a la montería de Los Manantiales con Lucía. Y echaba de menos esa sensación de estar pendiente de sus mensajes, de sus llamadas, de ese ratito que hablaban todos los días. Desde aquel día no habían tenido ningún tipo de contacto. ¿Estaría tan hecho polvo como ella? Enseguida lo descartó. Luis no era de esos.

Sergio no le dijo nada de su aspecto esta vez. El nuevo puesto le había rebajado los humos. Se daba cuenta de que la política aupaba, por lo general, a los peores. Y eso no le gustaba.

Socorro le dio dos besos.

—Flaca, qué delgada estás.

La periodista se encogió de hombros.

—Ya ves... Un poquito de operación bikini, como dicen las revistas, antes de Navidad...

—No es tiempo —dijo él—. Y a ti no te hace falta.

Ella sonrió con cierta tristeza.

—Oye, después de la cena en casa de las Lequerica, estuve mirando un poco sobre el tal Enrique Andújar.

Socorro arqueó las cejas.

—No sé qué perra os ha dado con ese a todo el mundo. Yo es que soy muy de Florentino y estoy segura de que va a arrasar.

—Es que me ha hecho gracia saber que se trata con Maqueda, pero bastante.

A Socorro se le heló la sangre. Maqueda era un comisario jubilado que había salido en la prensa por haber estado implicado en algunos asuntos turbios que habían salpicado a muchas empresas del Ibex. Aunque en el ejercicio de su cargo policial ya tenía sus negocios secretos, tras la jubilación había montado una agencia que ayudaba a solucionar los líos en los que se metían los que tenían dinero para pagarle. Desde problemas de faldas y pantalones a asuntos judiciales, contrainformación empresarial... Para arreglarlo. Y cobraba muy bien. ¿Qué policía jubilado tenía un patrimonio de más de diez millones? Maqueda utilizaba cualquier método —moral o inmoral— a su alcance. Desde la extorsión a las amenazas que ejecutaba gracias a que tenía tentáculos en todos lados. Especialmente en los medios de comunicación. Sabía que la mejor manera de doblegarlos era suministrar información a los periodistas. Socorro ya había tenido un encontronazo con él y la había amenazado.

—Pero tú te llevas muy bien con Maqueda.

Sergio tosió incómodo.

—Me he llevado siempre bien porque me ha ayudado. Pero el otro día me contó uno de los chicos (un expolicía) que ahora trabaja con él que Eduardo García, tu director, le trata mucho porque le pasa informaciones. Así que ándate con ojo, porque Maqueda no te tiene simpatía. Tú ya sabes por qué.

Pero a Socorro no le interesaba meterse en esa conversación. Consideraba que era el momento de que le contara de Andújar.

—¿Entonces?

—Pues me da la sensación de que Maqueda fue quien puso en contacto a Andújar y García y de ahí que Circular esté patrocinando todos los eventos de *El Matinal* y les estén poniendo tanta pasta.

Socorro se quedó muy sorprendida. La última vez que se había enfrentado con Sergio fue precisamente porque le había reprochado su buena relación con Maqueda.

—¿Y qué te pasa con Maqueda? Antes te parecía bien.

—Pues creo que se está excediendo en algunas cosas. El otro día, el ministro se me quejó de que le estaba apretando mucho las tuercas a varios del Gobierno. Y al CNI. Y a otras instituciones del Estado.

La periodista se dio cuenta de que Sergio no había cambiado y que, para variar, la única causa a la que servía era la propia. Maqueda había caído en desgracia desde que la competencia había publicado un artículo sobre el abultado patrimonio que había acumulado, algo que resultaba sospechoso considerando las nóminas de los integrantes de la policía. Y, sin duda, Maqueda había dejado de ser el garbanzo negro favorito de los ministros de izquierdas y derechas.

—Pues Andújar contrató a Maqueda para alguna cosa con Gobiernos de Latinoamérica y le debió de ayudar bastante, porque desde que volvió a España lo tiene de mediador o mamporrero... No sé. Como se diga...

—He leído que Andújar estuvo viviendo en Miami casi veinte años. Me parece que volvió a España en 2017.

Socorro entonces se dio cuenta de que ese mismo año habían atropellado a la Cachucha y Sito se había suicidado. Se lo dijo a Sergio.

—No sé cuándo volvió. Eso lo sabes tú mejor que yo.

—Y también es el mismo año en el que Andújar empieza a salir en prensa.

—Debe de ser un tipo particular, muy generoso. Me contó Maqueda que Andújar tenía una tía de tu zona y que hace algunos años se la llevó a Murcia con su familia y les dio un trabajo.

—¿De mi zona?

—Tú eras de La Mancha, ¿no?

Socorro asintió.

—Pues ahí lo tienes.

—Hay muchos Andújar en La Mancha. Y ya si vas hacia el sur, a la frontera de Jaén, pues es más habitual.

—Lo que no sé es si es típico de Murcia.

—Pues ni idea.

—Lo que sí te digo es que, si Andújar tiene de su lado a Maqueda, cualquier cosa es posible. Incluso que gane la presidencia del Real Madrid. Eso es más que ser rey de España o presidente del Gobierno.

Al final, en todos los caminos de los poderosos sin escrúpulos se cruzaba siempre alguien como Maqueda.

59

De todo lo que le había contado Sergio Navarro había algo que volvía constantemente a su mente y era 2017. El año del simulacro de referéndum en Cataluña había sido también el del atropello mortal de la Cachucha y el del suicidio de Sito Pérez. Pero también había sido el del nombramiento de Eduardo García como director de *El Matinal* y el de la vuelta de Enrique Andújar de América, y el año en el que había empezado a hacerse conocido en España. Lo extraño era que resultaba muy difícil encontrar nada de Andújar, salvo informaciones económicas, sin foto, en los periódicos latinoamericanos. Y luego, a partir de 2017, Enrique Andújar había sido inoculado en la sociedad española mediante un inteligente goteo de noticias e informaciones. Desde entonces, habían llegado los artículos de sociedad, de empresa, de la labor filantrópica de la Fundación Enrique y Marisa Andújar. Al final, se decidió a preguntarle a Gabriela Dueñas por Andújar. Por alguna razón, desde 2017, las informaciones de Andújar habían sido constantes, aunque Gabriela nunca se había interesado por él hasta que la invitó a la fiesta.

—Como si de repente quisiera estar en todos lados.

Por ese motivo, tenía en nómina a algunos famosos más o menos respetables a los que reservaba mesas en restaurantes de moda para que invitaran a periodistas y a opinadores influyentes. Y ahí, en cualquier comida, podía aparecer el simpático y atractivo Enrique Andújar o Marisa, «su discreta y elegante esposa», eso decían, contando y deslizando a los periodistas lo que querían que se supiera de ellos. Gabriela Dueñas le había contado a Socorro que también, como otros, había sido convocada. No le gustaban ese tipo de imposturas, aunque reconocía que le venía bien tener cerca a algunos de los voceros de Andújar porque de esas reuniones con mucho alcohol siempre salían indiscreciones publicables. En la comida de un famoso cantante, este le tiró los tejos a una miss de los noventa. También se enteró del torero que se trincaba a la hija de una duquesa bastante liberal... O familiares del rey, políticos de todos los partidos... Todos estaban en el radar de Andújar para convertirle en lo que quería ser: el hombre de moda.

Socorro estaba agobiada porque no sabía a dónde le podía llevar esa investigación. Por otro lado, no podía descuidar el resto de sus artículos en el diario. La actualidad era siempre exigente. A mediados de diciembre hubo nuevas informaciones sobre el asesinato de un chica de Valladolid acontecido un año antes. La Guardia Civil sospechaba de un conocido que presuntamente la habría atropellado y, en lugar de socorrerla, al verla malherida, la habría escondido. El individuo no reconocía los hechos y aunque había admitido que la víspera del asesinato había estado con su amiga bebiendo y drogándose, esta le había dejado diciéndole que era un «cortarrollos» y había ido a casa de otro amigo a seguir la juerga. La juez lo había puesto en libertad, lo que provocó la consecuente protesta de los vecinos.

Socorro sacaba adelante como podía aquellas informaciones porque ya había trabajado en esos casos, aunque siempre había nuevos matices que se podían añadir para los lectores siempre ávidos de este tipo de reportajes. Pero, afortunadamente, podía despacharlas rápido y con precisión, así que el trabajo diario no le importaba demasiado. Ahora esos artículos eran un mero trámite laboral, apretar tornillos. Y más en las últimas semanas, porque Ángel Rojo estaba de un humor de perros y vigilaba constantemente que Socorro cumpliera sus horarios y, si alguna vez registraba horas extras, exigía que estuvieran justificadas.

Socorro y María Casares no habían vuelto a recuperar la normalidad de su trato, pese a que se seguían hablando con la cortesía lógica entre dos colegas de trabajo. María estaba haciendo un buen trabajo y poco a poco había conseguido hacerse un hueco en la redacción. Y no porque fuera la Corza, como la seguían llamando Ángel Rojo y sus amigos incluso después de romper. La mayoría de esos colegas estaba deseando que pasara el tiempo prudencial de duelo de su amigo para invitarla a tomar algo, tirarle los tejos... Pero Socorro era incapaz de perdonarle su indiscreción, aunque hubiera sido algo involuntario, como le había asegurado la joven periodista. Socorro la creía, pero también había demostrado que no se podía confiar en ella. Y María se había dado cuenta de que era en Ángel en quien no debía confiar.

La distancia que se había abierto ahora entre Rojo y Casares era evidente para toda la sección de *Vida*. La primera en comentarlo había sido Gabriela, que estaba siempre al tanto de cualquier rumor de dentro y de fuera de la redacción. Pero a Socorro no le apetecía tener que mostrarse comprensiva con María si es que esta sufría de mal de amores. Y si ella le había dejado a él... Pues ojalá lo hubiera hecho antes de contarle sus temas y de que Rojo se lo soltara a su amigo de la tele. Socorro echaba de menos una amiga como María, pero tenía sus reservas. Para una periodista, su información era lo más importante, y que la joven la hubiera malbaratado en sus confidencias de cama con el bobo de Ángel Rojo le había molestado mucho. Y María sabía que había obrado mal, pero también pensaba que Socorro era a veces demasiado drástica y que para ella no existían las medias tintas. Coño, que solo se le había escapado un comentario con Ángel y le había pedido perdón a la periodista en cuanto supo las consecuencias de su metedura de pata. ¿Cómo podía ser tan cabezota?

60

El trabajo y el desamor necesitan mucho tiempo. Por suerte, el insomnio ayuda. Eso pensaba Socorro mientras miraba el techo a las tres de la mañana. Comer techo lo llama la gente que se mete. Pero ojalá, se decía, se hubiera metido una raya de coca en vez de... En fin. Daba vueltas sobre la cama engañándose. Creía que se pasaba la noche especulando sobre los últimos días de Sito Pérez, pero, en cuanto se descuidaba, se le colaba el recuerdo vivo de Luis Gordon. Su olor, el pelo rizado áspero, la piel... Y su voz y ese deje meloso que empleaba. Su leve acento andaluz era entre simpático, fino y nada afectado.

De repente, oyó que le entraba un mensaje. Pensó que sería Luis y que, tras varios días de silencio, por fin le pediría perdón a cambio de las explicaciones que ella le requería. «¿Pero no te das cuenta de que mi madre va a estar allí y que vas a ir con Lucía?». Y él tendría razón cuando le dijera que su madre no estaba al tanto, pero el bodeguero minusvaloraba lo que una madre llegaba a intuir de su hija, que en el caso de Antonia con Socorro era todo.

Quitó el bloqueo de la pantalla. Y vio que alguien había escrito en el grupo de Telegram de Perlita Smith. El mensaje preguntaba a Perlita si estaba enferma y que por qué no había vuelto a escribir en el chat en las últimas semanas. Aquella gente sorprendía a Socorro. Varias veces al día, ponían enlaces a las últimas informaciones sobre Epstein. Algunos artículos eran verdaderas locuras que implicaban a Hillary Clinton y decían que la que aparecía en las noticias era una doble porque la verdadera ya había sido ejecutada por su implicación en el tráfico de niños. Parecía claro que algunos participantes del chat no estaban al tanto de que había muerto. Se acordó de que *The Wall Street Journal* había publicado la agenda de contactos de Epstein. Buscó en Google WSJ —hasta ahí llegaba— y «agenda de contactos», pero no encontró nombres españoles más allá de los que ya habían publicado los medios. Necesitaba el documento completo y decidió filtrar las búsquedas por PDF para poder ver la lista entera. No tardó en encontrarla. Había algunos residentes en España. No muchos. Por lo general, se trataba de nombres de relumbrón, gestores de fondos, personas conocidas... Contactos lógicos para un gestor como Epstein y que no tenían por qué estar implicados en su afición por las jovencitas. Pero ninguno de ellos podía haber conocido a Perla Smith, no tenía sentido que pudieran haber coincidido con ella de esa manera tan habitual como relataba en los mensajes de Telegram.

Socorro se sentía frustrada porque tenía la impresión de que Perla había contado más de lo que le había pasado antes de que ella se hubiera unido al grupo en el que se desahogaba. Retrocedió hasta el primer mensaje que Perla había enviado cuando ella se unió al grupo. Por mucho que repasaba aquellos mensajes horribles —Perlita contaba humillaciones, violaciones, mordiscos—, no veía nada que pudiera darle alguna pista de ese hombre español del que le había hablado.

Socorro fue buscando en el documento —solo hacía falta escribir en el teléfono todos los nombres en cuya dirección ponía Spain, España. Y con la lista decidió que era un buen momento para proponerle a Ángel Rojo hacer un tema. La muerte de Perlita había salido en las noticias por tratarse de un atropello con huida, así que por qué no iba a sacar una noticia sobre su misterioso chat. Aunque fuera en la versión de internet de *El Matinal*, en esa eyaculación de chorradas, como la llamaba Oriol Prada. En realidad, pensó Socorro, el periodista catalán —Oriol siempre se burlaba cuando le llamaban así— tenía razón. Cómo iba a relacionar a todos los españoles que aparecían en aquella lista, en la que, por cierto, estaban algunos anunciantes de *El Matinal*. Socorro sabía que no le dejarían publicarlo —o lo harían con muchas reservas—. Eso era lo que le había dicho Rojo cuando le preguntó sobre el tema. Que era inmoral. Y tenía razón, pero, por algún extraño motivo, sentía el peso de la conciencia por no haber escuchado a Perlita. Por haber hecho mal su trabajo.

El despacho de Ángel Rojo estaba siempre abierto para Socorro Núñez. Pero, en los últimos tres meses, Socorro había hecho poco uso de ese derecho de entrada. Ángel estaba más delgado y se había dejado la barbita algo más de los tres días que prescribía su estética de padre que lleva a sus hijos al Montessori. Se notaba que no estaba pasando un buen momento.

—Hombre, Socorro Núñez... Están funcionando muy bien tus temas estos de los crímenes sin resolver.

Rojo apuró la taza de café que se había hecho porque tenía una Nespresso en su despacho. Decía que no soportaba el café de la máquina de *vending* que había en la entrada de la redacción de *El Matinal*.

—Era para consultarte si podía hacer un tema para la web. Es sobre esa chica que llamó a Diego Alarcón, aunque me pasó el tema a mí.

—¿Y qué pasa con ella?

—Pues que es la pobre chica a la que atropellaron hace unos días frente a Richelieu. Tenía un chat en el que contaba los abusos a los que le había sometido un tipo en Estados Unidos... Al que me uní y a lo mejor funciona... Vamos, que da clics.

Ángel carraspeó.

—Pero solo en web, porque en el papel no me cabe.

—Pues lo subo enseguida. Ya lo tengo escrito.

Ángel se quedó pensativo y antes de que la redactora pudiera salir por la puerta, la cogió por el hombro.

—Pero en cerrado, porque tu firma es solo para los suscriptores.

Socorro se quedó muy sorprendida.

—Si es una chorrada y nadie va a pagar por ello. Pero si va en abierto, funcionará...

Rojo dijo que no con la cabeza.

—Nah... Tú solo para los suscriptores.

—De acuerdo. Una última cosa. Oye, al final, con la lista de los colaboradores de Epstein..., ¿se puede hacer algo?

—Pues no creo que eso haya cambiado. Ya comentamos que era un poco feo porque cualquiera puede estar en esa agenda o haber tratado a ese indeseable. Y simplemente estar entre sus conocidos ya puede ser una rémora pública. Nadie se merece eso.

—Pero si ato cabos... y saco algo en claro. Es interesante, supongo.

—Ya veremos.

Socorro salió del despacho y volvió a su mesa. Abrió el editor de internet y volcó el texto que tenía guardado. Tituló: «La muerte accidental frente a Richelieu de Perlita Smith, víctima de abusos». Había añadido el nombre del bar porque sabía que eso atraía a los lectores.

Después, recogió sus cosas y se fue a casa.

Al llegar, mientras se preparaba para su ritual televisivo —estaba deseando que en la tertulia de fútbol hablaran de la sentencia que permitía la Superliga—, se metió en el medidor de tráfico del periódico, segura de que lo estarían leyendo muchos suscriptores. Pero no lo vio entre las veinte noticias más leídas. Luego filtró lo que salía en página por su nombre. Y aunque había varias personas leyendo las anteriores entregas del crimen sin resolver, el artículo sobre la muerte de Perlita no estaba. Buscó en la página web de *El Matinal*, por las últimas noticias publicadas... Pero tampoco lo encontró. Socorro estaba muy extrañada. Abrió el buscador y puso su nombre y el titular del artículo. El reportaje había desaparecido.

Se quedó sorprendida. Lo habían borrado sin dejar ni rastro, y Socorro ya sabía que técnicamente era difícil no dejar rastro de un artículo ya publicado. La periodista estaba demasiado cansada y lo único que le apetecía era tumbarse en el sofá a dejarse mecer por las cifras del negocio que sería la Superliga para su Madrid. Al menos, esa noche, no quería pensar más.

61

Socorro se despertó en el sofá con la tele encendida y la boca pastosa por las cervezas que se había tomado. Se preparó un café. Cuando volvió de la cocina se dio cuenta de que tenía un mensaje. No era de Luis Gordon, sino de una mujer que se presentaba como la asistente/jefa de gabinete de Enrique Andújar, el presidente de Circular. Le rogaba que se pusiera en contacto con ella. Socorro se quedó de piedra. ¿Qué querría ese hombre de ella?

Después vio que el grupo de Perlita estaba activo y que habían puesto el enlace al artículo que ella había publicado la noche anterior. Pero al tratar de abrirlo, el link redirigía al lector a la web de *El Matinal* en lugar de al artículo. Evidentemente, la persona que lo había enviado al grupo debía hablar español porque se hacía llamar Niebla. Eso le sonaba al perro de Heidi, y como había mandado un artículo de *El Matinal* supuso que era español. Le puso un mensaje para cerciorarse. «Hola. Perdone que le moleste. Mi nombre es Socorro Núñez y soy periodista. ¿Podemos hablar?». Le pareció conveniente identificarse para que el tipo se animara a hablar con ella. Aunque posteriormente se arrepintió. En realidad, lo que pretendía era saber de la madre de Perlita. ¿Qué había sido de ella? ¿Le había contado algo a la policía?

Se quedó un rato mirando la pantalla por si Niebla estaba conectado, pero, transcurridos cinco minutos, fue a vestirse. Llamó entonces a la asistente personal —ella se presentó como PA, *personal assistant*— de Enrique Andújar. Hablaba como las secretarias de la gente importante, inquisitiva, pero «superamable». A Socorro le pareció que era una persona acostumbrada a conseguir todo lo que su jefe le pidiese.

—Tú dirás —dijo Socorro, tras las clásicas presentaciones.

—Me llamo Pamela Sanjurjo. Encantada de conocerte. Me dedico a coordinar las diferentes áreas de trabajo de Enrique. Tanto su colección de arte como la fundación o la alta dirección de Circular.

Socorro no sabía lo que podía querer esa señora de ella.

—Me dedico a hacer temas de sucesos. Crímenes, violaciones, estafas... No creo que tu jefe tenga nada que ver con eso.

La tal Pamela soltó una risotada.

—Es para un nuevo proyecto que vamos a lanzar en breve. ¿A qué hora te viene bien que nos veamos hoy?

La periodista se quedó muda. Lo cierto era que tenía planeado pasarse la mañana en casa revolcándose en la pena y después ponerse a escribir lo que había sacado en claro del caso de Sito Pérez, que no era mucho. Pensó que lo podría publicar, aunque no hubiese sido capaz de aportar nada. Siempre había público para leer este tipo de historias.

—Pues ando muy liada —mintió—. Ya sabes cómo estamos en los periódicos.

—Lo imagino. Y ganáis poco, además. Mira, me voy a acercar a la sede de *El Matinal* y nos tomamos un café.

—¿Pero es tan urgente?

—Hombre, yo creo que te va a interesar mucho.

Socorro se quedó cortada.

—Ya te he dicho que yo escribo sucesos, crímenes...

—No insistas más. Sé lo que haces, y te garantizo que te va a interesar.

La vehemencia, más que la insistencia, de Pamela Sanjurjo la había hecho cambiar de planes. Así que, como pudo, se arrastró al bar frente al periódico y allí se encontró a una mujer madura y muy segura de sí misma. Era

morena, con las facciones duras ensalzadas por un maquillaje perfecto. Iba con un traje de chaqueta que se ceñía
como el plástico film a unas curvas precisas y bien trabajadas. Se estaba tomando una Coca-Cola Zero y le preguntó
a Socorro qué quería.

A esa hora, las diez, Socorro no tenía ganas de nada,
salvo de continuar con su rutina y tener tiempo para sus
rituales matutinos, consistentes en ese holgazaneo que
siempre le resultaba productivo. Al menos a ella. Frente a
la tele, con la radio, se concentraba. Era como si los estí-
mulos le permearan y le permitieran hacer otras cosas.
Ella necesitaba levantarse, desayunar, ir al baño, ducharse
y vestirse. Y solo cambiaba ese ritual por razones excep-
cionales y, si podía ser, con cierta previsión. Pero la llamada de Pamela, sus exigencias, le habían hecho trastocar su
mañana. Pidió un Bitter Kas sabiendo que el bar frente el
periódico era de los pocos que aún servían esa bebida, re-
fresco o lo que fuera.

Pamela trató de halagarla.

—Llevaba mucho queriendo reunirme contigo.

Su ímpetu delataba que no le estaba diciendo la verdad.

—Ya me dirás por qué estas prisas —dijo.

Pamela se irguió como para dar gravedad a sus palabras.

—No sé si sabes que Enrique se quiere presentar a las
elecciones del Real Madrid.

—Eso es lo que dicen.

—Pues es que queremos montar un gabinete de comunicación para la candidatura. Nos han dicho que tú puedes ser la persona más pertinente. Y ya puedes imaginar:
trescientos mil euros anuales y si gana las elecciones y es
presidente, un puesto en el Real Madrid remunerado con
quinientos mil euros.

—Y si no gana, ¿a la calle?

—Va a ganar. Que no te quepa duda. No te puedo ade-
lantar nada de la campaña hasta que firmes. Solo te diré
que Florentino Pérez ha encontrado un buen rival.

Socorro se quedó sin habla. Pamela no se arredró por el evidente estado de shock de la periodista.

—A ver, tú puedes dar mucho más de ti que lo que estás haciendo en *El Matinal*. Nos ha dicho Eduardo García que eres una mujer muy proactiva y que eres del Madrid a muerte.

Socorro no estaba muy segura de lo que quería decir proactiva.

—Yo misma se lo comenté a Enrique Andújar cuando lo conocí en la fiesta que dio. Del Madrid sí que soy, pero es que Florentino...

—Enrique es también de Florentino y sé que de lo que él quiere asegurarse es de preservar su legado.

Socorro miró el reloj para hacer ver que tenía prisa. Aún no podía entender los motivos por los que le habían hecho esa oferta de ensueño. Y si decía que sí y se olvidaba de todas las truculencias que la tenían sin dormir. Y ya veríamos si en el *catering* del palco se serviría Milésima. Luis Gordon se iba a quedar acojonado si se enteraba de lo que le habían ofrecido.

62

A Socorro nunca le había seducido integrarse en el gabinete de prensa de ninguna empresa. Aunque el Madrid no era una empresa. Era el Real Madrid. Y ahí podría dejar libre su vena más fanática, conocer a sus ídolos, a los jugadores de otras épocas: Ronaldo el Gordo, Figo, Raúl..., qué maravilla. Y esa gente sabría quién era Socorro porque tendría una tarjeta en la que el Real Madrid estaría debajo de su nombre. Entró en la redacción de *El Matinal* más ufana que cuando traía una exclusiva. Pero esta vez era otra cosa: querían que se fuera a hacer el trabajo que más le podía apetecer del mundo, en el que, además, le pagarían una cantidad indecente de dinero y adquiriría un montón de experiencia que la catapultaría a mejores oportunidades. ¿A quién se lo diría primero? ¿A Ángel Rojo o a Eduardo García? Ojalá la trataran con el desdén suficiente para que ella les pudiera soltar ese «ahí os quedáis» con el que sueña cualquier trabajador que debe rendir cuentas a mediocres. Lo habitual, por otro lado. Pero recordó las enseñanzas y pensó que lo mejor sería consultarlo con la almohada y con su madre, que, pese a que nunca se había visto en una tesitura similar, solía pensar bien y mirando al futuro. Y quizás a Pincho Lequerica, porque a Socorro le encantaba su trabajo, pero ¿podría seguir avanzando —«creciendo» como dicen los cursis— en *El Matinal*?

Se fue a la máquina y se tomó una Coca-Cola, la primera, en ayunas. Seguía sin hambre y tenía mala cara, piel cetrina y ojeras. Pasó el día como pudo, tratando de sacar adelante temas, pero sin olvidarse de la oferta que le acababan de hacer. Le escribió un mensaje a su madre para preguntarle si se pasaría a verla por la noche a Tetuán, pero Antonia le dijo que por qué no se pasaba ella a cenar y de paso saludaba a las señoras, que hacía mucho tiempo que no las veía. Después se puso con una historieta sobre una secta que prometía curar la homosexualidad y cuyo único tratamiento era la abstinencia y acostarse con la mujer del líder. Y los muy bobos habían puesto lo que tenían a nombre del líder de la secta.

Finalmente se fue a casa de las Lequerica en el autobús municipal que la dejaba a pocos metros. Se subió al ascensor.

Marina le abrió la puerta y le dio dos besos. Se fueron directamente a la cocina, donde estaba su madre pelando guisantes.

—Hija, Socorro, qué mala cara tienes. Siempre te pasa cuando adelgazas. Pareces de Biafra.

Socorro imaginaba el recibimiento de su madre que, sin decirle nada, untó dos panazos con aceite y les puso un poco de jamón de York (el serrano era para las señoras). Ella levantó la mano como diciendo que no tenía hambre.

—Niña, tú no me dices lo que tienes, pero lo imagino. Y no te voy a hablar de ello porque nunca has querido que me meta en tus cosas.

Socorro hizo una mueca que oscilaba entre el desdén y el hastío. Estaba muy nerviosa.

—Me han hecho una oferta para que deje *El Matinal.*

—¿Y te pagan bien?

—Muchísimo más de lo que gano entre el periódico y la tele.

—Pero de lo tuyo, ¿no? Pensé que lo de ser periodista no se pagaba bien...

—No es de ser periodista, pero precisamente por eso lo veo interesante. Estoy en una edad en la que quizás lo conveniente sea empezar en algo nuevo. Y últimamente me parece que nada me sale. No he encontrado nada nuevo de lo de Sito Pérez. Y algunas cosas que me han pasado últimamente resultan frustrantes. Si hasta me han borrado un artículo.

Antonia no sabía qué decir. Le preguntó si quería tomar algo —ella le dijo que quería agua— y salió un momento. Fue directamente al salón de Pincho, donde estaban las señoras comentando el día. Les pidió permiso para llevar a Socorro porque consideraba que necesitaba pedirles consejo. Ellas accedieron, y en ese instante, Pila se levantó y preparó dos *gin-tonics* muy cortitos de ginebra porque a las dos les dolía el estómago. Intuyó que lo que les tenía que decir Socorro les desagradaría. La periodista entró cabizbaja.

—Hola, Pincho, Pila.

Socorro las había apeado de los «doña» porque así lo había hecho durante el verano, cuando se había hospedado en su casa.

—Venga, niña, rapidito..., ¿qué te ha pasado?

—Pues que me han hecho una oferta de trabajo.

—Y le triplican el sueldo.

Pincho se quedó sorprendida. Imaginaba que la competencia andaba detrás de Socorro porque era una de las periodistas de sucesos con más fuentes y seguidores. Seguidores en el sentido de toda la vida, lectores. Pero lo último que había oído del periódico que se había interesado por Socorro hacía unos años era que tenía que refinanciar su deuda, así que le extrañó que le hubieran hecho a Socorro esa oferta tan sensacional que seguramente Ignacio no querría igualar.

—Enrique Andújar, creo que lo conocéis —explicó Socorro—, me ha ofrecido integrarme en su equipo para preparar su candidatura para ser presidente del Real Madrid.

—¿Y a ti te apetece eso? —preguntó Pila muy sorprendida, mordiendo una rodajita de limón, lo que le amargó aún más el gesto.

—Pues, en realidad, pese a que haya cosas que no me salen bien y me decepcione, me encanta mi trabajo, pero es mucho dinero y empezar con algo nuevo que, además, me ilusiona. Y, Pila, tú siempre has dicho que lo de ser periodista estaba de capa caída.

Pila negó con la cabeza y se alineó con su hermana.

—¿Y cuándo te ha llegado esta oferta? Me parece un poco extraño que Andújar haga ese movimiento sin consultarlo con el director Eduardo García. Es una cerdada quitarle un trabajador indispensable a un amigo.

—¿Son muy amigos?

—Claro. Eduardo es quien ha traído a Andújar hasta la órbita de mi hermano.

Pila se había guardado la apostilla final.

—Y a mí me han hecho invitarle para hacerle la pelota, aunque es guapo, simpático y tira bien, por lo que me ha parecido bien invitarlo.

—Por otro lado, tengo la sensación de que en *El Matinal* ya no puedo ir a más —prosiguió Socorro—. Pese a que *Vida* no ha ido tan bien como se esperaba, nadie pensó en mí para dirigir el suplemento.

—Es que comprendo que eso te cabree —le respondió Pincho.

La mayor de las Lequerica veía reflejada algunas de sus frustraciones en la periodista.

Socorro se quedó pensativa. Decidió que no quería que las Lequerica y su madre influyeran en lo que ella consideraba la decisión profesional más importante de su vida. Apuró su vaso de agua y dejó que las hermanas la abrazaran más fuerte de lo acostumbrado. Socorro se despidió de su madre, y al bajar a la calle, el frío helado le afiló la cara. Pensó que le apetecía caminar hasta su casa para darle vueltas a su decisión. ¿Debía aceptar la oferta que Andújar le había hecho a través de la tal Pamela? ¿O perseverar en querer ser periodista? Le encantaba su profesión, pero era consciente de que cada vez era un sector más en crisis.

Socorro caminó casi hora y media y llegó a su casa cerca de las doce de la noche. Cuando entró, miró el medidor de audiencia y vio que de las setenta suscripciones que había hecho el periódico, una era del artículo que había escrito de la muerte de Perlita Smith y que había sido misteriosamente eliminado de internet. Se quedó algo sorprendida. ¿Quién se habría suscrito a *El Matinal* por aquel artículo que habían mandado quitar? Escribió a su amigo Ollero, que aparte de periodista, se había sacado un curso de detective y era medio *hacker* o algo así. «¿Te puedo llamar?». Él puso un «Ok».

—Oye, ¿tú me puedes decir qué persona se ha suscrito por un artículo?

—Claro. Dime cuál y te mando un mensaje.

Socorro se lo escribió y se quedó esperando. La respuesta de Ollero se hizo esperar dos horas. «Me pone que ha sido una tal María Luisa Giménez de la Torre». Socorro no sabía quién podía ser esa señora. En aquel momento, como si todo estuviera conectado, le entró un mensaje del grupo de Telegram. El tal Niebla le había dejado un número de teléfono español para que hablaran. Ella lo marcó. La voz de su interlocutor era varonil. Le dijo un tímido «Hola», y dejó que ella se presentara. Socorro soltó la retahíla habitual y le preguntó qué relación tenía con Perlita.

—¿Quieres que te llame Niebla?

Él profirió una risotada.

—Rodrigo está bien. Mi padre era primo de su madre. Ya sabes, unos se quedaron en España y otros se largaron a Cuba, como los abuelos de Perla. Yo no la conocí demasiado, salvo cuando ayudamos a su madre a venir aquí, no sabemos con qué dinero. O sí...

Socorro se dio cuenta de que la estaba provocando para que hiciera la pregunta.

—¿Y quién le dio ese dinero?

—Pues si estabas en el grupo de Telegram, sabrás que Perlita lo había aceptado del hijo de puta ese que se aprovechó de ella. Pero estaba arrepentida de haber cogido ese dinero y ahora quería que se hiciera justicia.

—¿Y ella reveló en algún momento la identidad del tipo?

—Cuando éramos pocos en el grupo. Luego ya se unieron más personas y en cuanto hubo periodistas dejó de dar detalles.

—Entonces, ¿quién era el violador de Perlita?

Niebla solo tardó unos segundos en responder a Socorro:

—Enrique Andújar.

Era la última respuesta que Socorro quería escuchar.

63

El Real Madrid era de lo poco que casi nunca —Socorro se acordaba de esas dos últimas jornadas de liga en Tenerife y de Dertycia— la había decepcionado. Además, trabajar en la candidatura de Andújar era la oportunidad perfecta para salirse del periodismo y dedicarse a algo que realmente le gustaba. O, mejor dicho, le apasionaba. El ofrecimiento de Pamela, la emisaria de Enrique Andújar, la había descolocado. ¿Por qué la habían elegido? Socorro Núñez nunca se había distinguido en los medios por sus conocimientos de fútbol, pese a que estaba al tanto de todo lo que pasaba en los vestuarios. Ella era conocida por escribir de sucesos y nunca había destacado en ninguna otra área, quizás por empeño personal. ¿Por qué se lo había ofrecido a ella? Pamela le había insistido en que la candidatura de Enrique Andújar necesitaba a alguien del perfil de Socorro, capaz de inmiscuirse en lo que le importaba y lo que no le importaba. Sobre todo por un sueldo como el que le había prometido Pamela y que, con el tiempo, subiría si «se cumplían objetivos», lo que significaba «si Enrique Andújar lograba ser presidente», «si su equipo ganaba la liga», «si ganaba la Champions». Socorro no lo descartaba. Y, en los pocos minutos que había hablado con él en la fiesta a la que fue con Fiona y Gabriela, le había demostrado que era una persona que sabía lo que quería.

La oferta inesperada que le habían hecho solo tenía una explicación, que Andújar había intuido que averiguaría que era el violador de Perlita Smith y quería tenerla controlada. O peor, que ella podía confirmarlo. Abrió el PDF de la lista de contactos de Epstein que se había descargado. Enrique Andújar no aparecía. Ni siquiera entre los de Miami, donde, como sabía Socorro por los perfiles que se habían publicado, había estado viviendo con su mujer y sus hijos. Entonces, buscó por la empresa de Andújar. «Circular», escribió. Y ahí aparecía el nombre de Pamela Sanjurjo con un PA, de asistente personal, apostillando el nombre. Aunque, tal y como había aprendido últimamente, los listines telefónicos servían de poco porque el contacto se podía establecer a través de aplicaciones como Telegram o Botim, que garantizaban la confidencialidad. Así, que Pamela Sanjurjo, asistente de Andújar, figurase entre los contactos de la agenda de Epstein solo significaba que le había podido citar en alguna reunión de trabajo o, como mucho, si se ponía en lo peor, invitarle a alguna fiesta. Quizás por eso, Ángel Rojo había insistido en no publicar nada de la lista de Epstein, pese a que varios periódicos internacionales respetables habían sacado a la luz informaciones al respecto, aunque, por lo general, y salvo medios panfletarios, habían sido respetuosas y prudentes. Como lo hubiera sido la que ella habría escrito.

Socorro no paraba de pensar en lo mismo. En Enrique Andújar como violador de Perlita. Si no fuera suficiente, también daba vueltas a lo que eso suponía. Sabía por experiencia que muchos de sus razonamientos se habían quedado en ocurrencias, en líneas de guion imposibles. Pero ahora veía clara una conjunción de tramas, personas y acontecimientos. La extraña desaparición de su artículo en la web de *El Matinal* sobre el atropello de Perlita frente a Richelieu, la revelación de Niebla y lo que Sergio Navarro le había contado de la relación entre Enrique Andújar y Eduardo García, el director del periódico. También se lo había mencionado Pincho. El director, a petición de Enrique Andújar, habría mandado retirar el artículo a Ángel Rojo. ¿Pero tan íntimo era su vínculo? Se estaba empezando a poner mala. Tenía que volver a hablar con Sergio.

Pero en los periódicos la actualidad manda sobre las investigaciones. Recibió un correo de internet preguntando si podía sacar un artículo para la web de los dos niños que habían asesinado a su madre adoptiva. La llamada a Sergio debía esperar.

En la redacción, ese día, también estaba Gabriela, con la que tenía la suficiente confianza.

—Oye, Gabriela, ¿a ti te han retirado algún artículo del periódico porque alguien se quejara?

—Retirar, retirar no. Bueno, de internet sí. Pero queda en la hemeroteca de papel. Y como no se trataba de algo falso, sino de algo que había molestado a un gilipollas... No sé si te acordarás del torero que se lio con la mujer de un presidente de banco. Al banquero le pareció que su mujer aparecía en el artículo demasiado ligera de cascos. Una idiotez. Como si se tratara de la reina Fabiola. Y Eduardo García, recién nombrado, me pidió que no siguiera con la historia de la señora. Pero de internet se quitó. Me contó una amiga que la mujer del banquero, que continúa con su matrimonio, hablaba de manera muy íntima con Eduardo un día que fue a una fiesta veraniega en su casa de Asturias.

—¿En su casa de Asturias?

—En la casa de Asturias del director.

—¿El director tiene una casa en Asturias? Si es extremeño.

—Y una casa no pequeña. Una casa antigua de esas de indianos frente al mar. En Cudillero o por allí cerca. Vamos, eso me han contado mis espías paraguayas, que yo no la he pisado.

—Joder con el director.

—¿Es que te han censurado alguna información truculenta de las tuyas?

—Sí, ya te contaré cuando sepa qué ha pasado. Porque ahora mismo no lo sé.

No le fue difícil, con el nombre y el DNI de Eduardo García, ir al registro de la propiedad. Estaba muy acostumbrada a utilizar el registro de índices. Y también a averiguar el DNI y otras informaciones de la gente a la que investigaba para sus artículos. Y sí, aparte de un piso en Madrid, le salió una propiedad en Cudillero inscrita en el año 2017. La anterior propietaria era Aguascalientes S.L. Se puso a investigar la empresa. Se trataba de una sociedad limitada unipersonal cuya socia era María Luisa Giménez de la Torre. La misma persona que se había suscrito a *El Matinal* por el artículo sobre Perlita. ¿Pero quién era esa señora? Solo tuvo que *googlearla*. Tras pasar varias páginas, sorpresa, aparecía en un artículo de *Expansión*. Era la mujer de Enrique Andújar, solo que ella solía presentarse como Marisa Andújar.

Socorro siempre había oído todo tipo de rumores sobre periodistas a los que les reblandecían el criterio con regalos, por llamarlo de alguna manera. Banqueros que regalaban hipotecas, inmobiliarios que hacían precios de amigos... Pero lo de Enrique Andújar y Eduardo era quizás demasiado burdo como para que fuese verdad. Y, además, había comprado la casa a una sociedad de María Luisa Giménez de la Torre, la mujer de Andújar. Por otra parte, la tal Marisa —así figuraba en la fundación— era la persona que se había suscrito por el artículo de Perlita Smith. Era todo demasiado evidente. Bastaba con tirar algo del hilo para imaginar la cadena de llamadas hasta que Ángel Rojo logró convencer al jefe de la web de *El Matinal* de borrar todo rastro del artículo sobre las confesiones de Perlita.

Tras sus meses siendo la otra de Luis Gordon, Socorro era la última persona para hacer un retrato certero —no sabía ni quiénes eran Vita Sackville West ni Janet Malcolm— de un matrimonio. De todas formas, como suele suceder a las amantes, siempre le quedaba la duda de si la legítima lo sabía y, si era así, consentía para mantener su matrimonio. O al menos la fachada. Y, desde luego, las ventajas que suponía. Ese debía de ser el caso de Marisa Andújar que, después de tantos años en Estados Unidos, había renunciado a usar su nombre de soltera, salvo para casos burocráticos como el del paripé de la casa en Cudillero de Eduardo García. Marisa pensaría como Audrey Hepburn, que cuando se casaba estaba muy casada. Además, el secreto de los matrimonios felices era eso, un secreto. Por otro lado, Andújar no era ni el primer ni el último empresario en mostrarse demasiado agradecido con un periodista. Si hasta Conchita Márquez contaba en sus memorias cómo Curro Romero pagaba a los críticos taurinos.

64

En ese momento, Socorro vio la invitación para la fiesta del periódico. Con todo lo de Luis, la muerte de Perlita y sus acusaciones a Andújar, la oferta que le habían hecho para trabajar si conseguía ser presidente del Madrid... se había olvidado de que se acercaba la Navidad, unas fechas en las que a ella no le importaba trabajar porque apenas había actualidad, excepto para los sucesos, pero quizás así tendría alguna excusa para irse a hacer algún reportaje fuera de la redacción que Rojo no considerara una pérdida de tiempo. Recibió un mensaje de su madre: «Sé que me vas a decir que no, pero ¿por qué no te vienes a pasar el fin de año a El Lanchar y vamos a ver la casa?». Socorro se quedó muy asombrada. «La casa», en el lenguaje privado de madre e hija, significaba la casa de Terrinches de su padre de la que Antonia parecía haberse olvidado. ¿Significaba eso que pensaba ya en irse de la casa de Pincho y Pila? Le puso un lacónico «Ok». Aunque a Socorro le costaba reconocerlo, hay heridas que solo se curan con una madre.

En el correo, María vio un recordatorio de la copa de Navidad del periódico. No tenía ganas de ir, bastante le atormentaba encontrarse a Ángel en el trabajo como para verlo con alcohol en el cuerpo. Bueno, iría un rato para que la vieran. Cumpliría y ya estaba. Encima estaba aguantando lo que parecía algún tipo de venganza por parte de su jefe. No le había dado demasiado tiempo a vengarse, pero llevaba las últimas semanas, desde que cortó con él, editando páginas y dedicada a internet. Y eso que él no estaba esos días. Había ido a dar una charla a Bilbao, a la Universidad de Deusto, sobre periodismo escrito en el siglo XXI. Menudo experto se habían buscado, pensó María. No le había dicho nada a Socorro de sus cometidos los dos últimos días porque todavía no se atrevía a hablar con ella después del chorreo. Se arregló sin pasarse para la copa, que era en un local de moda del centro. Tacones no muy altos, vaqueros negros y camisa de seda. Más un abrigo de paño y bufanda de esas enormes a las que hay que dar varias vueltas. Unas doscientas personas bebiendo y zampándose el jamón y todo lo que sacaban del *catering*. Algunos estaban apostados en la puerta por donde salían los camareros, como si no hubieran comido en su vida. Era cierto que el periódico seguía mimando este tipo de actos. Y la comida, aunque de pie, era excelente. Uno de los amigotes de Ángel, un tiparraco de maquetación, se cruzó con María.

—Hola, guapa, creo que estás libre.

María se puso colorada. A Ángel le había faltado tiempo para contar que estaba con ella y para contar también que ya no. Puso una sonrisa nerviosa y se alejó fingiendo ver a alguien. Luego comprobó que el tipo de maquetación se reía, mirándola, con un redactor de Internacional. También se les unió Ángel, al que solo vio de lejos. María se quería morir. E irse. Cosa que iba a hacer inmediatamente.

Pincho solía aparecer un rato, saludar a casi todo el mundo porque lo consideraba una obligación y marcharse pronto. Prefería la copa al mediodía en la sede del periódico, pero hacía años que se había cambiado el formato. Pila, por el contrario, disfrutaba entre los jóvenes y no tan jóvenes de *El Matinal*. Cuando vio a María la llamó. Pila estaba con un chico.

—Mira, Ignacio. ¿Te acuerdas de María Casares, que estuvo hace dos veranos en El Puerto? ¿O no llegasteis a coincidir?

—No, pero lo lamento mucho —dijo Ignacito, dando dos besos a la joven—. Hola, ¿qué tal? Creo que no llegamos a coincidir, pero alguna vez nos hemos visto en el periódico, en algún sarao de estos. Quizás la Navidad pasada. Después he estado viviendo fuera.

—Mi sobrino está estudiando en Estados Unidos un máster de periodismo de esos que no sirven para nada más que para conocer gente, y ha venido por Navidad. También ha vuelto mi cuñada, Lilian. Somos como el anuncio de El Almendro. A ella sí la conociste, ¿no?

—Sí, porque estaba en la obra de teatro en vuestra casa.

—Parece que haya pasado una eternidad de todo eso.

A María se le había acabado el verdejo que se había pedido.

—¿Quieres otra copa? A mí también se me ha acabado. Vamos a por un camarero —dijo Ignacito.

—Sí, id, dejad sola a esta vieja bebiendo sin nadie que la acompañe.

—Pero si tienes a tu corte de siempre por aquí, Pila —le dijo Ignacito mientras cogía del brazo a María.

—Cuéntame cómo es ese máster y la universidad.

—¿De verdad quieres que te cuente eso? Pues es verdad que no se aprende allí más que aquí viviendo el periódico, que es una cosa que me encanta. Pero mi padre, mira por allí está, aguantando la chapa de no sé quién, quería que tuviera títulos. Y luego el ambiente de la universidad es un poco agobiante. Pero yo paso. Es una especie de campo de minas, no sabes a quién vas a ofender. Bueno, es un aprendizaje. Con las cosas que decían mis compañeros cuando estudiaba en la Autónoma, allí les harían un auto de fe.

—Ja, ja, ja. Aquí tampoco es que nos hayamos escapado de todo eso, pero supongo que es más suave. Si vieras un programa que tenemos ahora en el periódico que nos dice que lo escribimos está todo mal, sin sensibilidad por las minorías, sin rigor...

Después del tiempo que llevaba con Ángel —le daba la sensación que una eternidad, aunque habían sido semanas—, que Ignacito no le hablara de Gil de Biedma ni nada parecido le pareció como estar en otro país. Uno donde el hombre no pretendía ligar haciéndose el interesante ni donde le decían que la vida iba en serio. Aunque seguramente Ignacito se sabía interesante por ser quien era y esa naturalidad no la había trabajado, formaba parte de su educación.

María, que pensaba irse, se quedó horas y toda la noche con Ignacito, que luego la acompañó a casa. La dejó en la puerta. Se bajó del taxi y le dio dos besos mientras vigilaba cómo entraba y cogía el ascensor. Ya se habían dado los teléfonos.

65

La serie de los crímenes sin resolver de Socorro llegaba a su fin. Tan solo le quedaba una entrega y la que se publicaría el 6 de enero, día de Reyes, que coincidía con el aniversario de la aparición de las niñas en El Teatino, Villanueva de los Infantes. La fecha escogida no dejaba de ser oportunista, pues el asesinato sí que era un caso resuelto, como le había certificado el forense amigo de Sergio. Sin embargo, el suicidio de Sito Pérez se había producido en agosto de 2017. ¿Por qué publicarlo entonces? No había ningún aniversario que pudiera justificar un perfil de aquel desgraciado con todo lo que había sacado en claro de sus familiares y del padre de Sonia, que era exactamente lo mismo que ya habían dicho antes. ¿Tenía algo nuevo? ¿Podía probar que aquel asesino de niñas no se hubiera suicidado? Como le empezaba a reprochar Ángel Rojo, sus pesquisas habían sido una «pérdida de tiempo y dinero para *El Matinal*», porque él ya había contado todo lo que había en su día, así que se centró en otros casos. Hizo una información sobre un ordeñador de cabras que había desaparecido tras una juerga en Sevilla. Y también escribió una pieza que tuvo mucho éxito entre los lectores. Iba sobre una periodista que se había hecho gurú y se acostaba con menores que le llevaban sus padres para que les curase la homosexualidad.

Aquella era la única forma en que podía hacerse perdonar por Ángel haber estado ausente de la redacción. Su obligación era producir, poner enlaces a otros temas, ser inmediata. Al menos, pensó, si la llamaban para alguna tele el día que se cumplía el aniversario del hallazgo de las niñas, podría contar alguna cosa en lugar de limitarse a dar su opinión. Pensaba que las teles empezaban a copiar lo peor de los periódicos. En muchos casos, había pasado ya. A ningún periodista le gustaba descartar un tema al que le había dedicado tanto tiempo.

Como Socorro había imaginado, la actualidad también se había ido de vacaciones en Navidad. Afortunadamente, los teletipos ayudaban a salir del paso. Le tocó editar la lectura política del discurso del rey en Nochebuena. Había consenso. Una cosa era constitucional y la contraria, también. La derecha decía que le apoyaba y la izquierda, también. Mirando un poco lo que decían otros en distintas redes sociales, tuvo que interpretar las fotos y objetos que el rey había colocado en su despacho. A Socorro no le venía mal trabajar durante las fiestas. Siempre lo había hecho porque lo pagaban muy bien y no se atormentaría con la estampa familiar perfecta que seguramente conformarían Luis y Lucía con sus hijos. Aunque la Navidad le importara un bledo. El bodeguero no había vuelto a dar señales desde aquella conversación en la que le dijo que llevaría a Lucía a casa de las Lequerica. Al final, Socorro se había convencido de que no había sido nada —como una aventurilla, un año de polvos recurrentes con alguien del servicio— para Luis Gordon. Aquellos días sola en Madrid aprovechó para refugiarse en su saloncito de la alegría ajena y hacer una cura de alcohol, que tampoco le venía mal. Ya que lo de Sito no le había salido y tenía claro que no iba a publicar nada, fue casi todos los días hábiles a las televisiones. El resto de los tertulianos especializados en sucesos estaba de vacaciones, y así a Socorro le compensó económicamente haber dicho que estaría disponible para trabajar hasta el 30.

No se quitaba de la cabeza a Perlita, pero no tenía nada nuevo y seguía con la parte rutinaria de su trabajo en el periódico. Pero intuía que sería más conveniente para ella no hacer preguntas.

El 26 de diciembre supo que una anciana había sido asesinada por su marido, que, después, se había suicidado. No le dio mucha relevancia. Como ese había habido algunos asesinatos ese año. Las primeras noticias siempre hablaban de otro caso de violencia de género. Demasiado alegremente. Solía tratarse de que el marido, tras una vida juntos, decidía poner fin a la vida de su mujer con una enfermedad terminal, demencia, alzhéimer. Le bastó marcar un par de números para confirmar su hipótesis.

Ese mismo día recibió una llamada de Pamela Sanjurjo para preguntarle si había pensado la oferta que le habían hecho.

—Dame al menos hasta que pase el día de Reyes —contestó—. Aún no he podido pensarlo porque he estado trabajando en *El Matinal*, y como nos faltan manos...

Pamela le dijo que le deseaba buenas vacaciones y que, a la vuelta, esperaba una respuesta afirmativa.

—Hay que comenzar a trabajar cuanto antes en la candidatura de Enrique.

El 30 al fin pudo irse de vacaciones. Como no tenía coche, se fue con Oriol, que había sido invitado a pasar el fin de año en El Lanchar. Estaba divorciado y le había tocado la cena con sus hijos en Navidad. Quedó con Socorro en recogerla en la plaza de Colón para llegar a la hora de la comida. En el camino hablaron poco, porque él se empeñó en que ella escuchara su podcast.

—A ver si aprendes algo, que has escrito tantas tonterías este año... Y así no te oigo decirlas en directo, que puede ser incluso más exasperante.

Socorro no abrió el pico mientras escuchaba a Oriol enmendando la plana a diestro y siniestro con su pomposidad ingeniosa, el particular género que practicaba al hablar y escribir. Dos horas después llegaron a El Lanchar. Socorro sacó del coche dos cajas de Pescaderías Coruñesas que llevó hasta la cocina, por donde ella había entrado a la casa. Oriol lo hizo por la puerta principal. Ya conocía el camino y sabía que las Lequerica estarían esperándole en el saloncito. La periodista oyó ladrar a los perros y a Oriol quejarse de lo insoportables que le resultaban aquellos chuchos. Socorro se encontró con su madre en el punto culminante de su discurso contra los perros. Antonia sonreía en su silla mientras acariciaba a su Verbe, al que tenía dormitando en la falda. En cuanto vio a su hija le dio un abrazo muy cerrado y le llenó las mejillas de besos muy sonoros.

—¿Estás bien? Has adelgazado muchísimo. Seguro que no has comido nada en los últimos días.

Socorro no dijo nada. Para qué se iba a molestar si su madre lo intuía todo. Le dijo que le apetecía meterse en la cama, que había dormido muy mal y que así estaría descansada al día siguiente. Antonia le sacó unas tajadas de tocino y se las metió en un pan de Villahermosa, un pueblo cercano del que Segundo traía a veces unas hogazas tan densas como cortinas de felpa que gustaban mucho a la periodista. Le abrió un quinto. Socorro la miró sorprendida. Era la primera vez en su vida que su madre le abría una cerveza sin meterle alguna pulla.

—¿No me dices nada de que voy a echar tripa si bebo cerveza?

—Ojalá eches un poco. Estás tan flaca que se te ha puesto una cara... fea. Pareces una liebre.

Socorro se rio y se distrajo pensando en caras raras, en uno de los últimos casos del que le habían hablado sus fuentes en los juicios. Era sobre un señor con labio leporino que castigaba a la hija de cinco años que su esposa había tenido con su anterior marido haciéndole estar de rodillas sobre ortigas, granos de sal y arroz con unas orejas de burro puestas. Al final, a fuerza de golpearla cada vez que sacaba malas notas (la pobre debía de ser bastante zopenca), la había acabado matando y lo habían condenado a prisión permanente revisable. La madre, que veía las palizas y los hematomas que tenía la niña, había dicho que algunos padres usaban métodos duros y que a quién no le habían dado alguna vez un azote. A ella también se la consideraba una asesina.

En ese momento, el timbre del salón sonó. Quizás las Lequerica querían algo.

—Voy a ver qué quieren. ¿Las vas a ir a saludar?

—Hoy no. Solo me apetece meterme en la cama.

—Te diría que me acercaré a darte un beso antes de acostarme, pero nosotras no somos de esas.

—Ni de las que se hacen regalos en Navidad.

Socorro pensó que esa falsa frialdad se debía a que su madre llevaba demasiado tiempo viviendo la vida de las Lequerica sin ser una de ellas. En algún momento, pensó, le debía decir lo de ir a ver cómo iban las obras en la casa de Terrinches.

Aquel día, Socorro durmió muy profundamente, como si las mantas de su camita de niña pesaran mucho y fueran muy gordas. Al día siguiente se levantó reconfortada.

La cena de Nochevieja y la comida de año nuevo en casa de las Lequerica eran desde hacía algunos años mero trámite, porque a primeros de año siempre era la montería que organizaban en Los Manantiales. A Oriol la montería de Los Manantiales, la caza en general, le daba bastante igual, pero no la cena a tres que tenía a solas con las Lequerica. Pacón, el otro periodista al que trataban las hermanas, estaba casado y pasaba las fiestas con su mujer y sus dos hijos. Así que Oriol se metía en la cocina e inventaba platos con lo que Pincho y Pila tenían en la finca y lo que habían comprado. Hizo unas habas con bull que había aprendido en La Buena Vida, un *carpaccio* de venado, y casi vuelve loca a Antonia haciendo una suerte de croquetas de perdiz y paloma. Por supuesto, cayó el contenido de la caja de las Coruñesas, al que Oriol nada quiso aportar, pues consideraba que Antonia era la persona que mejor preparaba el pescado de España, después de Rafa Zafra en Estimar.

Socorro, como el resto del servicio, probó las cosas que había preparado Oriol en la cocina de los hombres.

Aunque no dieran mucha importancia a la Nochevieja, las Lequerica esa noche cenaban bien, no mejor que cualquier otro día, pero con algún empeño en festejar, como cualquier familia española. Y aquel año no iba a ser distinto, pese a que la Universidad Douleia ya había efectuado el primer pago de los trescientos millones por los que habían comprado Las Seguidillas a las dos hermanas.

Las cosas de Oriol, un rodaballo al horno, buen vino, un buen champán, la mesa adornada con motivos navideños, las uvas con la gente de casa y a la cama.

Aunque Socorro sabía que su madre iba a tomar las uvas con las señoras, quiso ir a El Lanchar para estar con ella, ya que Antonia no pensaba moverse de allí, por mucho que Pincho y Pila la animaran a ello. Confiaba en pasar la mayor parte del tiempo en la cocina con Marina, Nelson y Antonia. Y luego, si había que tomar las uvas con las señoras, pues ya lo había hecho muchas veces en su vida, sobre todo en la finca. Tenía un propósito para el nuevo año y pensaba empezar ya: pasar el mayor tiempo posible con su madre. Que madre no hay más que una y a Luis Gordon se lo encontró en la playa. Le había salido rana. O la rana sería ella, no sabía. Tampoco era que el pobre Luis se hubiera vuelto sapo. Ni antes era príncipe.

A Antonia el rodaballo al horno le salió perfecto, cosa que le alabaron Oriol y las Lequerica, que nunca dejaban de elogiar su comida, por muchos años que pasaran y muy acostumbradas que estuvieran a la excelencia de su cocina. Socorro prefirió tomar un rosbif del día anterior que había en el frigorífico. Se hizo un emparedado con mostaza y se tomó una cerveza en la mesa de la cocina, mientras Antonia, Marina y Nelson daban cuenta del rodaballo y veían la tele. Antonia se levantaba de vez en cuando para ver si las señoras y don Oriol necesitaban algo mientras llegaban las doce.

—Por Dios, Antonia, que son las once menos cuarto, cena tranquilamente, deja de venir —dijo Pila desde el sofá más cercano a la chimenea.

—Luego venís todos a tomar las uvas con estas carcamales y nuestro querido y pesadísimo columnista estrella. Socorro también —dijo Pincho, que sabía que la periodista estaba en la cocina. También era consciente de que prefería estar con su madre, Marina y Nelson que con ellas y Oriol.

A las doce menos cuarto, Antonia llevó al salón una bandeja con siete cuencos con las uvas y siete copas aflautadas de Baccarat. Nelson llevaba la champanera y la botella de Roederer.

Tenían puesta Televisión Española. Entraron también Marina y Socorro, a quien Pincho y Pila saludaron con un cariñoso beso, aunque ya la habían visto por la mañana.

—Pongámonos de pie para escuchar y ver cómo siguen pensando que somos el país más idiota del mundo —dijo Pila.

—¿Lo dudas? Somos el primero más idiota y el segundo con más fosas comunes después de Camboya —apostilló Oriol.

—Siempre con lo mismo, no os cansáis —apuntó Pincho.

—Mira, ahora, ahora. Pero vamos a ver, ¿cómo es posible que todos los años expliquen lo de los cuartos? ¿Creen que tenemos amnesia? ¿Que olvidamos de un año para otro? —insistió Pila.

—Claro que piensan que somos gilipollas. Explican los cuartos, y eso que encima ahora ponen monigotes por cada campanada —se atrevió a decir Socorro para jalear a Pila.

Tomaron las uvas, nadie se atragantó, se besaron y abrazaron, especialmente Pincho y Pila, Antonia y Socorro y Nelson y Marina. Y luego entre todos ya menos efusivamente. Oriol iba como palomita suelta. Brindaron.

—Que el año nuevo sea al menos tan bueno. O mejor, qué demonios —dijo Pila, levantando la copa.

—Un año más en el que los periódicos sigan existiendo y no nos avergüencen —deseó Oriol.

Bebieron de la copa. Nelson y Marina dieron las buenas noches y se retiraron. Antonia, también.

—Socorro, quédate un rato —le pidió Pincho.

—Solo un momentito, que estoy muerta.

—No te preocupes, aunque se lo hemos dicho a tu madre, queríamos invitarte personalmente a la montería del día 5. Quédate hasta que nos vayamos. Ya sabemos que no tiras. Yo tampoco lo hago ya —dijo Pincho—. Luego haces lo que quieras. Te quedas en la casa o vienes a ojear conmigo.

—Y por la ropa y las botas no te preocupes, que mi armario está lleno de chaquetas que no me cierran y a ti te van a venir perfectas. Ya ni la cremallera de las botas de Tenorio me llega arriba, hija. A Pincho sí. Como también tiene delgadas las piernas... Te coges lo que quieras, incluida ropa de abrigo. Aunque de esa tengo más en Los Manantiales. Bueno, allí te la doy.

—Eeeeh. Vale, gracias —balbuceó Socorro, tras la sorpresa—. Se lo diré a José Mari para irme con él y los perros. O con quien él me mande.

Se despidió de todos y, en la cocina, de su madre. No paraba de pensar que en la montería se iba a encontrar con Luis Gordon y su mujer.

«¿Pero por qué habré dicho que sí? —pensó ya mirando el techo de su cuarto—. Bueno, puedo tener cualquier obligación laboral que de pronto me impida ir. Ya me inventaré algo. O tendré COVID. Bueno, eso no, que estoy aquí con ellas y mi madre».

Socorro decidió postergar su decisión hasta el último momento. Se moría de ganas de volver a ver a Luis Gordon, aunque solo fuera para poder observarle en ese teatrillo que siempre montaba cuando estaba con gente. Pero ¿le vería él a ella? El otro motivo por el que se planteaba ir a la montería era encontrarse con Enrique Andújar. Se avergonzó por sus sentimientos. Le importaba más lo de Luis. El desamor. Lo que fuera. ¿Cuánto duraría ese dolor que no quería admitir? Paparruchas de señoritas desocupadas, de damas atontadas y sin los pies en la tierra. Enrique Andújar era más importante en ese momento, pero a ella le interesaba menos. Aunque tuviera la duda, razonable o no, de si era un asesino, un violador, si tenía que ver con el suicidio de Sito, con las muertes de las prostitutas, con el atropello de Perlita... Había más que indicios. Y coincidencias en las fechas. Y, sobre todo, como le había contado Sergio, tenía relación con Maqueda. Socorro sabía de lo que Maqueda era capaz de hacer. Y empezaba a saber asimismo de lo que Andújar era capaz. Pero sus pensamientos se iban enseguida a Luis. A ese agujero que todavía sentía en la boca del estómago.

66

El día 2, Segundo fue a El Lanchar para ver con las Lequerica los últimos detalles de la montería. El número de rehalas, la colocación de los puestos... Celebrarla el día 5 era una decisión que las hermanas habían tomado en los últimos años porque así los invitados se iban pronto a preparar la noche de Reyes si tenían hijos. Iba mucha gente. Un par de empresarios amigos, un banquero importante, los invitados habituales a la cacería, además del farmacéutico, los abogados, el que vendía los piensos, los veterinarios, algunos alcaldes, el presidente de la Diputación, diputados autonómicos..., así que la labor de dónde había que poner a los invitados era ardua. ¿Dónde había que colocar a los mejores?

—A Rafael y a Sainz, el marido de Teresita, da igual dónde los pongáis, que siempre tienen suerte.

Lo único que pidió Pincho fue que a Enrique Andújar y a su sobrino Ignacio, que se iría de vuelta a Berkeley al día siguiente, los pusieran bien. Y Pila hizo su particular esfuerzo con Paco Alcañiz.

—Que no tenga que andar mucho porque está viejo y gordo, y si va con la mujer con los tacones... —dijo Pila. Después preguntó a Pincho por qué tenía tanto interés en colocar a Andújar si había demostrado que no era de fiar queriendo fichar a Socorro.

—Ya..., pero... Me halaga que haya tenido interés en ver el talento de Socorro. Y sigue siendo el mayor inversor en *El Matinal*. Y si le gusta tanto la caza, pues es una buena ocasión para tenerle contento.

Pila asintió. Oriol llegó con tres martinis de vodka helado que, según dijo, iban a ser los mejores que las hermanas iban a probar en la vida.

—Y a ver si te gusta a ti —le dijo a Segundo.

Para que el pelotazo no cayera en barriga vacía, había traído unas berenjenas hechas por Antonia. Siempre las hacía en la temporada, como los pimientos, las aceitunas...

Segundo dijo que no podía beber, al menos antes de la comida, porque estaba trabajando. En la comida sí que aceptó tomar una copa de vino tinto. Después del café, dijo a las hermanas que iba a la cocina de los hombres a felicitar el año nuevo. Cuando llegó, solo se encontró a Socorro viendo la tele con los riñones pegados a la lumbre.

—Feliz año —dijo José Mari apoyado en la puerta.

Socorro se levantó para darle dos besos. Segundo también se dio cuenta de que había perdido mucho peso.

—Te has quedado muy seca. Y doy por hecho que no te ha tocado la lotería.

Ella hizo una mueca simpática. Eran las cuatro de la tarde y solo quedaban un par de horas de luz. A Socorro, que le agobiaban siempre los días cortos de invierno, le hacía muy feliz que desde el 21 de diciembre los días fueran ganando minutos de luz.

—Ya ves que no...

—¿Y tu artículo de Sito Pérez?

—No sé si lo voy a escribir porque no he podido encontrar nada distinto. Y me dijeron en Interior que no había otra posibilidad que no fuera el suicidio. Así que para qué iba a publicar otro artículo contando lo mismo que ya se ha escrito.

Segundo la miró encogiéndose de hombros. Se notaba que no le había gustado lo que le estaba contando Socorro.

—¿Tienes un momento para acompañarme a Almedina? Me parece que lo mismo te gustaría tener una conversación...

—Si es con el padre de Sonia de nuevo..., la verdad es que prefiero no tener que enfrentarme a su mirada. La última vez fue como si me reprochase...

—No, no. El pobre Cadillo no está bien desde que le mataron a la hija. Aunque hubieran cogido a quien él imaginaba culpable. Es la víctima de una injusticia porque siempre es injusto que te maten un hijo.

—No tengo hijos, pero supongo que es normal...

—¿Vamos? —Le señaló la salida.

Socorro se había puesto el abrigo y salió con él hacia el coche. Segundo lo arrancó.

—Vamos a ver a Estacio, que es un hombre de Almedina que de vez en cuando viene a ojear a las cacerías de aquí.

—¿Y por qué quieres que hable con él?

—Porque estuvo en la última cacería y después me comentó algo que me resultó interesante. Y lo mismo...

—Me resulta interesante a mí.

—Él tiene ya una edad y se acuerda bien de cuando mataron a Alba y a Sonia.

—Otra cosa que he podido certificar desde la última vez que hablamos es que tenías razón con Sito Pérez. Él es el asesino y el violador. Encontraron muchas pruebas. Me han dicho que eso es incuestionable. Incluso con las nuevas técnicas de investigación.

—Bueno, pero me gustaría que hablaras con él.

Socorro no tenía más ganas de seguir con el tema de Sito, pero Segundo insistía tanto que decidió dejar de protestar. En menos de diez minutos llegaron a Almedina. Pararon en una de las casitas cuya fachada daba a la cuesta que salía del lavadero y pasaba por debajo de la cascada. La habían hecho con el dinero del Plan E de Zapatero.

Segundo llamó a la puerta y una señora les abrió. Se felicitaron el año y dio una voz a su marido para que supiera que el ingeniero había venido a verle. Los llevó a un saloncito en el que el tal Estacio, un señor moreno, consumido como una loncha de mojama, estaba viendo la tele. Bajó el volumen, pero no la apagó.

—Te pareces a tu padre, pero en guapa —le dijo a Socorro—. Tu padre era un comunista bien feo.

Socorro sonrió. Estaba claro que, por algún motivo, en Almedina había quien recordaba con cierto cariño a su padre.

—Gracias... Me ha dicho José Mari que querías contarme algo.

—Sí, ya se lo conté a él. El otro día, en la cacería que dieron las Lequerica en Terrinches, pensé que conocía a uno de los cazadores. Lo fui a saludar y supe de qué me sonaba tanto. Era ese que tiraba tan bien, Andújar...

—Enrique Andújar, uno que sale mucho en la tele ahora. A lo mejor le sonaba de eso.

—Que no, que no. Que ese chico ya tiraba bien de pequeño, con un estilo..., ¿cómo decirlo?, certero. Como si tirar para él fuera algo natural.

—Bueno, ¿entonces?

—Andújar es un nombre típico del sur de La Mancha, Córdoba, Jaén, y aquí, por supuesto, había alguno. O alguna... porque era forastera, murciana, como muchos que vienen por aquí a cazar con el pájaro, que ya sabes que por ahí les gusta mucho. Pues esta Andújar se casó con uno de aquí. Prieto, se llamaba. Y tenía, aparte de una cosa de confección, pues unas hectáreas en los barrancos de Almedina para los que alquilaba la caza y...

—Por lo que le dejaban cazar el pelo —intervino Segundo—. Sabes lo que es, ¿no?

—Pues que un par de días al año —afirmó Socorro—, el que alquilaba la caza dejaba tirar los conejos y las liebres al pueblo y los que tenían terreno podían ir.

—Y Prieto, como no tenía hijos ni familia aquí, se traía a un sobrino de la mujer que tiraba fenomenal, que no me acordaba de cómo se llamaba. Él nos contaba que era muy listo y buen estudiante y que le encantaba cazar. Y que se lo traía después de fin de año para que pasara los Reyes con su tía favorita.

—Andújar nunca dijo que tuviera relación con nada de aquí.

—Pues no decía la verdad. Venía al pelo algunas veces y a ver a su tía cuando le apetecía. Y se iba de juerga con los del pueblo, a lo de Infantes.

—¿A Las Infantas Cachondas?

—En las vacaciones el pueblo estaba muy animado porque venía la gente que se había ido a Valencia, Madrid...

—¿Y conoció a la Cachucha?

—Pues sí, menudo disgusto tenía la murciana porque el niño le hubiese salido putero. Decía que la Cachucha le tenía embrujado, aunque más bien diría yo que era lo contrario. Luego se lo debió de perdonar porque se fue a vivir a Murcia con él.

Eso ya lo sabía la periodista porque se lo había contado Sergio. Socorro le pidió que siguiese con la historia.

—El pelo de aquel año fue el 4 de enero para aprovechar las vacaciones. Como estábamos en la sequía, había llovido poco y los conejos hacían mucho daño a la agricultura porque tenían poco que comer.

—¿Y Enrique Andújar estaba?

—Sí... Y estaba cuando las niñas vinieron a buscar al padre al casino para que se volviera a casa y las sacara a ver la cabalgata de los Reyes. Él se las quedó mirando de una forma muy rara, intensa... Concentrada. Y en cuanto las niñas se fueron, cogió a su tío de la oreja, le quitó la coñac y se lo llevó a casa.

—¿Y ese era Enrique Andújar? ¿Está seguro?

—Segurísimo. Se apellida igual que su tía y, además, miraba a las niñas como miraba antes de tirar los conejos. Seguro, plena concentración, como si no le importara nada más. Por eso lo reconocí al tirar.

A Socorro aquello ya le parecía demasiado rocambolesco. Una fantasía, lo llamaría Oriol si fuera a contárselo.

—¿Y qué cree?

—Que la mirada que le echó a las niñas era la misma de cuando el cazador ve al bicho que quiere matar. O no, era diferente... Como el alcohólico con la botella. Algo más intenso.

—¿Y no dijo nada a la policía?

—En aquellos días no pensé en eso, la verdad. Y como cogieron enseguida al desgraciado ese...

La periodista se quedó callada. Y como era Navidad, Segundo le hizo una señal para que se despidiese y se pudiera ir. Les regañó por no haber querido tomar nada con él y les dejó marchar.

A Socorro parecía que la sombra de Enrique Andújar la perseguía. Se lo dijo a Segundo.

—Pues va a la montería el próximo día 5 en Los Manantiales.

—¿Tú crees que lo que cuenta Estacio es verdad?

—No sé por qué se lo iba a inventar.

—Hay una manera de comprobarlo. ¿Tú conoces a alguien de los que arrendaba Almedina?

—Pues están fuera ahora, pero Angelita, la mujer del guardia mayor y que tenía todo apuntado, está en el pueblo.

—¿Angelita? La conocí la primera vez que fui a husmear por lo de Sito Pérez en Carrizosa. El mundo es muy pequeño...

—Infantes lo es más.

Y se dirigieron a casa de Angelita, que tenía a sus hijas y sus nietas en casa. Por supuesto, conservaba en una caja todas las libretas en las que su marido, el guarda mayor, apuntaba toda la gente que iba al pelo, los ojeadores, los secretarios... Y ahí, en el pelo en el término de Almedina el 4 de enero de 1995, vio escrito Enrique Andújar, justo debajo de Prieto.

Se había hecho de noche. De vuelta a El Lanchar, ni Socorro ni José Mari dijeron una palabra.

67

Antes de cenar, Socorro se encontró a Oriol en la cocina, a donde había ido para hacer de manifacero. La periodista vio la ocasión para hablar con él. Sabía que, aunque pareciera despreciar su trabajo, era de fiar. Y una mente sensata a la que consultar. A Socorro le iba a explotar la cabeza ahora que había armado el puzle que empezó con la única pieza del suicidio de Sito. Aunque fuera un puzle que no podía enseñar a nadie. No era la primera vez que no podía probar algo de lo que estaba casi segura. Pero, además, ¿cómo iba a irse a trabajar con un hombre al que creía un asesino, un violador?

—¿Qué haces de aquí para allá? ¿Investigando alguna quimera para perpetrar una de tus historietas?

—Lo mismo dejas de leerme porque dejo de escribir. Tengo una oferta de trabajo.

—¿De domadora de elefantes? No, porque en el almibarado mundo nuestro ya no hay circos con elefantes. La pobre Bárbara Rey no habría podido trabajar hoy.

—Con Enrique Andújar en su candidatura a la presidencia del Real Madrid. Llevando la comunicación.

—Otra quimera. ¿Tú crees que ese individuo, por mucho dinero que tenga, es capaz de ganar a Florentino?

—Yo soy la primera defensora de Florentino, ya lo sabes. Pero es una oportunidad y me triplican el sueldo.

—Una oportunidad de echar a perder tu vida, por mucho que te guste el Real Madrid. Como a mí. El dinero siempre está bien. Pero quizás te dure lo que dure la campaña. Y, aunque no dejes una de esas canonjías o funcionariados en los que la gente se toma excedencias, que menuda sinvergonzonería, no creo que si Andújar fracasa, te vaya a faltar trabajo en lo tuyo, si quieres seguir dedicándote a lo tuyo. En *El Matinal* o en algún otro sitio más sórdido, como la televisión.

—No sé. Por Pincho y Pila no creo que me falte trabajo en *El Matinal*, pero el resto de los que mandan en el periódico no me tiene mucho aprecio.

—¿Y de verdad quieres trabajar con ese majadero? Por lo que sé, es uno de esos ricos pagados de sí mismos sin razón alguna, salvo por el dinero y esas fundaciones que no son más que máquinas de lavar malas reputaciones. Me dirás que yo estoy pagado de mí mismo, pero en mi caso con razón. Y ya se lo he dicho a Pincho, no me fío de él. Y mucho menos de su dinero en el periódico. Como dijo uno de esos políticos que tienen en sus manos la publicidad institucional de los medios, no hace falta comprar un medio de comunicación, basta con ser su mejor cliente. En este caso, el mejor inversor. Luego ve a negarle algo.

—Si yo tampoco me fío de él. Pero no sé si será una equivocación no aceptar.

—Mira, si fuera Florentino el que te contratara, te animaría. Ahora hasta los que odiaban a Florentino quieren a Florentino. O por lo menos lo respetan más desde lo de los audios.

—Sí, tiene gracia que Florentino diciendo maldades de los jugadores mejorara su imagen.

—Es la gran demostración de la milonga de la corrección política. Claro que muchas veces tiene que ver con la educación y la civilización, pero todos hablamos así en privado, llamando zoquete, o algo peor, a Del Bosque.

—Mi favorito es cuando menciona a Coentrão y lo llama *tolili* y un poco subnormal.

—Una persona que dice *tolili*, ahí lo tienes. ¿Tú crees que Andújar conoce esa palabra, por mucho que él lo sea?

—Bueno, voy a seguir meditándolo, aunque me están apremiando para dar una respuesta.

—Piensa que poco tienes que meditar. Y mucho que perder.

Socorro no quiso decirle lo que sabía, y lo que le habían contado, de Andújar. Cómo iba a trabajar con una persona semejante. Estaba acostumbrada a tragar sapos, pero no sabiendo que trabajaba para gente malvada. Pero malvada, malvada. Delincuente. Criminal. Si todo lo que imaginaba era cierto, que tampoco podía estar segura, mejor quedarse quietecita. Al fin y al cabo, había visto a lo largo de los años cómo en el periódico iban desfilando jefes indeseables y ella seguía allí. No se podía ir porque estuviera harta de Ángel Rojo y sus tonterías. Sí se podía ir si Andújar iba a ser quien partiera el bacalao en *El Matinal*. Si metía tanto dinero en el periódico como le habían dicho, algún poder de decisión tendría.

—Estoy arreglada. O elijo a Andújar a las claras o a Andújar agazapado en el periódico.

Tener opciones excluyentes era algo que nunca había agradado a Socorro, ni a casi nadie. ¿Ir a la montería de Los Manantiales o no ir? La periodista lo hubiera tenido claro hacía unas semanas, cuando Luis Gordon tuvo la poca delicadeza de decirle que iría acompañado de Lucía. Por supuesto, lo último que le apetecía a Socorro era verlo y, además, con su mujer de buena familia, que siempre sabría cómo herirla, aunque lo hiciera de manera involuntaria. No la culpaba, porque Lucía era una de esas mujeres a las que la vida había mimado desde niña. Ese no había sido el caso de Socorro, y durante el año que había estado con Gordon, se había dejado llevar por la ensoñación de ser la una en vez de la otra. Una posibilidad remota porque sabía qué posición le correspondía. La gente bien solo está con gente bien. Y estar con alguien cercana al servicio... No iba a tener mejor oportunidad en otro sitio que en la montería de Los Manantiales. Sí, lo observaría de lejos porque no quería que Luis tuviera que hacer como si la conociera poco, como si su contacto se hubiera limitado a cuando se conocieron en El Puerto de Santa María. Y así demostraría que sabía cuál era su lugar, lejos de los señoritos.

68

Segundo tenía poco que hacer en Los Manantiales, ya que el guarda mayor tenía todo más o menos organizado. «Los guarros se comen todo y hay muchísimas reses. Saldrá bien», decía. Pero el ingeniero no podía evitar tener una especie de serpiente por dentro que le mordía el estómago. Citó a Socorro a las cinco de la mañana porque se tardaba algo más de hora y media en llegar a Los Manantiales desde Infantes. «Que te traiga alguno de los chicos a Infantes, que nos queda más cerca de la autovía», dijo refiriéndose a los guardas de El Lanchar. Socorro se puso la poca ropa de campo que tenía. Era de cuando era pequeña y se veía anticuada. Desde luego, pensó, no se parecía en nada a la que vestían Pila y Pincho. No era ropa fea, pero se veía... paleta. Quizás eso pensara el gilipollas de Luis Gordon. Bueno, como le había dicho Pila, se pondría una de sus chaquetas.

A Socorro no le gustaba madrugar, pero no le costaba. Desde niña, había tenido el nervio en el cuerpo y, si no podía dormir, como era el caso, se levantaba. Después de que sonase el despertador y de la ducha, miró la ropa que había dejado preparada la noche previa con las indicaciones de su madre. Un pantalón de pana marrón, un jersey con hombreras de su padre comunista, unas chirucas y un plumífero de camuflaje que debía de tener más de treinta años y del que se salían las plumas. Mángel, uno de los guardas, la llevó en su *pick up* a la casa de José Mari en Infantes. Y de ahí José Mari y Socorro se fueron juntos. La periodista se moría de sueño. Justo antes de que sucumbiera, aún faltaba tiempo para que amaneciera, Segundo habló con su tono sentencioso:

—¿Y a ti no te pone enferma ver al tal Andújar?

Socorro no supo qué contestar. Pensaba en lo que le había dicho Oriol el día previo.

—No se puede estar seguro de nada, dijo Socorro.

En las monterías, salvo excepciones, hay pocas cosas puntuales. Nada en el campo lo es, menos lo que todos tienen en mente y que siempre llega, como las lluvias y las sequías. El factor humano en las monterías suponía esta impuntualidad y, como a Pila le gustaba recalcar, no era cosa suya porque en el campo, ella lo tenía calculado, todo llevaba su tiempo. Y siempre había un camión de la rehala que se atascaba, un cierre que no concluía o un remete que se retrasaba.

El desayuno era a las nueve, y al llegar Socorro y José Mari se fueron a ver a Pila. A los que conocían sus andanzas por el ¡Hola!, nunca podrían imaginar la transformación que sufría en el campo la menor de las Lequerica, a la que se le llevaban los demonios si todo no salía milimétricamente como lo había pensado. Lo que se podía preparar.

—Felipín, el muy bobo, me ha dicho que tiene gripe y que no puede venir. Me lo dijo ayer.

—Pues don Felipe es de los que mejor tira y tiene un puesto de responsabilidad en el cortadero bueno. Se va a tener que poner usted en su puesto.

Pila hizo su mohín característico.

—A mí ese no me gusta porque desde donde me pongo siempre veo el puesto de Andújar, que me ha dicho que se va a traer el arco además de su rifle —dijo la menor de las Lequerica—. Pues alguien se tiene que poner donde don Felipe. ¿No te quieres poner tú, José Mari? Tengo un 30-06 ahí, es un calibre que siempre te ha gustado.

—Yo encantado de tirar, pero cómo me va a dejar a mí uno de los mejores puestos. Póngase usted.

Socorro miró a Pila sin saber muy bien qué hacer. Su madre la había mandado a ver a doña Pila para que le dejara una chaqueta para el frío porque el plumífero de camuflaje se había desintegrado en las cuatro horas que lo había llevado.

—Tú no tiras, ¿no? A tu padre le gustaba porque se quiso quedar la mejor parte de El Lanchar cuando pensó que el PSOE nos lo expropiaría —le dijo mientras descolgaba una chaqueta Musto color verde.

Socorro se encogió de hombros.

—Yo venía a ojear con los perros con José Mari.

—Pues te tendrás que ir con mi hermana y la rehalita, porque José Mari se va a poner en mi puesto y yo me iré al cortadero.

Socorro se quedó callada. La rehalita era como llamaban a los *teckels* jóvenes de las Lequerica cuando iban de montería. Los solía llevar Pincho porque no cazaba, pero le gustaba ojear. Por su parte, Pila se llevaba al puesto a Oli y a Buga, que ya estaban mayores para tanto esfuerzo.

A la periodista no le pareció mal. José Mari le propuso que se fueran a desayunar.

—Me voy a beber un vaso de tinto con las migas. No sabes cómo están. ¿Vamos?

El desayuno estaba en el salón de los defectuosos, una antigua majada reconvertida y cuyas paredes estaban cubiertas de cabezas de venados con cuernos anormales que se habían tirado en los últimos cuarenta años en la caza selectiva. Algunos eran defectuosos porque habían sido heridos por otros venados en antiguas berreas y habían desarrollado una cornamenta deformada. En los cuernos, que se caían y crecían cada año, el venado reflejaba todo lo que le pasaba. Su alimentación, si había suficiente agua, si lo herían... Mientras Segundo iba a la cocina, Socorro se encontró a Fiona con un plato de migas delante y la pinta de alguien que se hubiera escapado del *Tatler*. Pero con ropa que se veía usada y gastada. Sintió un poco de complejo de inferioridad frente a la cazadora experimentada que, además, era duquesa. Aunque se llevaba bien con ella.

—Hola, Socorro, siéntate. Creo que me voy a pedir dos huevos con las migas. Anímate, que hoy los quemas. Porque vas a ojear, ¿no? Tú no tiras. ¿O vas con alguien?

—Sí, voy a ir andando con los perros. Iba a ir con José Mari, pero me han cambiado a la rehalita con Pincho. Pero no sé si tengo hambre para tanto. Para mí solo un plato de migas —le dijo a Juani, la muchacha que estaba sirviendo en ese momento.

—Entonces del oloroso que ha traído Luis Gordon y que está preparado en esa mesa de buena mañana ni hablamos —sonrió Fiona.

—Estoy aquí tan temprano para no verlo.

—Mira, no sé qué líos tendrás con él, pero supongo que no es solo él lo que te hace sentir mal. O rara. O lo que sea.

Fiona no sabía lo de Luis Gordon, pero sí sabía que Socorro era hija de Antonia y que ese comentario no lo habría hecho sin motivo. Llevaba muchos años yendo a las casas de las Lequerica.

—¿Sabes que yo soy hija de un guarda mayor? —continuó Fiona, y luego se corrigió—: De lo que aquí sería un guarda mayor.

—No tenía ni idea. Sabía que eras periodista de *The Times*.

—También. Y ya era una firma importante en el diario cuando conocí al duque en una cacería en Turlington, la finca del duque de Hotspur, que era donde había trabajado mi padre toda su vida. Y su padre. Ya sabes que estas cosas también se heredan. Él me enseñó a tirar. Tirando bien se liga mucho. Como paseando con perros guapos. Y yo parecía una Sloane Ranger...

—¿Una qué?

—Una de esas chicas británicas de clase alta que visten y hablan de determinada forma. Allí somos muy clasistas, más que en España. Supongo que otros dirían que había culminado un viaje hacia el desclasamiento. Eso que tú ni siquiera has intentado. Y me parece perfecto.

—Parece la historia de *Sabrina*, quiero decir esa película vieja de Audrey Hepburn.

—Ja, ja, ja. Pero mi padre no invirtió en bolsa por lo que escuchaba en el coche y se hizo rico. Al grano, lo que te quiero decir es, como decís en España, que te pongas el mundo por... ¿cómo se llama el sombrero de los toreros?

—Montera.

—Que te pongas eso y no te acomplejes, aunque nunca he visto que lo hayas hecho. Sí he visto que no lo llevas por bandera. Y en eso te admiro tanto. Estoy hasta los huevos de ver discursos de ministros españoles diciendo con orgullo que sus madres limpiaban casas o establos o lo que coño limpiaran. Y luego unos lloros para esta sociedad de bobos en la que los sentimientos, sentir, está tan sobrevalorado. Usted no es mejor por que su madre limpiara retretes o porque descubriera la penicilina. Usted es usted. Y tú eres tú como yo soy yo. Hijas de quien somos por pura... *serendipity*.

—Chiripa.

—Cuando nos cansemos del periodismo vamos a fundar una empresa que se llame Chiripa. Tenemos mucho que agradecer a la vida. Es verdad que yo soy duquesa y tú no. —Y ambas soltaron una carcajada.

Empezó a llegar gente. Fiona fue a coger su rifle y preguntar dónde la habían puesto, y Socorro a buscar a José Mari para ver en qué coche iba a ir Pincho con la rehalita.

—Hace un frío de cojones. ¿Tienes frío? —le dijo Ignacito Lequerica a María Casares.

Por algún motivo, eso ya lo explicaba Ussía en el primer volumen del *Tratado de las buenas maneras*, en el campo, en la caza, los asistentes se ven con la venia para proferir todo tipo de tacos y palabras malsonantes.

Ignacio estaba muy guapo con sus *knickers* de cuero y su jersey verde. También se había puesto gorro en lugar del clásico sombrero de lana alemán que le había regalado su tía Pila las pasadas Navidades. A María Casares no le faltaba ropa de caza porque ella ya había ido a monterías, a capeas... Esas cosas a las que iban las jóvenes como ella y a las que había renunciado cuando empezó su breve equivocación con Ángel Rojo. Él se hubiera burlado y se lo hubiera contado a alguno de sus amiguitos para que escribiera algún artículo chorra sobre los usos y costumbres de los ricos. Se había puesto una falda verde de lana y una chaqueta de *tweed*. Como intuía que el suelo no estaría mojado, llevaba unos zapatos de cordones.

—Es verdad que hace frío, pero no va a llover. Eso es lo único que me amargaría. En cuanto llegue me quito el sombrero para que me dé el sol en la cara.

Él le dio un beso y tiró de la cola de caballo que se había hecho la periodista. Era la primera vez que iba con él a un plan familiar en el que estarían sus padres y sus tías. Ella, al principio, había dudado por si era demasiado pronto para las presentaciones. Ignacio le restó importancia.

—Mis padres están acostumbrados a que traiga amigas.

—¿Amigas?

—Ya sabes. Es una forma de hablar.

Ignacio y Lilian no iban a desayunar, llegaban más tarde para comer con el resto de los cazadores cuando acabara la montería. Normalmente Lilian se hubiera ido con su hijo Ignacito, pero había traído a María, una periodista. Lo que le faltaba, después de aquellas ideas de salvar el periodismo que le habían metido en la cabeza en los primeros meses de máster en Berkeley y que le comentaba cada vez que lo veía en su apartamento de Miami. Como casi siempre, el último en aparecer fue Enrique Andújar sin su mujer.

Pila le preguntó si necesitaba que alguien, un secretario, le acompañara al puesto para que no tuviera que pistear los animales si los hería.

—Hace tiempo que no damos esa mancha y hay muchos jabalíes enormes. Es lo único que se puede matar, aparte de las ciervas para bajar la población y que no arrasen la finca si no llueve.

—No necesito nada. Que sepas que me he traído un arco para tirar cerca y a parado.

—Te hemos puesto en una vaguadita, un puesto por el que pasan muy cerca. No arriesgues, que los guarros son muy traicioneros. Hay una vereda que usan mucho que te sale justo a los pies. ¿No prefieres llevarte a alguien?

—No, me gusta lo que me cuentas. Y, de hecho, te sorprenderás cuando te traigan el jabalí con las flechas.

A Pila le había dejado de caer bien Andújar. Le parecía un presuntuoso y un traidor. Mira que querer quitarle una periodista como Socorro a *El Matinal*, había estado pensando mientras Pincho y su hermano Ignacio le insistían en que le diera un puesto bueno en la montería. Al final había cedido para no discutir.

—Haz lo que quieras, pero ten cuidado. En cualquier caso, ya no ponemos los animales muertos juntos para evitar que la gente cuelgue fotos en las redes. Ya puedes imaginar la demagogia...

Andújar asintió. Por su parte, Paco Alcañiz iba más o menos vestido como si fuera Rambo, salvo por el chaleco naranja que todos debían llevar para que les vieran los otros cazadores y evitar accidentes. Su mujer se había bañado en una charca de perfume y se había puesto unos pantalones grises, como de ciudad. Daba igual porque lo primero que había dicho a las hermanas al llegar era que se quería quedar en la casa pegando la hebra con quien fuera. Pila se lo concedió.

—Así que manda a mi marido con un secretario. Y que sea feo, porque al golfo este... yo creo que esas cosas ya le dan igual.

Paco rio de buena gana la ocurrencia de su mujer.

—No pongas excusas, que lo que pasa es que no te apetece acompañarme. Vamos a tomar las migas.

—Luego hay cocido de comer.

—Fantástico. Te he traído unas cajitas de vino. Ya verás qué bueno es.

Socorro se sentía más segura con la chaqueta Musto de Pila que con el viejo plumífero de camuflaje en el que se había embutido al salir de Terrinches en la madrugada. Estaba elegante, pese a las chirucas y el jersey verde con parches de su padre —¿lo habría sacado de la mili o era del campo?—. ¿Qué habría pensado Luis Gordon al verla? Luis sí iba muy bien vestido con su pantalón de pana, camisa con corbata y un jersey con agujeritos que parecía bueno. El bodeguero no la había ido a saludar. Tan solo le había hecho un gesto serio con la cabeza que ella interpretó como una advertencia para que no se acercase. Tampoco tenía planeado hacerlo, aunque hubiera sido lo natural considerando que todos, incluidas las Lequerica, sabían que se habían conocido en verano. En realidad, pensaba Socorro, ya se le había pasado el enfado con Luis. El que tenía con ella misma duraría más. ¿Cómo había podido ser tan ingenua de pensar que alguien como Luis Gordon podría enamorarse de ella? Y se reprochaba haber bajado la guardia y haberse dejado llevar. ¿Odiaba a Luis? Más bien se odiaba a ella misma.

Lucía, su mujer, también iba muy elegante, con su tipín perfecto pese a haber parido y su cabellera rubia oculta tras un gorro de visón como de rusa. De repente, se quitó las gafas de sol y su mirada se cruzó con la de Socorro. Lucía sonrió sibilina, segura de sí misma, y atravesó todo el empedrado del patio donde estaban los cazadores para saludarla. La periodista se quedó cortada. Afortunadamente, nunca le había dicho nada de ella a su legítima.

—Hola, ¿te acuerdas de mí? —dijo Lucía con su voz más «fenomenal». Socorro asintió tímida—. Ya he visto que la chica que entrevistó a Luis para el periódico también está aquí, con un Lequerica ni más ni menos. Con razón esa chica me pareció muy lista.

La periodista, que se había fijado en la llegada de María Casares, también se había quedado muy sorprendida. ¡Sí que había tardado poco en sustituir al bobo de Ángel Rojo! La joven periodista e Ignacito Lequerica se acercaron a saludar a Socorro. Lucía siguió hablando hasta que la interrumpió la voz grave de Ignacito.

—Socorro, no sabes lo que me he acordado de ti en el máster.

—¿En serio? No me lo esperaba. Ha pasado mucho tiempo, más de un año —dijo Socorro muy sorprendida.

—Ya sabrás que este año estoy Berkeley y mucho de lo que me dicen me recuerda a lo que estuvimos hablando cuando viniste a casa.

María terció con cierta timidez. Estaba nerviosa porque quería que Socorro volviera a confiar en ella.

—Incluso me lo ha comentado a mí un par de veces. Ya le he dicho que aprendía mucho de ti en la redacción.

Socorro se dio cuenta de que era el momento de bajar las defensas con María.

—María es muy buena periodista. Y sabe reconocer cuando se equivoca.

Le acarició el brazo con cariño.

Luis Gordon entendió que no era lógico que no saludara a Socorro. Sabía que el numerito de celos estaba descartado en personalidades hoscas como la de quien había sido su amante.

—¿Te acuerdas de mí? —le dijo Luis, y le dio un beso que a Socorro le pareció frío, como si le hubiera besado un reptil.

Un ajá le pareció suficiente respuesta.

—¿Y qué tal?

—Luis ha estado viajando a Madrid. Como siempre. Este año no ha habido nada diferente a otros. Yo me he quedado con los niños en El Puerto. No sabes lo bien que se está en invierno. Hace dos semanas me bañé en la playa.

A Socorro le dolieron las palabras de Lucía. Era evidente que su relación no había cambiado las rutinas de Luis, quizás porque no era la primera vez que el bodeguero alternaba a una con otra.

—Pues encantado de verte. Tengo que saludar a unas personas que me compran mucho vino —se excusó Luis. Se notaba que estaba muy tenso por la situación. A Socorro esa desconfianza le molestaba. ¿Por quién la tomaba?

—Siempre con el trabajo —dijo Socorro.

—Como tú, supongo. Y tu madre, a la que he visto en la cocina.

La mención a Antonia como empleada de las Lequerica no la molestó. Lo vio como un detalle clasista, justo cuando ser clasista de manera tan evidente estaba fuera de lugar.

—A mí me encanta mi trabajo —respondió.

—Lo sé. Luis te anda leyendo siempre.

Socorro sintió cierta pena por ella, porque Luis la hubiera engañado, porque pensara que su matrimonio era... Pero la despedida de ella la desengañó.

—Nos vemos después de la caza, Soc. ¿No era así? Soc...

Y en ese momento, supo que a Lucía, como a Luis, no le importaba la relación con Socorro porque era muy consciente de que su matrimonio era una farsa. Pero de verdad.

Decidió ir a la cocina para despedirse de su madre antes de la montería. Necesitaba su abrazo. Pero no llegó porque Enrique Andújar la interceptó justo cuando pasaba al lado de la lumbre que habían echado para que los cazadores se pudieran calentar mientras esperaban.

—Hola, Socorro, te acuerdas de mí, supongo.

Socorro le miró a los ojos y pensó que habían sido los últimos que habían visto las niñas Alba y Sonia. Lo imaginó drogando al infeliz de Sito Pérez para poderle manejar como una marioneta. Y que hiciese lo que le mandara, como siempre.

—Por supuesto. ¿Cómo olvidarte?

—¿Has pensado algo de lo que te dijo Pamela? Después de hablar contigo en la fiesta, pensé que eras la persona ideal para acompañarme en esta aventura. Y, además, el Madrid...

Socorro se dio cuenta de que aquel tipo era cínico y ambicioso, como describía la historia a los dictadores más crueles. Perlita había escrito sobre su sadismo, de cómo la había hecho polvo por dentro, de los dolores que sentía después de que él la violase, pero también de lo generoso que había sido con ella. La periodista se recompuso y contestó a Andújar. Tenía ganas de vomitar.

—Pues tengo mis dudas.

—¿Te puedo dar un consejo? —le dijo él. La periodista solo pudo asentir—. Cuando tengas la oportunidad de hacer lo que te apasiona, no lo dejes escapar. Solo se vive una vez. Yo soy adicto a las emociones, a la adrenalina del peligro...

—Lo tendré en cuenta...

—Y recuerda: la vida son dos días y los periódicos no te van a dar nunca lo que te puedo ofrecer yo.

Socorro apenas pudo sonreír. Le salió una mueca de asco.

—Nos vemos después de la montería.

—Pila y Pincho dicen que no vaya con el arco, pero les demostraré que están equivocadas.

Y tocándose el ala del sombrero, hizo un gesto cortés y se despidió.

—No sé si te veré después de comer.

—Yo tampoco lo sé.

Socorro pronunció a continuación unas palabras que no se creyó que estuvieran saliendo de su boca.

—Ah, se me olvidaba, conocí hace poco a alguien que me habló de ti... Perlita Smith.

—No caigo ahora mismo —dijo muy seguro Andújar. Y se fue.

La periodista pensó que a lo mejor había metido la pata. Que para qué se metía en esos líos. Que ese hombre no era de fiar. Pero no pudo evitar que él supiera que ella sabía.

69

Las armadas salieron a las diez y media de la mañana. Socorro se fue en un Land Cruiser al que habían colocado una rejilla en el maletero para que los perros no se pasaran a la parte de delante y evitar que molestaran al conductor. Pincho condujo hasta un extremo, donde se reunieron con el resto de los rehaleros. Los perros de las rehalas remiten a los de las pinturas flamencas, a los de las escenas de caza de Snyders. Son perros de mil razas —mastines, grifones, sabuesos...— feroces, con un tesón difícil de disuadir y van siempre con la lengua fuera, como riendo. Será porque hacen lo que más les gusta mientras ladran, casi gritan, por la excitación. Una histeria animal que se contagia a los cazadores. En España, le había contado tío Alfonso, los montes se habían quedado arrasados después de la guerra por todos los animales que se habían matado para comer.

Los perros de las Lequerica llevaban un collar naranja con GPS para que no se perdieran. Además, debían tener cuidado. Si los perros de la rehala se obcecaban en responder a los *teckels*, que eran muy chuletas, les podían morder. Y no sería la primera vez que a las Lequerica les mataban uno de sus perros en una montería.

Segundo había contratado muchas rehalas, pero, por supuesto, el duque de Portocarrero venía con la suya. Eran más de un centenar de perros para una mancha relativamente extensa. Pero los perreros no estaban contentos porque había mucho guarro grande y no les gustaba que hirieran a sus animales. Todos llevaban sus botiquines con puntos, pero aun así el veterinario al que habían invitado las Lequerica siempre se ofrecía a coser si había alguna herida más grave.

Soltaron a los perros. Comenzó entonces una ladra frenética y empezaron a diseminarse entre los chaparros, los romeros y las jaras. Se podía ver su recorrido por el movimiento de las ramas. De repente, levantaron una hembra con sus primales y empezó a escucharse algún ladrido agudo. Los perros cogieron a uno y lo despedazaron entre los arremetes de la madre y ese chillar de dolor que parte el alma. La montería es animal, brutal, una tradición... Necesaria, bonita para los que entienden que la caza, no es solo matar, sino también cuidar el campo. Así se lo explicaban a sí mismas Pila y Pincho. La única defensa que tenía la caza hoy en día era desde la ecología.

Pincho abrió la puerta del maletero del Land Cruiser cuando los perros grandes ya se habían alejado. Los *teckels* salieron alborozados y seguros de sí mismos, como si cada uno de ellos fuese capaz de matar a un jabalí de un bocado. Socorro se alegró mucho de que también se hubieran llevado a Verbe, el *teckel* arlequín que se había convertido en el favorito de su madre. Pero no dejaba de pensar en lo que le había dicho a Andújar. Se escuchó un tiro, otro.

—Ese tiene un *express* —dijo Pincho.

—No tenía ni idea de que supieras de estas cosas.

—Llevo media vida acompañando al puesto a mi hermana y al final algo se me ha pegado. Y algo he cazado. Tú no deberías despreciar todo lo que has aprendido en nuestra casa, que es mucho.

Pincho iba caminando con su vara de avellano. Se había puesto unos zahones que le estilizaban mucho y, como concesión a su hermana —más bien para demostrarle que le seguía valiendo la ropa a los setenta y...—, se había puesto un marsellés que le quedaba muy bien. Socorro se fijó en que, en efecto, las botas de Tenorio, un boto de cuero y con cremallera hasta la rodilla, le hacían un tobillo finísimo.

Hacía calor. El chaquetón que le había dejado Pila era ligero y pesaba poco, por lo que no le molestaba al caminar. Había que subir repechos relativamente duros en los que era más difícil caerse que en las bajadas, en las que las pequeñas piedras podían jugarle una mala pasada. Los perros seguían ladrando y se oían los tiros. Una hora después, llegarían al cortadero, un cortafuegos que también servía para controlar incendios en el caso de que se produjeran, donde estaban colocados Pila y sus invitados más importantes. Justo cuando estaban a unos trescientos metros de Pila, tres de los *teckels* empezaron a ladrar y levantaron un jabalí bastante grande que se fue hacia el cortadero y lo empezó a cruzar corriendo por debajo de Pila. Ella le apuntó, lo tiró y el jabalí cayó como una pelota dando vueltas por la velocidad. Los perros llegaron unos segundos después y comenzaron a morder al animal, totalmente muerto. Pila sabía que ni ella ni el secretario que la acompañaba debían acercarse al jabalí hasta el final de la montería. Salir del puesto era peligroso y en la finca de las Lequerica la prisa no era un problema. Cuando los perros se cansaron, volvieron a meterse en el monte. Casi veinte minutos después, aparecieron anunciando la llegada al cortadero de Pincho y Socorro.

—¿Ese es el que has matado? Te lo hemos levantado nosotras.

—Y yo lo he dejado seco. Ha sido muy emocionante.

—¿Y Oli y Buga? —dijo, mirando a los dos perritos que estaban acostados sobre la funda del rifle y el abrigo de Pila.

—Se han portado muy bien y han estado atentos sin ladrar. Cuando acabe la montería los bajaré a que vean el cochino.

—¿Solo llevas ese?

—Y dos ahí arriba. Ya los marcaremos.

Su hermana le lanzó un beso orgulloso y siguieron caminando. Bajaron la ladera y pasaron el testero. Al otro lado se suponía que estaba el puesto de Enrique Andújar, pero según se iban acercando no consiguieron verle donde estaba la tablilla de su puesto, el 2. Pincho caminó hacia un guarda que iba con los perreros.

—¿Tienes la radio? —le preguntó.

Él se la quitó porque la llevaba colgando en una fundita de cuero y se la extendió a Pincho.

—Segundo, ¿me oyes?

—Sí, doña Pincho. Se está dando bien. Se oyen muchos tiros.

—¿Tú has tirado? —terció Pila, que también tenía radio.

—Algo sí, pero no he tenido suerte. Estaba entretenido mirando la montería.

—José Mari, no se ve a nadie en el 2.

—¿En el puesto de Andújar? No me he fijado. Voy a mirar con los prismáticos.

Esperaron un par de minutos. Segundo al fin respondió.

—No se le ve, pero ahora van a llegar los perros a su puesto. Tiene ahí muertos un par de jabalíes, pero lejos del puesto. Los debe de haber tirado con el rifle porque con el arco a esa distancia...

—Lo mismo el muy idiota no ha hecho caso a las normas y ha salido a pistear un jabalí herido...

—Ahora llegamos nosotros —dijo Pincho por la radio del guarda.

—Cuénteme en cuanto llegue al puesto.

Pincho, Socorro y el guarda se fueron caminando hacia el puesto de Andújar. Era un lugar bonito. Desde ahí se veía una pequeña ladera al frente, donde estaban los dos jabalíes muertos de los que había hablado Segundo. Pincho se quedó en el puesto, en el que había una silla, un rifle.

—Dad una vuelta pequeña vosotros por si le veis, pero sin entreteneros porque hay que volver.

Socorro y el guarda partieron en direcciones opuestas. Él se fue hacia la ladera mientras ella se adentraba por la vereda que desembocaba en el puesto y que, se suponía, era por donde le pasarían los jabalíes. Si de verdad los cochinos tomaban esa vereda, saldrían a apenas cinco metros del puesto y, por lo que se veía, Andújar había despreciado la plataforma que habían hecho para elevar al cazador y evitar que corriera peligro. Socorro siguió caminando y vio sangre. No mucha. Quizás Andújar había herido un jabalí y lo había pisteado para rematarlo con un cuchillo. La periodista siguió caminando. No tenía radio y echó mano al móvil, pero vio que no había cobertura. ¿Sería prudente lo que estaba haciendo? Si Andújar se había ido a la aventura, no era ella quién para enmendarle la plana... Y tampoco quería verlo a solas después de lo que le había dicho. Trató de hacerle señales a Segundo, al que veía desde donde estaba. Le hizo un gesto con el brazo, pero se dio cuenta de que estaba mirando hacia el otro lado. Socorro siguió el rastro de las gotas de sangre con Verbe y otro de los perros de la rehalita. Hasta que al fin vio unas botas de media caña, las de Enrique Andújar y se lo encontró en el suelo con el teléfono sin cobertura en la mano y los pantalones rasgados, ensangrentados. A su lado, un cuchillo grande. Socorro se dio un susto y empezó a llamar a Pincho.

Ella le respondió.

—¿Qué pasa?

—Me parece que está muerto. Está lleno de sangre...

Bajó la mirada y chistó como se hacía en el pueblo: «Tusooooo», y dio un golpe con la punta de la chiruca a los dos perros que se habían metido entre las piernas de Andújar y le lamían las heridas desde donde le brotaba la sangre. Socorro se quedó aterrada. Los perros comenzaron a gruñir y a enseñarse los dientes porque los dos querían morder la carne.

Hizo gestos a José Mari. No la había oído.

La noticia era tan inconcebible que sabía que no era para gritarla, así que se metió a cada perro debajo del brazo y volvió caminando sobre sus pasos, apenas cien metros. Pincho la vio aparecer. Socorro estaba temblando.

—Creo que Andújar está muerto.

—¿Qué dices? No puede ser.

—Te lo juro. Está ahí tumbado lleno de sangre.

—Estará herido. Se habrá clavado una flecha.

—No vi ninguna flecha. Tenía los pantalones rajados y estaba lleno de sangre. Me he tenido que llevar a estos dos porque ya le querían morder e imagina qué desagradable.

Pincho se quedó lívida por lo que le contaba. Pensó en las tablas de *La historia de Nastagio degli Onesti*, del Prado, que siempre la habían angustiado. En los perros atacando y matando a una «bella mujer» en el pinar de Rávena. Pero, afortunadamente, los *teckel* de las Lequerica no eran como los mastines que pintó Botticelli.

—¿Dónde está el guarda? —preguntó, agobiada.

Socorro se encogió de hombros.

—Ha debido de seguir, pensando que nosotros haríamos lo propio.

—¿Y entonces? —Socorro estaba frenética. Era la primera vez que encontraba un cadáver.

—No tenemos cobertura ni radio, así que lo mejor que podemos hacer es andar hasta el puesto de Segundo. ¿Lo ves? Vamos.

Y siguieron caminando hasta encontrar a Segundo.

70

Hay varias maneras de que un jabalí ataque a un hombre. Si es hembra, muerde. Las cochinas atacan si ven en peligro a su piara. No es conveniente interponerse entre una madre y su crías, aunque haga tiempo ya que hayan dejado de ser rayones. Los machos atacan de otra forma, pero si lo hacen, cuando lo hacen, aprovechan sus colmillos para rajar la carne de abajo arriba. Un jabalí ataca si se ve herido o acorralado. Los ataques no suelen acabar en muerte, a no ser que el colmillo entre por alguna arteria mortal como la femoral. Y después, quizás, se ensañan. Los jabalíes son omnívoros. Pila siempre bromeaba de joven con que si asesinaba a alguien en Madrid y necesitaba deshacerse del cadáver, lo tiraría a El Pardo porque los jabalíes no dejarían ni los huesos.

De esto no sabían nada ni Pincho ni Socorro. Cuando llegaron al puesto de Segundo, lo encontraron nerviosísimo. Socorro le explicó lo que había visto, pero él no terminó de creérselo.

—Es un desastre. Nunca ha habido un accidente en la finca.

—¿Y qué hacemos? No me parece decente dejarle más tiempo ahí. Es un hombre, por Dios. Dame la radio para decírselo a Pila.

—¿Por la emisora? Lo va a oír todo el mundo y a los pocos minutos esto se sabrá en todas partes.

—Él es muy conocido y nosotras también —dijo Pincho—. La montería está a punto de terminar. Los perros ya deben estar volviendo a la suelta. Socorro, ayúdame a meter a los perros en el coche de José Mari.

Socorro lo hizo. Estaba tan nerviosa que ni siquiera se dio cuenta de que estaba lidiando con los perros. Segundo arrancó su coche y fueron lo más cerca que pudieron del puesto 2. Apenas habían pasado veinte minutos desde que Socorro se llevara a los perros para que no mordieran el cuerpo de Enrique Andújar. Se bajaron y Socorro le señaló a Segundo el lugar en el que pensaba que yacía Andújar. Desde donde estaban escucharon un revoltijo de perros gruñendo, ladrándose, con el monte moviéndose. Segundo les lanzó una piedra a para que se apartaran del cadáver.

—¡Vamos!

Segundo salió corriendo seguido de Socorro.

Pincho se quedó en el coche esperando. ¿Qué iban a hacer si se confirmaba que Andújar estaba muerto?

Cuando se acercaron, Segundo les tiró un tocón y, esta vez, los perros sí que se apartaron. Se arrodilló a su lado.

—Joder. Está muerto. Ha sido un jabalí. Mira, le ha cogido toda la femoral. Los perros de las rehalas le han mordido y tiene la carne desgarrada por ahí.

—¿Se ha desangrado?

—Parece que sí. No toques nada. Tiene el arco abandonado ahí. Quizás hiriera un jabalí y salió a rematarlo. Pero no creo que fuera tan loco de tirar tan cerca con el arco.

—Presumía de que le gustaban el riesgo y las emociones fuertes.

En ese momento, apareció un perro —un cruce con un bóxer— con la cara blanca llena de sangre. Se peleaba con otro por un trozo de carne bastante grande. Socorro y Segundo se le quedaron mirando. Enseguida reconocieron lo que era porque vislumbraron la forma alargada, los testículos.

—Supongo que lo único que podemos hacer es volver a donde haya cobertura y llamar a la Guardia Civil.

Socorro asintió. Por su cabeza pasaban muchas cosas. La principal era si Segundo no habría visto lo que le había pasado a Andújar desde su puesto. Tenía los prismáticos. Lo podía observar. Como si adivinara sus pensamientos, Segundo habló:

—Hoy es día 5, víspera de Reyes. Es el aniversario de la muerte de Alba y Sonia.

Socorro lo entendió.

—¿Qué crees que pasó?

—Pues me da que intentó tirar con el arco un jabalí que se quedó parado cerca. Lo hirió y cuando fue a rematarlo con el cuchillo...

—¿Y no viste nada? Una persona puede tardar media hora en desangrarse. ¿No deberías haberlo visto?

—O cinco minutos... si es una arteria grande. No habría dado tiempo a llevarlo a Pozoblanco, que es el hospital más cercano.

—¿Donde murió Paquirri?

—Joder, los perros le han arrancado... —murmuraba Segundo.

La periodista tuvo ganas de vomitar. Sobre todo, cuando José Mari musitó muy bajito algo del descomunal cacharro de Andújar que llevaba el perro en la boca. «Ya se lo vi mientras hacía pis antes del taco de El Lanchar».

Socorro recordó que Perlita había hablado del tamaño del pene de su violador.

El perro grande con la cara manchada de sangre se había tragado el trozo de carne que había estado mordiendo.

—Yo no oí nada. Estaba mirando hacia el otro lado —repetía Segundo.

Socorro no iba a decir lo contrario. Y, en el fondo, tenía la tranquilidad de que ese hombre ya no le podía hacer nada.

71

El cocido ya tenía cara de ropa vieja. Nadie iba a comérselo ese día. Ni un vuelco, ni dos, ni tres. El único era el que había dado la montería. La explanada delante de la casa estaba llena de coches con gente uniformada. Dos 4x4 SsanYong Rexton de la Guardia Civil y una ambulancia medicalizada. Esta llegó a donde pudo. También llegó el juez. Los médicos y el magistrado se adentraron a pie con el equipo básico hasta donde estaba el cuerpo de Andújar y certificaron la muerte. Se hizo el levantamiento del cadáver, lo metieron en una bolsa y lo acarrearon, con la ayuda de unos guardas, hasta la ambulancia. Los agentes de la Guardia Civil cuidaron de que no se pisoteara más el terreno y lo acordonaron para la científica. Segundo estaba con ellos indicando lo que había pasado. O lo que creía que había pasado. Dónde estaba su puesto. La razón por la que se habría movido de allí.

El mando de la Guardia Civil que hablaba con Pincho y Pila pidió el teléfono de la mujer de Enrique Andújar. Ignacio, que estaba con Lilian, su mujer, lo buscó en su móvil y se lo dio.

—Deberíamos llamar nosotras —dijo Pila.

—Lo vamos a hacer, pero lo que diga el teniente —apuntó Pincho.

—Miren —dijo el guardia civil—, voy a comunicar la muerte a su esposa y a pedirle que se persone en el hospital de Pozoblanco. No tiene sentido que venga aquí. Además, habrá que hacer la autopsia en el anatómico de Córdoba.

—Lo que usted diga —dijo Pincho.

Ignacio y Lilian se fueron. Dijeron que se iban a Sotogrande, «con mamá».

La mujer de Paco Alcañiz, cuando este volvió y se enteró de la papeleta, le instó a marcharse.

—Aquí no pintamos nada, Paco. No hacemos más que estorbar. —Y se despidieron de Pincho y Pila casi dándoles el pésame.

Cuando todo el operativo oficial se retiró, y los invitados también se fueron marchando, Pincho y Pila se refugiaron en el salón.

—No sé a santo de qué se van «con mamá». Él es el que más relación tenía con Andújar. Y supongo que con su mujer. Y a todo esto, ¿Andújar había invertido ya en *El Matinal*? —soltó Pila, que ya se estaba administrando un Macallan sin hielo.

—Sí, creo que sí, pero supongo que su mujer no lo va a seguir haciendo. En todo caso, ahora solo puedo pensar en esta desgracia.

—Sí, es una desgracia. Y en casa. Pero también es culpa suya. Por temeridad. Mira que se lo advertí. Pero el muy machito tenía que acercarse al guarro. Lo poco que hemos conocido a este hombre y lo importante que ha acabado siendo en nuestras vidas.

Socorro, que había estado observando a distancia lo que pasaba en la puerta de la casa, se fue a la cocina con su madre. Y con el ordenador. Ya imaginaba que la información sobre la muerte de Andújar le iba a tocar a ella. No le apetecía nada, pero también sabía que si era la primera en hacer una crónica, podría dejar claro que había sido un accidente fruto de la imprudencia y de un riesgo personalmente asumido. Y nada de primera persona, desde luego. Aunque ya habría quien inventara lo que quisiera sobre los malditos ricos y sus divertimentos.

Aparte de la crónica de Socorro en *El Matinal* y las siguientes informaciones, se sucedieron las esquelas y los obituarios elogiosos en todos los periódicos. El gran hombre de empresa, el emprendedor, el gran amigo, el adelantado a su tiempo, el filántropo... El violador y asesino, le habría gustado escribir a Socorro. El prohombre que señalaban en todos los artículos era un infrahombre. Chusma. Un animal.

—Supongo que ha recibido su merecido. Aunque no el castigo y el escarnio público, que hay que ver los panegíricos en los periódicos —le dijo Socorro a José Mari una de las muchas veces que habló con él por teléfono tras la montería.

—Pero si el tío ha muerto como un hombre íntegro, como un modelo, siendo lo peor que se puede ser —se lamentó Segundo. También lamentaba no haber dudado nunca de que Sito fuera el asesino. Porque sí, porque fue lo que se estableció. ¿Pero cómo iba a saber él que Andújar era el culpable? Lo que no sabía era si le apenaba no haber podido hacer nada para evitar su muerte.

72

Pincho y Pila se vieron en el tanatorio con Marisa, la viuda de Andújar, aunque ya habían hablado con ella por teléfono. Se la veía muy entera entre el gentío. No supieron descifrar si estaba compungida o aliviada. Pero a ellas no les reprochó nada.

—No se pueden tomar tantos riesgos y pretender que no haya consecuencias. No se puede tentar la suerte durante tanto tiempo —volvió a decirles Marisa en persona, algo parecido a lo que ya les había comentado al teléfono.

También les dijo que se alegraba de formar parte de la familia de *El Matinal*, lo que Pincho y Pila interpretaron como continuidad en la colaboración económica con el periódico.

—¿Y eso es bueno? —le preguntó Pila a Pincho en el coche.

—Pues no tengo ni idea.

—Hablando de otro dinero, pero del nuestro, ¿te apetece hacer o comprar algo extravagante? Un viaje, un coche, una casa, una primera edición de Shakespeare, las tablas de la ley autografiadas por Moisés, una donación a lo Amancio Ortega... Vamos a tener trescientos millones de la venta de la finquita para gastarnos.

—¿Sabes la suerte que es tenernos la una a la otra?

—Claro que lo sé, pero eso no impide darse un capricho.

73

La noche del 8, Socorro estaba viendo la tele en su casa. Se encontró con *Robin y Marian* empezada. Robin Hood y Marian de mayores. Le gustaba Audrey Hepburn, aunque no era cinéfila ni nada parecido, ni sabía de directores ni de nada con lo que otros se pavoneaban. Se quedó enganchada a una película que no había visto nunca. Se sorprendió con los ojos húmedos cuando Marian le decía a un Robin moribundo y ensangrentado lo de: «Te amo. Te amo más que a todo. Más que a los niños. Más que a los campos que planté con mis manos. Más que a la plegaria de la mañana, o que a la paz. Más que a nuestros alimentos. Te amo más que al amor o a la alegría, o a la vida entera. Te amo más que a Dios». Y luego Sean Connery, tras llamar a Little John a gritos, le decía: «Dame mi arco. Donde caiga la flecha, John, ponnos juntos y déjanos allí». Entonces dispara el arco desde la cama, y la flecha vuela lejos a través de la ventana. Que vete ahora, John, a buscar la flecha. Seguramente sigue buscándola, y los dos cadáveres sin enterrar. Socorro se distrajo, se emocionó y lloró con la película, pero no dejaba de pensar en lo mismo.

—Donde caiga la flecha. Ahí es donde has ido a acabar, hijo de la gran puta, donde cayó la flecha, donde fuiste con tu chulería a rematar al guarro. Presidente del Real Madrid...